HOT TOPIK II

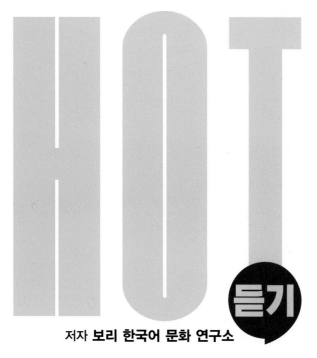

HOT

듣기

저자 **보리** 한국어 문화 연구소

한글파크

머리말

    K-컬쳐(Culture) 바람과 함께 한국 음악, 드라마, 영화, 스포츠, 게임 등 다양한 분야에 전 세계인들의 관심이 증가하며 한국어의 위상이 높아지고 있습니다. 이에 따라 한국어능력시험(TOPIK) Ⅱ 지원자는 꾸준히 증가하여 2023년 한 해에 30만 명을 넘었습니다. 한국어능력시험을 준비하는 외국인 학습자는 나날이 증가하고 있지만 학습자에게 추천해 줄 만한 듣기 교재는 그리 많지 않은 것 같습니다.

    한국어능력시험 듣기에서 좋은 점수를 얻기 위해서는 시험의 유형을 잘 이해하고 여러 유형의 문제에 익숙해져야 하며 한국어 구어의 특징을 잘 알아야 합니다. 그리고 다양한 담화 상황을 보여주는 문제를 많이 접하고 어휘와 표현을 꾸준히 익혀야 합니다. 이에 벼리 한국어 문화 연구소에서는 최신 기출문제를 분석하여 기출문제 분석 1·2, 유형별 연습문제 1·2, 모의고사 1·2를 수록한 듣기 시험 대비서 『핫토픽 II 듣기』를 집필하였습니다.

    『핫토픽 II 듣기』는 혼자 시험을 준비하는 학습자들의 이해를 돕기 위해 유형 설명과 문제 해설에 쉬운 어휘를 사용하였습니다. 또한 듣기 지문에서 중요한 부분과 해당 해설 부분을 같은 색으로 표시하여 학습자가 쉽게 찾고 이해할 수 있게 하였으며, Track을 세분하여 중요 부분을 다시 듣고 싶을 때에도 쉽게 찾을 수 있도록 하였습니다.

    모쪼록 본 대비서가 한국어능력시험 듣기 시험을 준비하는 학습자들에게 조금이나마 도움이 되기를 바라며 이 책이 출간되기까지 물심양면으로 도움을 주신 한글파크 편집진 여러분께 진심으로 감사를 드립니다.

보리 한국어 문화 연구소 집필진

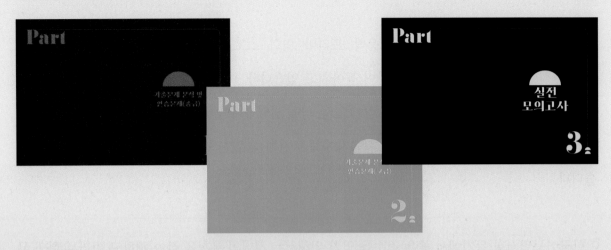

🔍 한국어능력시험(TOPIK) 최신 기출문제(83회, 91회)를 분석하여 학습자가 성취 목표에 맞게 학습할 수 있도록 Part 1, Part 2, Part 3로 구분하였다. Part 1은 3~4급을 목표로 하는 학습자를 위해 1번~30번까지, Part 2는 5~6급 목표로 하는 학습자를 위해 31번~50번까지로 나누었다. Part 3에는 모의고사 2회분을 실었다.

〔 Part 1. Part 2 기출문제 분석 및 연습문제 〕

🔍 Part 1과 Part 2에는 기출문제를 유형별로 분석하여 각 유형에 맞는 문제 풀이의 Tip을 함께 제시하였다.

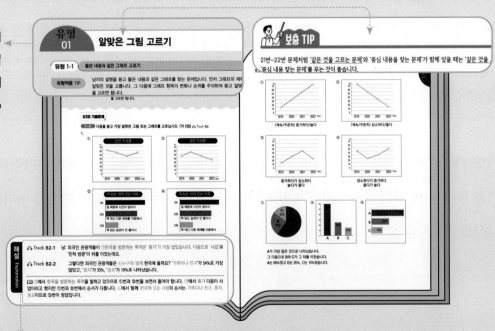

🔍 각 문제에는 듣기 대본과 정답 해설을 함께 수록하였다. 문제 풀이에 중요한 부분은 색깔로 구분하여 학습자의 이해를 도왔고 듣기 음원의 Track을 세분하여 중요 부분을 다시 듣고 싶을 때 쉽게 찾아 들을 수 있도록 하였다.

🔍 각 유형을 학습한 후에는 더 많은 문제를 풀어보면서 시험을 준비할 수 있도록 연습문제 1과 연습문제 2를 수록하였다.

🔍 Part 1과 Part 2를 모두 학습한 후에는 지금까지 학습한 내용을 잘 숙지하고 있는지 학습자가 스스로 확인할 수 있도록 '복습하기 1, 2'를 수록하였다. 복습하기는 연습문제 1의 50문제와 연습문제 2의 50문제로 구성되어 있다.

〔 Part3 실전 모의고사 〕

🔍 2회분의 모의고사를 실었다. 실제 시험을 치르는 것처럼 시간을 정해 문제를 풀어본다면 자신의 실력이 어느 정도인지 스스로 확인해 볼 수 있을 것이다.

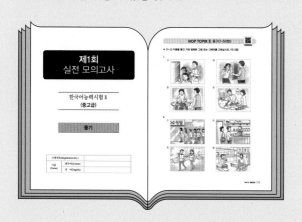

〔 부록 〕

🔍 특정 유형의 선택지에서 자주 등장하는 어휘와 표현을 익힐 수 있도록 35회부터 91회까지 10회분의 기출문제의 주제와 선택지를 정리하여 표로 나타냈다.

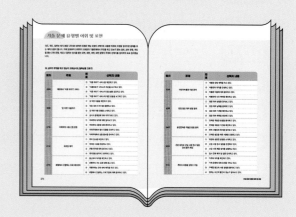

차례

Part 1 기출문제 분석 및 연습문제(중급)

Part 2 기출문제 분석 및 연습문제(고급)

Part 3 실전 모의고사 —

부록 —

한국어 능력시험(TOPIK)안내

한국어능력시험의 목적

- 한국어를 모국어로 하지 않는 재외동포·외국인의 한국어 학습 방향 제시 및 한국어 보급 확대
- 한국어 사용 능력을 측정·평가하여 그 결과를 국내 대학 유학 및 취업 등에 활용

응시 대상

한국어를 모국어로 하지 않는 재외동포 및 외국인으로서

- 한국어 학습자 및 국내 대학 유학 희망자
- 국내 · 외 한국 기업체 및 공공기관 취업 희망자
- 외국 학교에 재학중이거나 졸업한 재외국민

주관기관

교육부 국립국제교육원

시험의 수준 및 등급

- 시험수준: TOPIK I, TOPIK II
- 평가등급: 6개 등급(1~6급)

TOPIK I		TOPIK II			
1급	2급	3급	4급	5급	6급
80점 이상	140점 이상	120점 이상	150점 이상	190점 이상	230점 이상

시험 시간

구분	교시	영역	시간
TOPIK I	1교시	듣기/읽기	100분
TOPIK II	1교시	듣기/쓰기	110분
	2교시	읽기	70분

문항구성

❶ 수준별 구성

시험 수준	교시	영역/시간	유형	문항수	배점	배점총계
TOPIK I	1교시	듣기(40분)	선택형	30	100	200
		읽기(60분)	선택형	40	100	

TOPIK Ⅱ	1교시	듣기(60분)	선택형	50	100	300
		쓰기(50분)	서답형	4	100	
	2교시	읽기(70분)	선택형	50	100	

❷ **문제유형**

① 선택형 문항(4지선다형)

② 서답형 문항(쓰기 영역)

· 문장완성형(단답형): 2문항
· 작문형: 2문항
 - 200~300자 정도의 중급 수준 설명문 1문항
 - 600~700자 정도의 고급 수준 논술문 1문항

등급별 평가 기준

시험수준	등급	평가 기준
TOPIK Ⅱ	3급	- 일상생활을 영위하는 데 별 어려움을 느끼지 않으며 다양한 공공시설의 이용과 사회적 관계 유지에 필요한 기초적 언어 기능을 수행할 수 있다. - 친숙하고 구체적인 소재는 물론, 자신에게 친숙한 사회적 소재를 문단 단위로 표현하거나 이해할 수 있다. - 문어와 구어의 기본적인 특성을 구분해서 이해하고 사용할 수 있다.
	4급	- 공공시설 이용과 사회적 관계 유지에 필요한 언어 기능을 수행할 수 있으며, 일반적인 업무 수행에 필요한 기능을 어느 정도 수행할 수 있다. - 뉴스, 신문 기사 중 비교적 평이한 내용을 이해할 수 있다. 일반적인 사회적 · 추상적 소재를 비교적 정확하고 유창하게 이해하고 사용할 수 있다. -자주 사용되는 관용적 표현과 대표적인 한국 문화에 대한 이해를 바탕으로 사회 · 문화적인 내용을 이해하고 사용할 수 있다.
	5급	- 전문 분야에서의 연구나 업무 수행에 필요한 언어 기능을 어느 정도 수행할 수 있다. - '정치, 경제, 사회, 문화' 전반에 걸쳐 친숙하지 않은 소재에 관해서도 이해하고 사용할 수 있다. - 공식적, 비공식적 맥락과 구어적, 문어적 맥락에 따라 언어를 적절히 구분해 사용할 수 있다.
	6급	- 전문 분야에서의 연구나 업무 수행에 필요한 언어 기능을 비교적 정확하고 유창하게 수행할 수 있다. - '정치, 경제, 사회, 문화' 전반에 걸쳐 친숙하지 않은 주제에 관해서도 이용 하고 사용할 수 있다. - 원어민 화자의 수준에는 이르지 못하나 기능 수행이나 의미 표현에는 어려움을 겪지 않는다.

한국어 능력시험(TOPIK)안내

한 달 만에 끝내는 학습 계획

	차수	학습일	학습시간	해야 할 일	결과 😟 🙂 😞
Part I	1 일차	월 일		유형1 알맞은 그림 고르기(1~3번)	😟 🙂 😞
	2 일차	월 일		유형2 이어질 수 있는 말 고르기(4~8번)	😟 🙂 😞
	3 일차	월 일		유형3 이어서 할 행동 고르기(9~12번)	😟 🙂 😞
	4 일차	월 일		유형4 들은 내용과 같은 것 고르기(13~16번)	😟 🙂 😞
	5 일차	월 일		유형5 중심 생각으로 알맞은 것 고르기(17~20번)	😟 🙂 😞
	6 일차	월 일		유형6 중심 생각으로 알맞은 것 고르기 + 들은 내용과 같은 것 고르기(21~22번)	😟 🙂 😞
	7 일차	월 일		유형7 무엇을 하고 있는지 고르기 + 들은 내용과 같은 것 고르기(23~24번)	😟 🙂 😞
	8 일차	월 일		유형8 중심 생각으로 알맞은 것 고르기 + 들은 내용과 같은 것 고르기(25~26번)	😟 🙂 😞
	9 일차	월 일		유형9 화자의 의도로 알맞은 것 고르기 + 들은 내용과 같은 것 고르기(27~28번)	😟 🙂 😞
	10 일차	월 일		유형10 누구인지 고르기 + 들은 내용과 같은 것 고르기(29~30번)	😟 🙂 😞
Part II	11 일차	월 일		유형11 중심 생각으로 알맞은 것 고르기 + 태도로 알맞은 것 고르기(31~32번)	😟 🙂 😞
	12 일차	월 일		유형12 무엇에 대한 내용인지 고르기 + 들은 내용과 같은 것 고르기(33~34번)	😟 🙂 😞
	13 일차	월 일		유형13 무엇을 하고 있는지 고르기 + 들은 내용과 같은 것 고르기(35~36번)	😟 🙂 😞
	14 일차	월 일		유형14 중심 생각으로 알맞은 것 고르기 + 들은 내용과 같은 것 고르기(37~38번)	😟 🙂 😞
	15 일차	월 일		유형15 담화 앞의 내용으로 알맞은 것 고르기 + 들은 내용과 같은 것 고르기(39~40번)	😟 🙂 😞
	16 일차	월 일		유형16 강연의 중심 내용 고르기 + 들은 내용과 같은 것 고르기(41~42번)	😟 🙂 😞
	17 일차	월 일		유형17 무엇에 대한 내용인지 고르기 + 세부 내용으로 알맞은 것 고르기(43~44번)	😟 🙂 😞

	차수	학습일	학습시간	해야 할 일	결과 ☺ ☺ ☹
Part Ⅱ	18 일차	월 일		**유형18** 들은 내용과 같은 것 고르기 + 말하는 방식 고르기(45~46번)	☺ ☺ ☹
	19 일차	월 일		**유형19** 들은 내용과 같은 것 고르기 + 태도로 알맞은 것 고르기(47~48번)	☺ ☺ ☹
	20 일차	월 일		**유형20** 들은 내용과 같은 것 고르기 + 태도로 알맞은 것 고르기(49~50번)	☺ ☺ ☹
복습문제 1.2	21 일차	월 일		복습 문제1(1~30번)	☺ ☺ ☹
	22 일차	월 일		복습 문제1(31~50번)	☺ ☺ ☹
	23 일차	월 일		복습 문제2(1~30번)	☺ ☺ ☹
	24 일차	월 일		복습 문제2(31~50번)	☺ ☺ ☹
모의고사	25 일차	월 일		모의고사1(1번~50번) 문제 풀기 및 채점	☺ ☺ ☹
	26 일차	월 일		모의고사1(1~30번) 문제 풀이 학습	☺ ☺ ☹
	27 일차	월 일		모의고사1(31~50번) 문제 풀이 학습	☺ ☺ ☹
	28 일차	월 일		모의고사2(1번~50번) 문제 풀기 및 채점	☺ ☺ ☹
	29 일차	월 일		모의고사2(1~30번) 문제 풀이 학습	☺ ☺ ☹
	30 일차	월 일		모의고사2(31~50번) 문제 풀이 학습	☺ ☺ ☹

Part

기출문제 분석 및
연습문제(중급)

1.

알맞은 그림 고르기

대화의 상황을 가장 잘 나타낸 그림 고르기

유형적중 TIP

남자와 여자의 대화를 가장 잘 보여주고 있는 그림을 찾는 문제입니다. 두 사람이 어디에서 무엇을 하고 있는지 생각하면서 들어야 합니다.

83회 기출문제

1~3 다음을 듣고 가장 알맞은 그림 또는 그래프를 고르십시오. (각 2점) 🎧 Track 1A

1.

①

②

③

④

해설 Explanation

🎧 Track **1A-1**   여: 지금 ㉠전시장에 들어갈 수 있어요?

🎧 Track **1A-2**   남: 잠시만 ㉡기다려 주세요. 곧 입장 시작합니다.

　　　　　　　　여: 네. 알겠습니다.

📖 ㉠에서 여자는 전시장에 들어가고 싶어 합니다. ㉡에서 남자는 곧 입장을 시작할 거니까 기다리라고 합니다. 그러므로 ①번이 정답입니다.

1~3 다음을 듣고 가장 알맞은 그림 또는 그래프를 고르십시오. (각 2점) 🎧 Track **1A**

2.

①

②

③

④

해설 Explanation

🎧 Track **1A-3**　남: ㉠아, 무거워. 이 화분은 어디에 놓을까?

🎧 Track **1A-4**　여: ㉡여기 창문 앞은 어때?

　　　　　　　　남: 그래. 거기가 좋겠다.

📖 ㉠에서 남자는 화분을 들고 무겁다고 말했습니다. ㉡에서 여자가 여기 창문 앞이라고 했기 때문에 여자는 창문 앞에 있어야 합니다. 그러므로 ①번이 정답입니다.

1~3 다음을 듣고 가장 알맞은 그림 또는 그래프를 고르십시오. (각 2점) 🎧 Track 1B

1.

①

②

③

④

해설 Explanation

🎧 Track **1B-1**　여: 손님, ㉠마음에 드는 넥타이 있으세요?

🎧 Track **1B-2**　남: ㉡제일 오른쪽에 있는 줄무늬 넥타이가 괜찮아 보이네요.

🎧 Track **1B-3**　여: 그럼 이걸로 꺼내서 보여 드릴까요?

📖 ㉠에서 여자는 남자에게 마음에 드는 넥타이가 있냐고 물었습니다. ㉡에서 남자는 제일 오른쪽에 있는 줄무늬 넥타이라고 했습니다. 이어서 여자가 꺼내서 보여 드릴까요?라고 물었으므로 ②번이 정답입니다.

[1~3] 다음을 듣고 가장 알맞은 그림 또는 그래프를 고르십시오. (각 2점) 🎧 Track 1B

2.

①

②

③

④

해설 Explanation

🎧 Track **1B-4** 남: ㉠음, 이 사과 정말 달고 맛있네요.

🎧 Track **1B-5** 여: ㉡그러네요. 하나 더 깎을까요?

🎧 Track **1B-6** 남: 네, 좋아요. 수미 씨는 먹고 있어요. 제가 할게요.

📖 ㉠에서 남자는 사과가 달고 맛있다고 말했습니다. ㉡에서 여자가 하나 더 깎아야 할지 물었기 때문에 두 사람은 사과를 먹고 있어야 합니다. 그러므로 ①번이 정답입니다.

1.

①

②

③

④

2.

①

②

③

④

1.

①

②

③

④

2.

①

②

③

④

유형 1-2 ▸ 들은 내용과 같은 그래프 고르기

유형적중 TIP 남자의 설명을 듣고 들은 내용과 같은 그래프를 찾는 문제입니다. 먼저 그래프의 제목으로 알맞은 것을 고릅니다. 그다음에 그래프 항목의 변화나 순위를 주의하여 듣고 알맞은 것을 고르면 됩니다.

83회 기출문제

1~3 ▸ 다음을 듣고 가장 알맞은 그림 또는 그래프를 고르십시오. (각 2점) 🎧 Track 2A

3.

①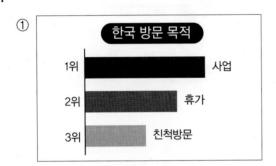

②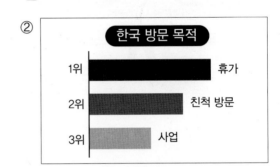

③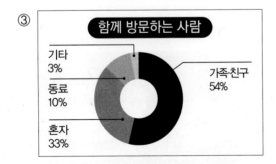

④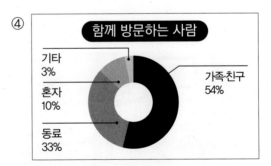

해설 Explanation

🎧 Track 2A-1 남: 외국인 관광객들이 ㉠한국을 방문하는 목적은 '휴가'가 가장 많았습니다. 다음으로 '사업'과 '친척 방문'이 뒤를 이었는데요.

🎧 Track 2A-2 그렇다면 외국인 관광객들은 ㉡누구와 함께 한국에 올까요? '가족이나 친구'가 54%로 가장 많았고, '혼자'가 33%, '동료'가 10%로 나타났습니다.

📖 ㉠에서 한국을 방문하는 목적을 말하고 있으므로 ①번과 ②번을 보면서 들어야 합니다. ㉠에서 휴가 다음이 사업이라고 했는데 ①번과 ②번은 순서가 다릅니다. ㉡에서 함께 한국에 오는 사람의 순서는 가족이나 친구, 혼자, 동료이므로 ③번이 정답입니다.

1~3 다음을 듣고 가장 알맞은 그림 또는 그래프를 고르십시오. (각 2점) 🎧 Track **2B**

3.

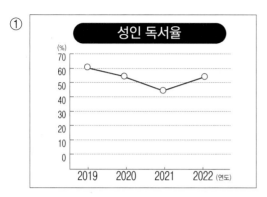

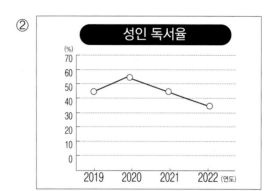

③

독서를 하지 않는 이유

1위 ▬▬▬▬▬▬▬▬▬▬▬▬
일 때문에 시간이 없어서
2위 ▬▬▬▬▬▬▬▬▬
책 대신 다른 매체를 이용해서
3위 ▬▬▬▬
책 읽는 습관이 안 들어서

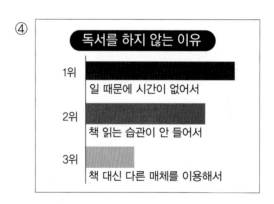

해설 Explanation

🎧 Track **2B-1** 남: 최근 한 조사에 따르면 ㉠성인 독서율이 계속 감소하고 있는 것으로 나타났습니다.

🎧 Track **2B-2** ㉡독서를 하지 않는 이유로는 '일 때문에 시간이 없어서'라는 응답이 가장 많았고, '책 대신 다른 매체를 이용해서', '책 읽는 습관이 안 들어서'가 그 뒤를 이었습니다.

📖 ㉠에서 성인 독서율이 계속 감소한다고 말하였지만 ①번과 ②번 모두 계속 감소하지는 않았습니다. ㉡에서 독서를 하지 않는 이유의 순서는 '일 때문에 시간이 없어서'가 가장 많고 다음이 '책 대신 다른 매체를 이용해서'이므로 ③번이 정답입니다.

보충 TIP

1. TOPIK 듣기에서는 순위 그래프와 증감을 나타내는 그래프가 주로 출제됩니다.

2. 선택지는 ①번과 ②번이 같은 종류의 그래프, ③번과 ④번이 같은 종류의 그래프로 출제되는 경향이 많습니다.

예

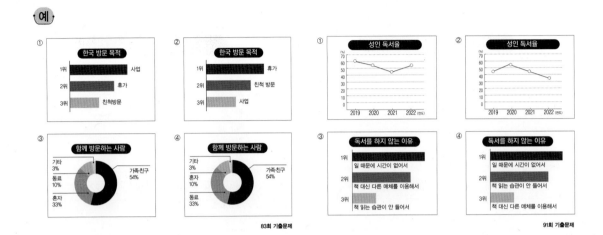

83회 기출문제

91회 기출문제

3. 문제를 듣기 전에 ①번과 ②번 선택지와 ③번과 ④번 선택지의 제목을 확인해야 합니다.

4. 조사 내용과 주제를 들으면서 그래프 제목으로 알맞은 선택지를 찾습니다.

5. 순위 그래프는 가장 많은 것에서 적은 것 혹은 가장 높은 것에서 낮은 것의 순서로 봅니다.
   예) 60% - 25% - 15%, 1위 - 2위 - 3위

6. 증감 그래프는 시간의 흐름에 따른 그래프의 변화를 잘 봐야 합니다.

7. 그래프를 설명하는 어휘를 알아두면 도움이 됩니다.

그래프 관련 어휘 및 표현

• 순위 그래프

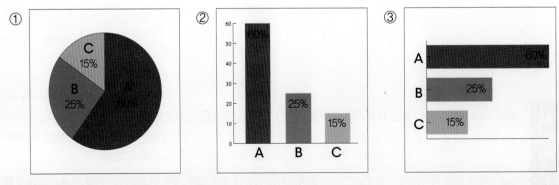

A가 가장 많은 것으로 나타났습니다.
그 다음으로 B와 C가 그 뒤를 이었습니다. A는 60%였고 B는 25%, C는 15%였습니다.

• 비율/기타 그래프

① 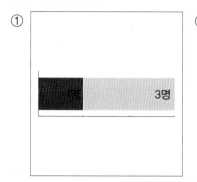 ② 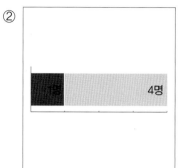 ③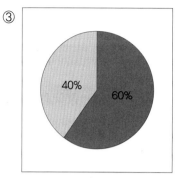

n명 중 1명

과반수/절반 이상

• 증감 그래프

①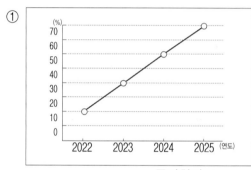

(계속/꾸준히) 증가하다
늘다

②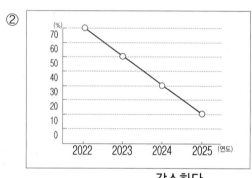

(계속/꾸준히) 감소하다
줄다

③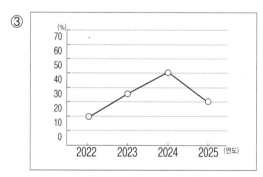

증가하다가 감소하다
늘다가 줄다

④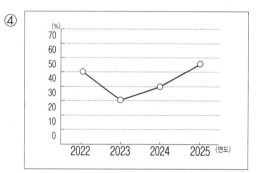

감소하다가 증가하다
줄다가 늘다

3-1.

①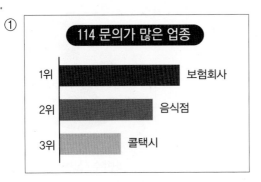

②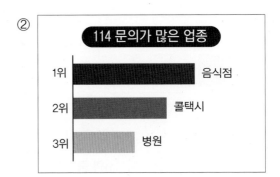

③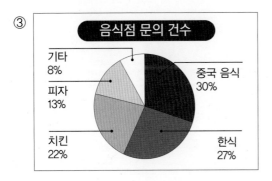

④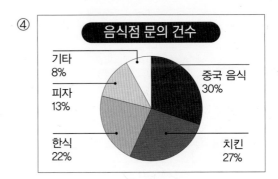

3-2.

①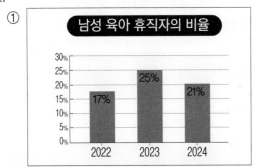

②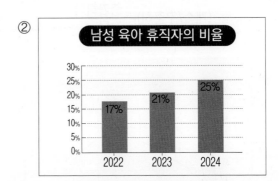

③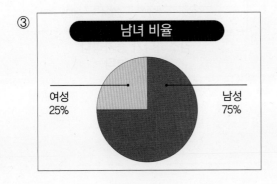

④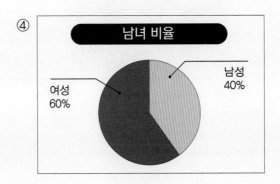

3-1.

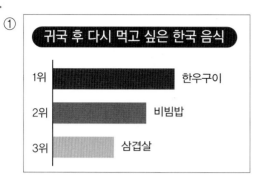

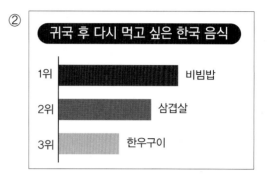

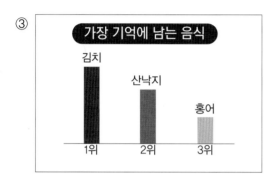

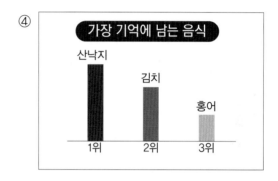

3-2.

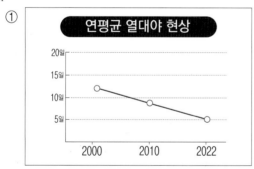

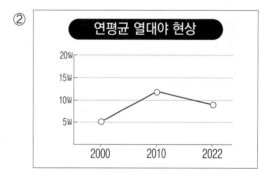

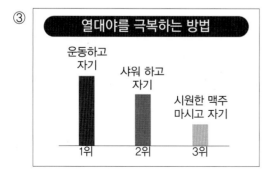

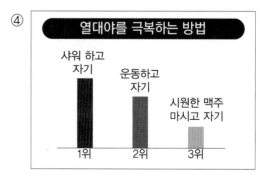

이어질 수 있는 말 고르기

4번~7번은 가까운 사람과 일상생활에서 이루어질 수 있는 친숙한 내용의 사적인 대화가 나오고, 8번은 회사, 학원, 상점, 고객센터 등 익숙한 사회적 상황에서 질문, 요청, 부탁, 사과, 제안, 지시 등을 하는 대화가 나옵니다.

83회 기출문제

4~8 다음을 듣고 이어질 수 있는 말로 가장 알맞은 것을 고르십시오. (각 2점) 🎧 Track 3A

4. ① 어제 다 읽었어.

   ② 천천히 읽고 돌려줘.

   ③ 책 읽을 시간이 없었어.

   ④ 재미있는 책 좀 추천해 줘.

5. ① 그래요? 한번 가 봐야겠어요.

   ② 그럼요. 내일부터 일하기로 했어요.

   ③ 정말요? 힘들면 언제든지 그만두세요.

   ④ 맞아요. 좋은 곳을 구해서 기분이 좋아요.

6. ① 그럼 하얀색으로 바꾸러 가자.

   ② 나는 다른 운동화도 신어 볼래.

   ③ 새로 산 운동화가 마음에 들어.

   ④ 파란색이 너한테 더 잘 어울려.

7. ① 비가 곧 그칠 거래요.

   ② 일기 예보를 볼 걸 그랬어요.

   ③ 장마가 끝나니까 진짜 더워요.

   ④ 작년하고 거의 비슷할 거래요.

8. ① 곧 배송된다니 다행이에요.

   ② 제품에 문제가 있는 것 같아요.

   ③ 언제쯤 배송될지 확인해 주시겠어요?

   ④ 고객 센터 전화번호 좀 알려 주실래요?

4.

🎧 Track 3A-1 　여: 민수야, 내가 ㉠빌려준 책 읽고 있어? 재미있지?

🎧 Track 3A-2 　남: 응, 재미있어. 근데 ㉡언제까지 돌려주면 돼?

　　　　　　　　여: _____

📖 남자는 여자에게 ㉠빌린 책을 ㉡언제까지 돌려주어야 하는지 물었습니다. 그래서 정답은 ②번입니다.

5.

🎧 Track 3A-3 　남: 아직도 ㉠아르바이트를 못 구했어요.

🎧 Track 3A-4 　여: 학교 앞 ㉡식당에서 일할 사람을 찾던데요.

　　　　　　　　남: _____

📖 남자는 ㉠아르바이트를 찾고 있습니다. 여자는 남자에게 ㉡아르바이트를 할 수 있는 곳을 알려주었습니다. 그래서 ①번이 정답입니다.

6.

🎧 Track 3A-5 　여: 나는 이 운동화로 할래. 너는 뭐 살 거야?

🎧 Track 3A-6 　남: 난 ㉠파란색하고 하얀색 둘 다 마음에 드는데, ㉡뭐가 더 괜찮아?

　　　　　　　　여: _____

📖 남자는 여자에게 ㉠파란색과 하얀색 중에서 ㉡어느 색이 더 좋은지 묻고 있습니다. 그래서 정답은 ④번입니다.

7.

🎧 Track 3A-7 　여: 뉴스에서 봤는데 주말부터 장마가 시작된대요.

🎧 Track 3A-8 　남: 그래요? ㉠올해도 작년만큼 비가 많이 올까요?

　　　　　　　　여: _____

📖 남자는 여자에게 ㉠올해도 작년만큼 비가 많이 올지 묻고 있습니다. 그래서 작년하고 비교해서 말하는 ④번이 정답입니다.

8.

🎧 Track 3A-9 　남: 고객 센터죠? 일주일 전에 의자를 ㉠주문했는데 아직 안 와서요.

🎧 Track 3A-10 여: 죄송합니다. 주문량이 많아서 ㉡배송이 늦어지고 있습니다.

　　　　　　　　남: _____

📖 남자는 ㉠주문한 의자가 안 와서 고객 센터에 전화했습니다. 여자는 ㉡배송이 늦어지고 있다고 말했습니다. 그래서 의자가 언제 배송되는지 묻는 ③번이 정답입니다.

4~8 다음을 듣고 이어질 수 있는 말로 가장 알맞은 것을 고르십시오. (각 2점) 🎧 Track **3B**

4. ① 그래? 안 나와서 걱정했어.

② 무슨 학원에 다니고 있어?

③ 그래? 할머니 댁에 언제 가?

④ 부모님과 함께 가기로 했거든.

5. ① 그럼 거기로 다시 가 볼까요?

② 아직 한 곳밖에 안 가봤는데요.

③ 그럼 이 소파를 사는 게 어때요?

④ 집 근처에 있는 소파 가게에서 샀어요.

6. ① 면접 날짜를 다시 확인하고 알려 줘.

② 준비 많이 했으니까 잘할 수 있을 거야.

③ 면접 보기 전인데 안 떨린다니 대단하다.

④ 생각하지 못한 질문을 받아서 정말 놀랐겠네.

7. ① 맞아요. 이전 작품은 내용이 별로였어요.

② 그래요? 이 드라마 다 보면 다른 작품도 봐야겠어요.

③ 맞아요. 이 드라마는 몇 번을 다시 봐도 재미있네요.

④ 그래요? 이 작가가 처음으로 쓴 작품인 줄 몰랐어요.

8. ① 얼룩이 잘 지워진 것 같아요.

② 운동화를 깨끗하게 신으셨네요.

③ 해 봐야 알겠지만 최대한 없애 볼게요.

④ 집에 돌아가서 다시 한번 지워 보려고요.

4.

🎧 Track **3B-1** 남: 어제 요가 ㉠학원에 왜 안 나왔어?

🎧 Track **3B-2** 여: ㉡할머니 생신이라 부모님하고 할머니 댁에 갔다 왔어.

　　　　　　　　남: _____

📖 남자는 여자에게 ㉠학원에 왜 안 나왔는지 물었습니다. 여자는 ㉡할머니 생신이라 할머니 댁에 갔다 왔다고 했습니다. 그래서 안 나와서 걱정했다고 말한 ①번이 정답입니다.

5.

🎧 Track **3B-3** 여: 우리가 둘러본 가게들 중에 ㉠어느 가게의 소파가 괜찮았어요?

🎧 Track **3B-4** 남: 저는 ㉡처음에 갔던 가게의 소파들이 제일 나은 것 같아요.

　　　　　　　　여: _____

📖 여자는 남자에게 ㉠어느 가게의 소파가 괜찮았는지 물었습니다. 남자는 ㉡처음에 갔던 가게의 소파들이라고 말했습니다. 그래서 처음에 갔던 가게로 다시 가겠느냐고 물어 본 ①번이 정답입니다.

6.

🎧 Track **3B-5** 남: 수미야, 오늘 면접 있지? ㉠면접 잘 봐.

🎧 Track **3B-6** 여: 어쩌지? ㉡벌써부터 너무 떨려서 아무 생각이 안 나.

　　　　　　　　남: _____

📖 남자는 여자에게 ㉠면접을 잘 보라고 했습니다. 여자는 ㉡벌써부터 너무 떨린다고 했습니다. 그래서 면접을 잘 볼 수 있을 거라고 말한 ②번이 정답입니다.

7.

🎧 Track **3B-7** 남: 이 ㉠드라마 처음 보는데 내용도 좋고 대사도 재미있네요.

🎧 Track **3B-8** 여: 그렇죠? ㉡이 드라마 쓴 작가의 작품들은 다 재미있어요.

　　　　　　　　남: _____

📖 남자는 여자에게 ㉠이 드라마를 처음 보는데 재미있다고 했습니다. 여자는 ㉡이 드라마를 쓴 작가의 작품은 다 재미있다고 했습니다. 그래서 이 작가의 다른 작품도 봐야겠다고 말한 ②번이 정답입니다.

8.

🎧 Track **3B-9** 여: 손님, 운동화에 ㉠얼룩이 많네요. 생긴 지 꽤 오래된 거 같은데요.

🎧 Track **3B-10** 남: 네, 제가 집에서 해 봤는데 안 지워지더라고요. ㉡깨끗하게 될까요?

　　　　　　　　여: _____

📖 여자는 남자에게 ㉠운동화의 얼룩이 오래된 거 같다고 했습니다. 남자는 ㉡깨끗하게 지울 수 있는지 물었습니다. 그래서 최대한 없애 보겠다고 말한 ③번이 정답입니다.

4. ① 그럼, 공사를 시작했겠네.

     ② 도서관에 갈 필요는 없지.

     ③ 오늘 도서관이 쉬는 줄 몰랐어.

     ④ 그럼, 오늘 책을 반납해야겠다.

5. ① 이사 준비로 바빴잖아요.

     ② 주말에도 일을 할 거예요.

     ③ 회사가 가까운지 알아볼게요.

     ④ 이제 출근이 힘들지 않겠어요.

6. ① 응, 전에 본 것 같아.

     ② 아니, 이미 준비했어.

     ③ 응, 내가 산다고 했잖아.

     ④ 아니, 필요한 게 없는데.

7. ① 오늘만 먹을게요.

     ② 좀 참으면 좋겠어요.

     ③ 너무 많이 먹었나 봐요.

     ④ 야식은 건강에 좋지 않아요.

8. ① 그렇죠? 한번 가 봐야겠어요.

     ② 맞아요. 요즘 사무실이 습해요.

     ③ 그래요? 걸린 종이가 있는지 볼게요.

     ④ 그럼요. 복사기가 없으면 일을 못 하죠.

4. ① 헉, 공포 영화를 곧 개봉한대.

② 너도 봐봐. 진짜 안 무서웠어.

③ 나는 무서운 영화를 못 보겠어.

④ 참! 너는 공포 영화 못 본다고 했지?

5. ① 벌써 5kg이나 빠졌어요.

② 살 빼는 게 제일 쉬웠어요.

③ 그럼 두 가지를 같이 해야겠네요.

④ 운동이 최고예요! 운동을 열심히 하세요.

6. ① 화, 목, 토 반을 신청할게요.

② 신청서를 작성해서 주시겠습니까?

③ 기초반은 인기가 많아서 마감되었습니다.

④ 오전반 신청하고 가끔 오후반에 가도 되나요?

7. ① 약국에 가서 감기약이라도 사 먹어.

② 병원에서 주사 맞고 약을 받아 왔어.

③ 오늘 퇴근하자마자 바로 병원에 갈 거야.

④ 요즘 감기가 유행이라 약국에 사람이 많아.

8. ① 김 대리님은 오늘 휴가입니다.

② 김 대리님이 전화를 하실까요?

③ 급한데 빠른 처리 부탁드립니다.

④ 그럼 메시지 좀 전해주시겠어요?

이어서 할 행동 고르기

남자와 여자의 대화를 듣고 여자가 이어서 할 행동으로 알맞은 것을 찾는 문제입니다. 두 사람의 대화 중에서 여자의 말을 잘 듣고 여자가 할 행동을 추측해야 합니다.

83회 기출문제

9~12 다음을 듣고 <u>여자</u>가 이어서 할 행동으로 가장 알맞은 것을 고르십시오. (각 2점) 🎧 Track **4A**

9. ① 사과를 씻는다.

② 과일을 자른다.

③ 설탕을 가져온다.

④ 냄비를 찾아온다.

10. ① 모자를 벗는다.

② 놀이 기구에 탄다.

③ 떨어진 물건을 줍는다.

④ 남자에게 가방을 받는다.

11. ① 세탁물을 넣는다.

② 안내문을 읽는다.

③ 동전을 바꾸러 간다.

④ 세탁 코스를 선택한다.

12. ① 거울을 치운다.

② 카메라를 설치한다.

③ 카메라 화면을 본다.

④ 촬영할 물건을 가져온다.

9

🎧Track **4A-1**　여: 사과는 다 씻었고, 이제 자르면 되겠다.

🎧Track **4A-2**　남: 자르는 건 내가 할 테니까 거기 있는 냄비 좀 줄래?

🎧Track **4A-3**　여: 여기 있어. 근데 잼 만들려면 ㉠설탕이 더 필요하겠네. 내가 찾아올까?

🎧Track **4A-4**　남: 응. ㉡좀 갖다 줘.

📖 ㉠에서 여자는 설탕이 더 필요할 것 같으니 찾아오려고 하는데 어떤지 물었습니다. ㉡에서 남자는 설탕을 갖다 달라고 했으므로 여자는 설탕을 가져올 것입니다. 그래서 여자가 이어서 할 행동은 ③번입니다.

10

🎧Track **4A-5**　남: 손님, 놀이 기구 타실 거죠? 그러면 가방은 여기에 보관하시겠어요?

🎧Track **4A-6**　여: 네. 여기요. 모자는 쓰고 타도 돼요?

🎧Track **4A-7**　남: 그것도 ㉠날아갈 수 있으니까 같이 보관해 드릴게요.

🎧Track **4A-8**　여: ㉡알겠습니다.

📖 ㉠에서 남자는 모자가 날아갈 수 있으니 보관해 주겠다고 합니다. ㉡에서 여자는 알겠다고 했으므로 모자를 맡기기 위해서 모자를 벗을 것입니다. 그래서 여자가 이어서 할 행동은 ①번입니다.

11

🎧Track **4A-9**　여: 빨래방은 처음인데 먼저 코스 선택하고 세탁물 넣으면 되나?

🎧Track **4A-10**　남: 여기 안내문 있다. 세탁물 넣은 후에 코스 선택하고, 동전 넣으래.

🎧Track **4A-11**　여: 나 동전은 없는데. 아, 저기 ㉠동전 교환기 있네. 바꿔 올게.

🎧Track **4A-12**　남: ㉡응. 난 또 뭘 해야 되는지 읽어 볼게.

📖 ㉠에서 여자는 동전 교환기에서 동전을 바꿔 오겠다고 말합니다. ㉡에서 남자는 알았다고 했으므로 여자는 동전을 바꾸러 갈 것입니다. 그래서 여자가 이어서 할 행동은 ③번입니다.

12

🎧Track **4A-13**　여: 감독님, 촬영 준비 끝났습니다. 물건들도 제자리에 놓았고요.

🎧Track **4A-14**　남: 그럼 카메라 화면에서 어떻게 보이는지 확인해 봅시다. 음, 저 거울이 꼭 필요할까요?

🎧Track **4A-15**　여: 거울이 커서 그런지 사무실처럼 보이지가 않네요. ㉠치울까요?

🎧Track **4A-16**　남: ㉡네. 그렇게 해 주세요.

📖 ㉠에서 여자는 거울을 치워도 되는지 물었습니다. ㉡에서 남자는 그렇게 해 달라고 대답했으므로 여자는 거울을 치울 것입니다. 그래서 여자가 이어서 할 행동은 ①번입니다.

9-12 다음을 듣고 여자가 이어서 할 행동으로 가장 알맞은 것을 고르십시오. (각 2점) 🎧 Track **4B**

9. ① 김밥을 산다.

    ② 기차를 탄다.

    ③ 자리에 앉는다.

    ④ 카페로 들어간다.

10. ① 고객 대기실로 간다.

    ② 남자에게 열쇠를 준다.

    ③ 차의 상태를 확인한다.

    ④ 차를 수리하려고 예약한다.

11. ① 물감을 찾아본다.

    ② 미술 연필을 고른다.

    ③ 직원에게 물어본다.

    ④ 남자에게 제품 이름을 말한다.

12. ① 촬영팀에게 연락한다.

    ② 진행 순서를 설명한다.

    ③ 공연 무대를 점검한다.

    ④ 공연팀을 데리러 간다.

9

🎧 Track **4B-1**   여: 기차 탈 때까지 시간이 좀 남았네.

🎧 Track **4B-2**   남: 그러네. 저 카페에서 커피 한잔 마시자.

🎧 Track **4B-3**   여: 응. 난 기차에서 먹을 ㉠김밥 좀 사서 갈 테니까 먼저 들어가 있어.

🎧 Track **4B-4**   남: 알았어. ㉡카페에 앉아 있을게.

📖 ㉠에서 여자는 김밥을 사러 가겠다고 했고 ㉡에서 남자는 카페에 앉아 있겠다고 했습니다. 그래서 여자가 이어서 할 행동은 ①번입니다.

10

🎧 Track **4B-5**   여: 자동차 수리하러 왔는데요. 김수미로 예약했어요.

🎧 Track **4B-6**   남: 네. ㉠차 열쇠 주시고 고객 대기실에서 잠깐 기다려 주세요.

🎧 Track **4B-7**   여: ㉡열쇠는 차 안에 두었어요. 대기실은 이쪽으로 가면 되나요?

🎧 Track **4B-8**   남: 네. 자동차 상태 확인하고 말씀드리겠습니다.

📖 ㉠에서 남자는 여자에게 차 열쇠를 주고 대기실로 가라고 했습니다. ㉡에서 여자는 차 열쇠는 차에 두었고 대기실 어디냐고 했으므로 여자는 대기실로 갈 것입니다. 그래서 여자가 이어서 할 행동은 ①번입니다.

11

🎧 Track **4B-9**   남: 수미 씨, 미술 연필은 골랐어요. 더 살 게 있어요?

🎧 Track **4B-10**   여: 물감을 사야 하는데 찾는 게 안 보이네요.

🎧 Track **4B-11**   남: 제품 이름 알려 줘요. ㉠직원한테 그 제품이 있는지 물어볼게요.

🎧 Track **4B-12**   여: ㉡아니에요. 제가 물어보고 올 테니까 민수 씨는 여기에서 기다려요.

📖 ㉠에서 남자는 직원에게 제품이 있는지 물어보겠다고 말했지만 ㉡에서 여자는 자신이 물어보고 오겠다고 했습니다. 그래서 여자가 이어서 할 행동은 ③번입니다.

12

🎧 Track **4B-13**   여: 무대 점검 끝났습니다. 이제 무대 연습 진행할까요?

🎧 Track **4B-14**   남: 네. ㉠지금 무대 앞으로 공연팀들을 데리고 와 줄래요? 연습 전에 진행 순서 설명하게요.

🎧 Track **4B-15**   여: ㉡알겠습니다. 촬영팀한테 연습 시작할 거라고 연락할까요?

🎧 Track **4B-16**   남: 그건 제가 할게요. 얼른 다녀오세요.

📖 ㉠에서 남자는 여자에게 지금 무대 앞으로 공연팀을 데리고 오라고 했습니다. ㉡에서 여자는 알겠다고 대답했으므로 여자는 공연팀을 데리러 갈 것입니다. 그래서 여자가 이어서 할 행동은 ④번입니다.

9. ① 호텔을 예약한다.

    ② 호텔에 방문한다.

    ③ 관광지를 찾아본다.

    ④ 관광지에 문의한다.

10. ① 영화표를 예매한다.

    ② 안내 데스크로 간다.

    ③ 팝콘을 사러 스낵 코너에 간다.

    ④ 키오스크에서 영화표를 출력한다.

11. ① 주유소에 전화를 해본다.

    ② 쇼핑몰이 있는 건물로 간다.

    ③ 쇼핑몰 주차장에 차를 세운다.

    ④ 기름을 넣으러 주유소에 간다.

12. ① 현수막 도안 색깔을 바꾼다.

    ② 밝은색으로 현수막을 디자인한다.

    ③ 새 거래처에 현수막 디자인을 맡긴다.

    ④ 거래처에 색상을 밝게 해 달라고 한다.

9. ① 침대에 누워 있는다.

② 감기약을 사러 나간다.

③ 학교에 갈 준비를 한다.

④ 남자를 데리고 병원에 간다.

10. ① 탈의실에 들어간다.

② 옷 가게에서 옷을 산다.

③ 옷 가게 직원에게 간다.

④ 두 가지 옷을 다 입어 본다.

11. ① 택배를 열어서 본다.

② 경찰에 택배를 신고한다.

③ 집 앞에 택배를 놓고 간다.

④ 홈쇼핑으로 물건을 주문한다.

12. ① 상자에서 옷을 꺼낸다.

② 신제품 정리를 끝낸다.

③ 마네킹의 옷을 벗긴다.

④ 마네킹을 벽으로 옮긴다.

들은 내용과 같은 것 고르기

남자와 여자의 대화를 듣고 내용과 일치하는 것을 찾는 문제입니다. 13번은 일상에서 이루어지는 남녀 대화, 14번은 안내방송, 15번은 뉴스, 16번은 인터뷰 형식으로 출제됩니다. 선택지를 먼저 읽고 중요한 어휘에 표시하면서 들을 내용을 예측합니다. 대화를 들을 때는 선택지에 표시한 부분의 내용이 맞는지 확인하면서 문제를 풉니다.

83회 기출문제

13~16 다음을 듣고 들은 내용과 같은 것을 고르십시오. (각 2점) 🎧 Track **5A**

13. ① 두 사람은 모형 배를 만드는 중이다.

② 이 모형 배는 가죽으로 만들어졌다.

③ 여자는 남자가 준 사진을 보고 있다.

④ 남자는 이 모형 배를 직접 본 적이 있다.

14. ① 개회식은 대회장에서 열린다.

② 대회의 장면을 찍을 수 있다.

③ 예선 경기는 두 시에 시작된다.

④ 개회식 후에 대기실로 가야 한다.

15. ① 이 사고는 오전에 발생했다.

② 등산객들은 모두 구조되었다.

③ 사고 발생 원인을 조사할 예정이다.

④ 산 정상에 오르다가 사고가 발생했다.

16. ① 여자는 전문적으로 그림을 배웠다.

② 여자의 그림은 화려한 느낌을 준다.

③ 여자는 화가가 된 지 70년이 넘었다.

④ 여자는 평범한 것을 그림의 소재로 삼는다.

13

🎧 Track 5A-1 　여: 이 사진 좀 볼래? 이게 모형이래. 실제 배하고 똑같지?

🎧 Track 5A-2 　남: 와, 정말 잘 만들었다. 근데 뭐로 만든 거야? 나무인가?

🎧 Track 5A-3 　여: 아니. **가죽으로 만든 거래.**

🎧 Track 5A-4 　남: 신기하다. 가죽을 이용해서 배 모형을 만들다니. 직접 한번 보고 싶다.

📖 ① 두 사람은 모형 배를 만드는 중이다. → 배 사진을 보는 중
　② **이 모형 배는 가죽으로 만들어졌다.**
　③ 여자는 남자가 준 사진을 보고 있다. → 남자는 여자가
　④ 남자는 이 모형 배를 직접 본 적이 있다. → 보고 싶어 한다.

정답은 ②번입니다.

14

🎧 Track 5A-5 　여: (딩동댕) 댄스 대회에 오신 여러분께 안내 드립니다. 잠시 후 두 시부터 **개회식**이 열립니다. 대기실에 계신 참가자들은 **대회장**으로 오시기 바랍니다.

🎧 Track 5A-6 　개회식이 끝나는 대로 예선 경기가 시작되오니 그 자리에서 기다려 주십시오. 대회 중에는 촬영을 할 수 없으니 협조 부탁드립니다. (댕동딩)

📖 ① **개회식은 대회장에서 열린다.**
　② 대회의 장면을 찍을 수 있다. → 촬영을 할 수 없다.
　③ 예선 경기는 두 시에 시작된다. → 개회식이 끝나는 대로
　④ 개회식 후에 대기실로 가야 한다. → 그 자리에서 기다려야 한다.

정답은 ①번입니다.

15

🎧 Track 5A-7 　남: 어젯밤 열 시, 인주산에서 길을 잃은 **등산객 네 명이 구조됐습니다.** 등산객의 구조 요청을 받은 구조대원들은 곧바로 수색 작업을 시작해 두 시간 만에 **등산객 모두를 발견했습니다.**

🎧 Track 5A-8 　등산객들은 산 정상에서 내려오던 중 날이 어두워져 길을 잃은 것으로 확인됐습니다.

📖 ① 이 사고는 오전에 발생했다. → 어젯밤 열 시에 구조됐다.
　② **등산객들은 모두 구조되었다.**
　③ 사고 발생 원인을 조사할 예정이다. → 해당 내용 없음
　④ 산 정상에 오르다가 사고가 발생했다. → 산 정상에서 내려오던 중

정답은 ②번입니다.

16

🎧 Track 5A-9 　남: 작가님의 그림이 인기를 얻고 있는 이유는 뭐라고 생각하십니까?

🎧 Track 5A-10 　여: 우리 **주변의 흔하고 평범한 소재를** 따뜻하게 그리기 때문이 아닐까요? 저는 행복했던 어린 시절을 기억하고 싶어서 70세가 넘어서야 그림을 그리기 시작했어요.

🎧 Track 5A-11 　물론 배운 적도 없고요. 꾸미지 않은 그런 느낌을 사람들이 좋아해 주는 것 같아요.

📖 ① 여자는 전문적으로 그림을 배웠다. → 배운 적이 없다.
　② 여자의 그림은 화려한 느낌을 준다. → 꾸미지 않는 느낌을
　③ 여자는 화가가 된 지 70년이 넘었다. → 70세가 넘어서야 그림을 시작했다.
　④ **여자는 평범한 것을 그림의 소재로 삼는다.**

정답은 ④번입니다.

13-16 다음을 듣고 들은 내용과 같은 것을 고르십시오. (각 2점) 🎧 Track 5B

13. ① 길이 예전에 비해 좁아졌다.

② 여자는 이곳에 처음 와 봤다.

③ 남자는 인주서점에 간 적이 없다.

④ 인주서점은 지금까지 같은 자리에 있다.

14. ① 분실물은 구두 매장에 있었다.

② 오후 8시에 지갑이 발견되었다.

③ 고객 센터는 구두 매장 옆에 있다.

④ 지갑을 잃어버린 사람은 1층으로 가면 된다.

15. ① 이 사고는 어젯밤에 발생했다.

② 이 사고로 인해 사람들이 크게 다쳤다.

③ 경찰은 사고 원인에 대해 조사하고 있다.

④ 낚싯배가 다른 배와 충돌하는 사고가 났다.

16. ① 여자는 수술 과정에 참여한다.

② 여자는 보호자의 집에서 동물을 돌본다.

③ 여자의 직업은 사람들에게 잘 알려져 있다.

④ 동물의 상태를 관찰하는 일은 여자의 업무가 아니다.

13

🎧 Track **5B-1**　여: 와, 10년 만에 와 보니까 여기 많이 변했다.

🎧 Track **5B-2**　남: 응. 내가 알던 곳이 아닌 것 같아. 길도 넓어지고 가게도 많아지고.

🎧 Track **5B-3**　여: 그러네. 어, 그런데 저기 **인주서점은 아직도 그대로 있어.**

🎧 Track **5B-4**　남: 정말이네. 우리 대학 다닐 때 전공 책 사러 자주 갔었잖아.

📖 ① 길이 예전에 비해 좁아졌다. → 넓어졌다.
　② 여자는 이곳에 처음 와 봤다. → 10년 만에
　③ 남자는 인주서점에 간 적이 없다. → 자주 갔었다.
　④ 인주서점은 지금까지 같은 자리에 있다.

정답은 ④번입니다.

14

🎧 Track **5B-5**　여: (딩동댕) 안내 말씀드립니다. 고객 센터에서 빨간색 지갑을 보관하고 있습니다. 지갑은 조금 전에 1층 **구두 매장에서 발견되었습니다.**

🎧 Track **5B-6**　잠시 후 여덟 시에 백화점이 문을 닫으니 지갑을 분실하신 고객님께서는 그 전에 5층에 있는 고객 센터로 와 주시기 바랍니다. (댕동딩)

📖 **① 분실물은 구두 매장에 있었다.**
　② 오후 8시에 지갑이 발견되었다. → 백화점이 문을 닫는다.
　③ 고객 센터는 구두 매장 옆에 있다. → 5층에
　④ 지갑을 잃어버린 사람은 1층으로 가면 된다. → 5층 고객 센터로

정답은 ①번입니다.

15

🎧 Track **5B-7**　남: 오늘 새벽 네 시경, 인주 앞바다에서 낚싯배가 바위에 부딪치는 사고가 발생했습니다. 배에 타고 있던 사람들은 경찰에 의해 모두 구조되었고 다행히 다친 사람은 없었습니다.

🎧 Track **5B-8**　현재 **경찰은 배에 타고 있던 사람들을 상대로 정확한 사고 원인을 파악하고 있습니다.**

📖 ① 이 사고는 어젯밤에 발생했다. → 오늘 새벽 네 시경
　② 이 사고로 인해 사람들이 크게 다쳤다. → 다친 사람은 없었다.
　③ 경찰은 사고 원인에 대해 조사하고 있다.
　④ 낚싯배가 다른 배와 충돌하는 사고가 났다. → 바위에 부딪치는

정답은 ③번입니다.

16

🎧 Track **5B-9**　남: 동물보건사라는 직업을 모르는 분들이 많은데요. 어떤 일을 하시나요?

🎧 Track **5B-10**　여: 저는 동물 병원에서 아픈 동물을 돌보는 일을 하는데요. 동물의 상태도 살피고 수의사의 처방에 따라 약도 줍니다. 또 수의사가 진찰을 하거나 **수술할 때 옆에서 돕는 일도** 하죠.

🎧 Track **5B-11**　그리고 보호자가 동물을 집에서 돌볼 때 주의할 사항을 알려 드리기도 합니다.

📖 **① 여자는 수술 과정에 참여한다.**
　② 여자는 보호자의 집에서 동물을 돌본다. → 동물 병원에서 아픈
　③ 여자의 직업은 사람들에게 잘 알려져 있다. → 모르는 사람들이 많다.
　④ 동물의 상태를 관찰하는 일은 여자의 업무가 아니다. → 업무이다.

정답은 ①번입니다.

13. ① 여자는 고장 난 선풍기 때문에 돈을 썼다.

    ② 남자는 청소기와 라디오를 버리고 싶어 한다.

    ③ 여자는 스티커를 사러 주민센터에 가려고 한다.

    ④ 남자는 폐가전제품 무상 수거 서비스를 이용해 봤다.

14. ① 자기 집 안에서는 담배를 피워도 된다.

    ② 엘리베이터에서 담배 연기가 올라온다.

    ③ 최근에 계단에서 담배를 피우는 사람이 있었다.

    ④ 아파트 단지 어느 곳에서도 담배를 피울 수 없다.

15. ① 폭우로 계곡물이 갑자기 불어났다.

    ② 지난 일요일에 전국에 비가 내렸다.

    ③ 여름철에 계곡으로 피서를 가면 안 된다.

    ④ 구조된 사람들은 피서를 갔던 직장인 4명이다.

16. ① 여자는 어릴 때 가난하게 살았다.

    ② 여자는 공부를 하는 것이 힘들다.

    ③ 여자는 학교에 숙제를 내지 못했다.

    ④ 여자는 지금까지 일을 하지 않았다.

13. ① 여자는 아침에 뉴스를 봤다.

    ② 불이 나서 사람들이 많이 다쳤다.

    ③ 여자는 사이렌 소리에 관심이 없었다.

    ④ 창고 근처에 사는 사람들은 대피해야 했다.

14. ① 인주행 기내에서 안내 방송을 하고 있다.

    ② 승객들은 신분증과 탑승권을 준비해야 한다.

    ③ 특별 지원이 필요한 승객은 10분 후 탑승을 시작한다.

    ④ 유아 동반 승객보다 일반 승객이 먼저 탑승할 수 있다.

15. ① 이 프로그램은 지역특산품 판매장에서 개최된다.

    ② 이 프로그램은 부모와 어린이가 참여할 수 있다.

    ③ 복숭아를 먹고 소감을 제출하는 프로그램이 있다.

    ④ 온 가족이 사용하는 나무 독서대가 전시되어 있다.

16. ① 종이접기는 아이들이 하는 것이다.

    ② 여자는 선생님의 작품에 감동을 받았다.

    ③ 여자는 고등학교 때 종이접기를 시작했다.

    ④ 종이접기는 종이접기 협회에서 배울 수 있다.

유형적중 TIP

남자와 여자의 대화를 듣고 남자의 생각을 고르는 문제입니다. 17번~19번은 일상생활에 관계된 남녀의 대화 내용으로 출제되는데 남자와 여자가 의견 차이를 보이는 경우가 자주 있습니다. 남자의 중심 생각을 찾는 문제이므로 남자의 말을 주의해서 들어야 합니다. 20번 문제는 인터뷰 형식으로 출제됩니다. 여자의 질문에 대한 남자의 대답을 잘 들어야 합니다.

83회 기출문제

17~20 다음을 듣고 남자의 중심 생각으로 가장 알맞은 것을 고르십시오. (각 2점) 🎧 Track 6A

17. ① 메일을 자주 확인해야 한다.

② 답장이 올 때까지 기다리는 게 낫다.

③ 메일을 받은 사실을 알려 줘야 한다.

④ 답장을 보내기 전에 확인하는 게 좋다.

18. ① 공부는 매일 하는 것이 중요하다.

② 공부하는 장소를 바꿀 필요가 있다.

③ 새벽에 일어나서 공부하는 게 좋다.

④ 피곤할 때는 적당한 휴식도 필요하다.

19. ① 다양한 분야의 사람을 만나야 한다.

② 직업을 자주 바꾸는 것은 좋지 않다.

③ 같이 일하는 사람과 잘 지내야 한다.

④ 진로에 대해 충분히 고민할 필요가 있다.

20. ① 오래된 지명을 새롭게 바꿀 필요가 있다.

② 지명은 많은 사람이 알기 쉽게 만들어야 한다.

③ 지명에 쓰인 아름다운 옛말이 사용되면 좋겠다.

④ 지명을 만들 때는 마을의 문화를 반영해야 한다.

17

🎧 Track **6A-1**　남: 수미야, 내가 보낸 메일 못 받았어?

🎧 Track **6A-2**　여: 아니. 받았어. 어떻게 쓸까 생각하느라고 아직 답장을 못 보냈어.

🎧 Track **6A-3**　남: 난 메일이 안 갔나 걱정했어. ㉠기다렸는데 받았다는 말이라도 해 주지.

📖 ㉠'말이라도 해 주지'에서 '-지'는 말을 하지 않은 것에 대한 남자의 불만을 나타냅니다. 그래서 정답은 ③번입니다.

18

🎧 Track **6A-4**　남: 요즘 ㉠새벽에 일어나서 공부하는데 집중이 잘되더라.

🎧 Track **6A-5**　여: 그래? 난 새벽에 일어나면 많이 피곤할 것 같은데.

🎧 Track **6A-6**　남: 처음엔 나도 좀 피곤했는데 이제는 ㉡공부가 잘돼서 좋아.

📖 남자는 ㉠새벽에 공부를 하는데 ㉡공부가 잘돼서 좋다고 말합니다. 그래서 ③번이 정답입니다.

19

🎧 Track **6A-7**　여: 지난번에 갔던 직업인들과의 만남 프로그램, 진짜 좋았지?

🎧 Track **6A-8**　남: 응. 다양한 직업을 가진 사람들의 이야기를 들으니까 참 좋았어.

🎧 Track **6A-9**　여: 맞아. 진로를 결정하는 데에도 꽤 도움이 됐어.

🎧 Track **6A-10**　남: ㉠여러 분야의 사람들을 만나면 배울 것도 많은 것 같아.

📖 남자는 ㉠여러 분야의 사람을 만나면 배울 것이 많은 것 같다고 했습니다. 그래서 정답은 ①번입니다.

20

🎧 Track **6A-11**　여: 선생님, 마을 이름에 대한 책을 내신 특별한 계기가 있으신가요?

🎧 Track **6A-12**　남: 네. ㉠지명에는 지금은 안 쓰는 옛날 말이 많이 남아 있습니다. 특히 마을의 문화나 자연을 가리키는 말들 중에 ㉡무척 아름다운 표현들이 많은데요.

🎧 Track **6A-13**　그런 표현들이 다시 우리의 일상으로 들어와 삶의 곳곳에서 ㉢사용됐으면 하는 마음으로 책을 쓰게 됐어요.

📖 ㉠지명에는 ㉡아름다운 옛날 말들이 많이 남아 있습니다. 남자는 이 말들이 ㉢사용되기를 바라는 마음으로 책을 썼습니다. 그래서 ③번이 정답입니다.

17-20 다음을 듣고 남자의 중심 생각으로 가장 알맞은 것을 고르십시오. (각 2점) 🎧 Track 6B

17. ① 저녁 식사를 미리 준비해 두어야 한다.

② 음식을 한꺼번에 많이 먹지 않는 것이 좋다.

③ 건강을 위해서 식사를 규칙적으로 해야 한다.

④ 피곤할 때는 저녁을 밖에서 사 먹는 것이 좋다.

18. ① 친구가 힘들 때는 옆에 있어 줘야 한다.

② 여러 사람과 잘 지내기 위해 노력할 필요가 있다.

③ 다른 사람과 함께 있을 때는 말을 조심해야 한다.

④ 친구와 문제가 생겼을 때는 빨리 해결하는 것이 좋다.

19. ① 여행은 여유롭게 하는 것이 좋다.

② 여행을 자주 가는 것은 좋지 않다.

③ 여행에서 다양한 경험을 해 봐야 한다.

④ 여행에 필요한 예산을 정해 놓을 필요가 있다.

20. ① 광고를 짧게 만드는 것이 효과적이다.

② 광고는 대중의 호기심을 자극해야 한다.

③ 광고는 제품의 정보를 사실대로 전달해야 한다.

④ 광고는 보는 사람이 쉽게 이해할 수 있어야 한다.

17

🎧 Track **6B-1**   남: 피곤한데 오늘 저녁은 밖에서 먹고 들어가요.

🎧 Track **6B-2**   여: 그냥 집에 가서 먹어요. 식사 준비하는 데 얼마 안 걸리잖아요.

🎧 Track **6B-3**   남: ㉠피곤해서 집에 갈 힘도 없어요. 이럴 땐 ㉡그냥 밖에서 사 먹어요.

📖 남자는 ㉠피곤하니까 ㉡그냥 밖에서 사 먹자고 말했습니다. 그래서 정답은 ④번입니다.

18

🎧 Track **6B-4**   남: 민수가 ㉠여자 친구랑 헤어져서 힘든가 봐. 우리 만나서 위로해 주자.

🎧 Track **6B-5**   여: 정말? 근데 그럴 때는 혼자 있게 해 주는 게 좋지 않을까?

🎧 Track **6B-6**   남: 지금이 바로 ㉡우리가 같이 있어 줘야 할 때지. 그것만으로도 큰 힘이 될 거야.

📖 남자는 민수가 ㉠여자 친구랑 헤어져서 힘든 것 같아서 ㉡같이 있어 줘야 한다고 말했습니다. 그래서 ①번이 정답입니다.

19

🎧 Track **6B-7**   여: 오늘 여행 일정이 많아서 서둘러야 해요. 먼저 박물관에 갔다가 미술관에 가요. 그다음에 근처 유적지 둘러보고 연극 보러 가면 돼요.

🎧 Track **6B-8**   남: 일정이 너무 많아요. 전 좀 여유롭게 여행하고 싶어요.

🎧 Track **6B-9**   여: 모처럼 여행 왔는데 뭐든 많이 하면 좋잖아요.

🎧 Track **6B-10**   남: 그래도 ㉠시간을 갖고 천천히 보면 좋겠어요. 일정을 좀 줄이죠.

📖 남자는 ㉠시간을 갖고 천천히 보는 것이 좋으니까 일정을 좀 줄이자고 했습니다. 그래서 정답은 ①번입니다.

20

🎧 Track **6B-11**   여: 감독님은 ㉠광고를 만들 때 어떤 부분에 신경을 쓰시나요?

🎧 Track **6B-12**   남: 대부분의 광고는 제품의 장점을 드러내는 데 집중하는데요. 저는 ㉡호기심을 자극하는 것에 중점을 둡니다.

🎧 Track **6B-13**   그러기 위해 사람들이 지금 보고 있는 게 무엇을 광고하는 것인지 끝까지 봐야 알 수 있도록 숨기는 거죠. 이렇게 대중의 궁금증을 유발하는 겁니다.

📖 남자는 ㉠광고를 만들 때 ㉡호기심을 자극하는 것에 중점을 둔다고 말했습니다. 그래서 ②번이 정답입니다.

17. ① 우유는 냉장고에 보관해야 한다.

② 우유를 보관하려면 냉장고가 필요하다.

③ 우유를 식탁 위에 두고 마시면 편리하다.

④ 우유를 너무 많이 마시는 것은 좋지 않다.

18. ① 새해 달력이 빨리 배포되어야 한다.

② 새해 달력을 미리 받지 않아도 된다.

③ 새해 계획을 미리 세우는 자세가 필요하다.

④ 새해 계획은 지키기 어려우므로 신중해야 한다.

19. ① 운동화 끈 묶는 방법을 배워야 한다.

② 운동화 끈은 두 번 묶어야 풀리지 않는다.

③ 운동화 끈이 풀어지면 빨리 다시 묶어야 한다.

④ 운동화 끈을 조이게 묶으면 건강에 좋지 않다.

20. ① 바가지요금이 없는 축제가 되어야 한다.

② 축제장의 모든 가격을 1만 원으로 해야 한다.

③ 바가지요금을 막기 위해 음식을 팔지 말아야 한다.

④ 음식 가격이 마음에 들지 않으면 신고하도록 해야 한다.

17. ① 한 잔의 커피도 좋지 않다.

    ② 커피는 많이 마셔도 괜찮다.

    ③ 커피는 집중력에 도움이 된다.

    ④ 커피를 너무 많이 마시면 안 된다.

18. ① 요즘 드라마는 스토리가 뻔하다.

    ② TV 드라마의 장르는 중요하지 않다.

    ③ 최신 TV 드라마는 장르가 다양해서 재미있다.

    ④ 요즘 드라마보다 예전 드라마가 취향에 잘 맞는다.

19. ① 강의를 듣는 시간이 아깝다.

    ② 열심히 노력해서 성공한 사람이 좋다.

    ③ 성공한 사람의 강의는 무조건 들어야 한다.

    ④ 노력해서 성공한 사람의 강의는 언제 들어도 좋다.

20. ① 많은 사람이 대학에 갈 수 있어야 한다.

    ② 대학을 졸업한 청년들은 사회에 도움을 주어야 한다.

    ③ 도움을 받은 사람은 도움을 준 사람에게 갚아야 한다.

    ④ 장학금 기부를 통해 서로 도와주는 사회가 되었으면 한다.

중심 생각으로 알맞은 것 고르기 +
들은 내용과 같은 것 고르기

유형적중 TIP 남자와 여자의 대화를 듣고 두 문제의 답을 찾아야 합니다. 이때 22번을 먼저 하는 것이 좋습니다(51쪽 보충 Tip 참고). 22번은 들은 내용과 같은 것을 고르는 문제로 선택지를 먼저 읽고 중요한 어휘에 표시하면서 들을 내용을 예측합니다. 대화를 들을 때는 선택지에 표시한 부분의 내용이 맞는지 확인해야 합니다. 21번은 남자의 중심 생각을 묻는 문제이므로 남자의 생각을 집중해서 듣는 것이 중요합니다.

83회 기출문제

21~22 다음을 듣고 물음에 답하십시오. (각 2점) 🎧 Track 7A

21. 남자의 중심 생각으로 가장 알맞은 것을 고르십시오.

① 설문 조사의 주제를 바꿔야 한다.

② 설문 조사는 결과 분석이 중요하다.

③ 설문 조사의 계획을 잘 세워야 한다.

④ 설문 조사는 응답자 수가 많을수록 좋다.

22. 들은 내용과 같은 것을 고르십시오.

① 남자는 연구 계획서를 작성하고 있다.

② 남자는 성격에 대한 연구를 하려고 한다.

③ 남자는 연구 방법을 아직 결정하지 못했다.

④ 남자는 여자의 연구 주제가 새롭다고 생각한다.

21번~22번 문제처럼 '같은 것을 고르는 문제'와 '중심 내용을 찾는 문제'가 함께 있을 때는 '같은 것을 고르는 문제'를 먼저 풀고 '중심 내용 찾는 문제'를 푸는 것이 좋습니다. 22번 문제의 선택지에는 들어야 할 내용과 관계있는 단서들이 들어있기 때문에 22번 문제를 풀다 보면 전체 내용과 세부 내용을 파악하게 됩니다. 그래서 22번을 풀면서 세부 내용을 파악하면 21번의 중심 내용을 찾는 데에 도움이 됩니다.

해설

🎧 Track **7A-1**	여: 교수님, 제 연구 계획서인데요. 한번 봐 주시겠어요?
🎧 Track **7A-2**	남: '성격과 여행지'라, 성격이 여행지 결정에 미치는 영향을 알아보겠다는 거군요? **주제가 아주 새롭고 좋아요.**
🎧 Track **7A-3**	연구 방법으로는 설문 조사를 선택했는데 ㉠계획이 거의 없네요. 설문 조사는 조사하려는 내용이 분명해야 하니까 조사 대상과 내용을 잘 계획할 필요가 있어요.
🎧 Track **7A-4**	여: 네. 그런데 무엇부터 시작을 하면 좋을지 모르겠어요.
🎧 Track **7A-5**	남: 그럼 성격과 여행지의 유형을 나누는 것부터 시작해 보세요.

21. 📖 ㉠에서 남자는 여자에게 연구 방법으로 설문 조사를 선택했지만 계획이 거의 없다고 말하고 있습니다. 남자의 중심 생각은 설문 조사의 계획을 잘 세워야 한다는 것입니다. 따라서 정답은 ③번입니다.

22. 들은 내용과 같은 것을 고르십시오.
① 남자는 연구 계획서를 작성하고 있다. → 여자는
② 남자는 성격에 대한 연구를 하려고 한다. → 여자는
③ 남자는 연구 방법을 아직 결정하지 못했다. → 여자는 …… 결정했다.
④ **남자는 여자의 연구 주제가 새롭다고 생각한다.**

📖 남자는 주제가 아주 새롭고 좋다고 말했습니다. 따라서 정답은 ④번입니다.

21-22 다음을 듣고 물음에 답하십시오. (각 2점) 🎧 Track 7B

21. 남자의 중심 생각으로 가장 알맞은 것을 고르십시오.

① 회의 내용을 빠짐없이 기록해야 한다.

② 회의 때 낭비되는 종이를 줄이는 것이 좋다.

③ 회의실을 지금보다 더 큰 장소로 바꿔야 한다.

④ 발표 자료는 알아보기 쉽게 만드는 것이 좋다.

22. 들은 내용과 같은 것을 고르십시오.

① 이번 회의는 발표 자료 없이 진행된다.

② 여자는 회의에서 쓸 자료를 복사할 예정이다.

③ 남자는 회의 때 대형 화면을 사용한 적이 있다.

④ 여자는 참석자들에게 참고할 자료를 이미 이메일로 보내 놓았다.

해설

🎧 Track **7B-1**	여: 부장님, 회의 때 사용할 발표 자료는 복사해서 회의실에 갖다 놓았습니다. 참고할 다른 자료도 복사할까요?
🎧 Track **7B-2**	남: 그건 참석자들에게 미리 이메일로 보내죠. ㉠회의 때마다 낭비되는 종이가 너무 많은 것 같아요.
🎧 Track **7B-3**	여: 네, 바로 보내겠습니다. **지난번 회의처럼 대형 화면을 사용하실 거지요?**
🎧 Track **7B-4**	남: 네. 그리고 ㉠앞으로는 발표 자료도 필요한 경우에만 복사하죠. 어차피 회의는 화면을 보면서 하는데 굳이 종이를 사용할 필요 없잖아요.

21.	📖 ㉠에서 남자는 회의 때마다 낭비되는 종이가 너무 많고, 앞으로 발표 자료도 필요한 경우에만 복사하자고 말했습니다. 따라서 정답은 ②번입니다.

22.	들은 내용과 같은 것을 고르십시오. ① 이번 회의는 발표 자료 없이 진행된다. → 발표 자료는 회의실에 갖다 놓았다. ② 여자는 회의에서 쓸 자료를 복사할 예정이다. → 복사했다. **③ 남자는 회의 때 대형 화면을 사용한 적이 있다.** ④ 여자는 참석자들에게 참고할 자료를 이미 이메일로 보내 놓았다. → 보낼 것이다. 📖 여자는 남자에게 이번 회의도 지난번 회의처럼 대형 화면을 사용할 것인지를 물었으므로 남자는 대형 화면을 사용한 적이 있습니다. 따라서 정답은 ③번입니다.

21. 남자의 중심 생각으로 가장 알맞은 것을 고르십시오.

  ① 대형 기계를 꼭 설치해야 한다.

  ② 고객들의 안전이 가장 중요하다.

  ③ 이벤트 효과로 홍보가 크게 될 것이다.

  ④ 실내 수영장에서도 거품 파티를 해야 한다.

22. 들은 내용과 같은 것을 고르십시오.

  ① 남자는 대형 기계를 도입할 것이다.

  ② 남자는 여름 호캉스 즐기기를 기획했다.

  ③ 남자는 실내 수영장 고객 관리도 잘해야 한다고 생각한다.

  ④ 남자는 이벤트를 실시하면 홍보 효과가 클 것이라고 생각한다.

21. 남자의 중심 생각으로 가장 알맞은 것을 고르십시오.

  ① 엘리베이터에 설문 조사지를 붙여야 한다.

  ② 설문 조사에 적극적으로 참여할 필요가 있다.

  ③ 설문지를 각 세대별 우편함에 넣는 방법이 좋다.

  ④ 참여도를 위해 휴대폰으로 설문 조사를 해야 한다.

22. 들은 내용과 같은 것을 고르십시오.

  ① 설문 조사를 하기 전에 먼저 공지를 할 것이다.

  ② 여자는 각 세대 우편함에 설문지를 넣어야 한다.

  ③ 관리 사무소에서 휴대폰으로 공지를 보낼 예정이다.

  ④ 이 아파트는 엘리베이터에서 설문 조사를 할 것이다.

무엇을 하고 있는지 고르기 +
들은 내용과 같은 것 고르기

유형적중 TIP 23번은 남자와 여자의 대화를 듣고 남자 또는 여자가 무엇을 하고 있는지 찾는 문제입니다. 두 사람의 대화 중에서 남자 또는 여자의 말을 잘 듣고 행동을 추측해야 합니다. 23번 문제의 선택지에 자주 등장하는 문의, 소개, 변경, 설명, 안내, 확인 등의 표현을 알아두면 좋습니다(부록 230쪽 참고). 24번은 들은 내용과 같은 것을 고르는 문제로 선택지를 먼저 읽고 중요한 어휘에 표시하면서 들을 내용을 예측합니다. 대화를 들을 때는 선택지에 표시한 부분의 내용이 맞는지 확인하면서 문제를 풉니다.

83회 기출문제

23~24 다음을 듣고 물음에 답하십시오. (각 2점) 🎧 Track 8A

23. 남자가 무엇을 하고 있는지 고르십시오.

① 취업에 성공한 방법을 소개하고 있다.

② 신입 사원 연수 일정을 변경하고 있다.

③ 신입 사원 채용 절차를 설명하고 있다.

④ 입사 전에 해야 할 일을 안내하고 있다.

24. 들은 내용과 같은 것을 고르십시오.

① 이 회사의 신입 사원 연수가 끝났다.

② 신입 사원 연수 일정을 문자로 공지했다.

③ 건강 검진은 정해진 병원에서 받아야 한다.

④ 건강 검진 결과는 출근 후에 제출하면 된다.

🎧 Track **8A-1**	남: 안녕하십니까, 인주 상사입니다. ㉠합격자 분들에게 건강 검진과 **신입 사원 연수 일정을 문자로 보내 드렸는데 확인하셨나요?**
🎧 Track **8A-2**	여: 네. 확인했습니다. 그런데 건강 검진은 정해진 병원에서만 해야 하나요?
🎧 Track **8A-3**	남: 아닙니다. 집 근처 보건소나 병원에 가서 받으셔도 됩니다. 검진 결과는 연수 끝나고 출근 전까지 내시면 되고요. 신입 사원 연수 때는 문자로 안내 드린 증명서만 제출하시면 됩니다.
🎧 Track **8A-4**	여: 감사합니다. 그럼 연수 때 뵙겠습니다.

23. 📖 남자는 여자에게 입사 전까지 ㉠건강 검진을 하는 병원과 서류 제출에 대해 안내하고 있습니다. 따라서 정답은 ④ 입니다.

24. 들은 내용과 같은 것을 고르십시오.
① 이 회사의 신입 사원 연수가 끝났다. → 연수를 할 예정이다.
② 신입 사원 연수 일정을 문자로 공지했다.
③ 건강 검진은 정해진 병원에서 받아야 한다. → 집 근처 보건소나 병원에서 받을 수 있다.
④ 건강 검진 결과는 출근 후에 제출하면 된다. → 출근 전까지

📖 남자는 신입 사원 연수 일정을 문자로 보냈다고 했습니다. 따라서 정답은 ②번입니다.

23-24 다음을 듣고 물음에 답하십시오. (각 2점) 🎧 Track **8B**

23. 남자가 무엇을 하고 있는지 고르십시오.

① 가게의 위치를 확인하고 있다.

② 가게 운영에 대해 조언을 구하고 있다.

③ 구매할 물건의 사용 방법을 물어보고 있다.

④ 원하는 조건의 물건이 있는지 알아보고 있다.

24. 들은 내용과 같은 것을 고르십시오.

① 여자의 가게에는 크기가 큰 냉장고가 없다.

② 남자는 카페에서 케이크를 팔지 않기로 했다.

③ 남자의 카페에는 유리문이 달린 냉장고가 있다.

④ 여자의 가게에서는 새로 나온 제품만 판매한다.

·**해설**·

🎧 Track 8B-1	남: 카페에서 ㉠케이크 보관용으로 사용할 냉장고를 찾고 있는데요. 사용 기간이 얼마 안 된 중고 냉장고 있을까요?
🎧 Track 8B-2	여: 손님들이 케이크를 보고 살 수 있게 **유리문이 달린 걸 찾으시는 거지요?**
🎧 Track 8B-3	남: **아니요. 그건 이미 설치돼 있어요.** 주방에서 쓸 거라서 안이 안 보여도 돼요. 케이크를 많이 넣을 수 있게 사이즈가 컸으면 좋겠어요.
🎧 Track 8B-4	여: 이거 어떠세요? 저희 가게에 어제 들어온 제품인데요. 크기도 크고 6개월 정도 사용한 거라서 깨끗하고 좋아요.

23.	📖 남자는 ㉠케이크 보관용으로 케이크를 많이 넣을 수 있는 큰 사이즈의 사용 기간이 얼마 안 된 중고 냉장고를 찾고 있습니다. 따라서 정답은 ④입니다.

24.	들은 내용과 같은 것을 고르십시오. ① 여자의 가게에는 크기가 큰 냉장고가 없다. → 어제 들어왔다. ② 남자는 카페에서 케이크를 팔지 않기로 했다. → 해당 내용 없음 ③ **남자의 카페에는 유리문이 달린 냉장고가 있다.** ④ 여자의 가게에서는 새로 나온 제품만 판매한다. → 중고 제품을
	📖 남자는 유리문이 달린 냉장고는 이미 설치돼 있다고 했습니다. 따라서 정답은 ③번입니다.

23~24 다음을 듣고 물음에 답하십시오. (각 2점) 🎧 Track 8C

23. 남자가 무엇을 하고 있는지 고르십시오.

   ① 메일 작성 방법을 알려주고 있다.

   ② 메일이 잘 들어왔는지 알아보고 있다.

   ③ 여자에게 신청서를 발급해 주고 있다.

   ④ 여자가 신청 자격이 되는지 확인하고 있다.

24. 들은 내용과 같은 것을 고르십시오.

   ① 여자는 신청서에 아무것도 안 썼다.

   ② 여자는 신청 메일을 보내지 않았다.

   ③ 여자는 고급반에서 공부한 적이 있다.

   ④ 여자는 필수 기재 사항을 쓰지 않았다.

23~24 다음을 듣고 물음에 답하십시오. (각 2점) 🎧 Track 8D

23. 남자가 무엇을 하고 있는지 고르십시오.

   ① 여권 재발급 신청 예약을 변경하고 있다.

   ② 여권 재발급 신청 비용을 확인하고 있다.

   ③ 여권 재발급 신청 장소를 알아보고 있다.

   ④ 여권 재발급 신청 방법을 문의하고 있다.

24. 들은 내용과 같은 것을 고르십시오.

   ① 남자는 여권을 분실했다.

   ② 구청에 여권 발급 신청서가 있다.

   ③ 여권이 발급되면 전화로 연락을 준다.

   ④ 남자는 신분증, 사진, 도장을 준비해야 한다.

중심 생각으로 알맞은 것 고르기 +
들은 내용과 같은 것 고르기

25번~26번은 인터뷰 형식으로 출제됩니다. 26번은 같은 것을 고르는 문제로 선택지를 먼저 읽고 중요 어휘에 표시하면서 들을 내용을 추측합니다. 25번은 남자의 중심 생각을 묻는 문제입니다. 여자의 질문을 통해 앞으로 들어야 할 중요 내용을 파악한 후 중심 생각 문제에 자주 등장하는 표현에 유의하며 듣습니다(**59쪽 보충 Tip 참고**). 해당 표현이 없을 때에는 전체 내용을 포괄한 선택지를 찾습니다.

83회 기출문제

25~26 다음을 듣고 물음에 답하십시오. (각 2점) 🎧 Track **9A**

25. 남자의 중심 생각으로 가장 알맞은 것을 고르십시오.

① 타이어를 설계할 때는 환경을 생각해야 한다.

② 생산된 타이어의 저장 공간을 마련해야 한다.

③ 운전자의 의견을 타이어 디자인에 반영해야 한다.

④ 타이어의 재료로 쓸 새로운 소재를 연구해야 한다.

26. 들은 내용과 같은 것을 고르십시오.

① 이 타이어는 많은 판매량을 기록했다.

② 이 타이어의 안쪽에는 특수한 장치가 있다.

③ 이 타이어는 성능 향상에 중점을 두고 개발되었다.

④ 이 타이어는 대기 오염의 정도를 색깔로 알려 준다.

중심 생각 문제에서 자주 나타나는 표현

의견이나 생각을 나타내는 표현	–다고 생각하다, –다고 느꼈다, –다고 본다 등
원인이나 이유를 나타내는 표현	–으니까, –기 때문에, –아/어서 등
당위를 나타내는 표현	–아/어야 한다, –는 것이 좋다, –ㄹ/을 필요가 있다 등
목적을 나타내는 표현	–기 위해서, –으려고 등
강조 표현	–이/가 중요하다 등

해설

🎧 Track **9A-1**	여: 이번에 설계하신 타이어의 판매를 곧 시작한다고 들었는데요. 기존의 타이어와는 어떤 점에서 다른 건가요?
🎧 Track **9A-2**	남: 저는 ㉠환경 보호를 위해서는 성능만 강조하는 기존의 타이어 설계에 변화가 필요하다고 생각했습니다.
🎧 Track **9A-3**	타이어에서 생기는 작은 플라스틱들이 대기 오염의 가장 큰 원인이 되고 있거든요.
🎧 Track **9A-4**	이걸 해결하기 위해 미세 플라스틱 조각이 공기 중으로 날아가지 않고 **타이어 안쪽의 캡슐 장치에 모여 저장되도록** 설계했습니다.
🎧 Track **9A-5**	캡슐이 가득 차면 타이어 옆면의 색이 바뀌어서 운전자가 알 수 있게 했고요.

25. 📖 ㉠에서 남자는 환경 보호를 위해 기존의 타이어 설계에 변화가 필요하다고 했습니다. 따라서 정답은 ①번입니다.

26. 들은 내용과 같은 것을 고르십시오.
① 이 타이어는 많은 판매량을 기록했다. → 곧 판매를 시작한다.
② 이 타이어의 안쪽에는 특수한 장치가 있다.
③ 이 타이어는 성능 향상에 중점을 두고 개발되었다. → 환경 보호에
④ 이 타이어는 대기 오염의 정도를 색깔로 알려 준다. → 캡슐이 가득 찼는지를

📖 이 타이어 안쪽의 캡슐에 플라스틱 조각을 모으는 장치가 있습니다. 따라서 정답은 ②번입니다.

25-26 다음을 듣고 물음에 답하십시오. (각 2점) 🎧 Track **9B**

25. 남자의 중심 생각으로 가장 알맞은 것을 고르십시오.

① 마을 축제에 대한 주민들의 관심이 필요하다.

② 마을의 특징을 활용한 것이 축제의 성공 비결이다.

③ 축제에 판매할 기념품을 새로 제작하는 것이 좋다.

④ 축제를 기획할 때 성공 사례를 충분히 검토해야 한다.

26. 들은 내용과 같은 것을 고르십시오.

① 이 마을을 아는 사람이 거의 없다.

② 이 마을에서 축제가 올해 처음으로 열렸다.

③ 이 마을의 해바라기 들판은 최근에 만들어졌다.

④ 이 마을의 특산품이 관광객에게 좋은 반응을 얻었다.

해설

🎧 Track **9B-1**	여: 올해로 3주년을 맞은 해바라기 축제에 정말 많은 분들이 찾아오고 있는데요. 어떻게 이렇게 성공할 수 있었나요?
🎧 Track **9B-2**	남: ㉠마을의 장점을 살린 것이 좋은 결과로 이어졌다고 생각합니다. 우리 마을의 넓고 아름다운 해바라기 들판은 오래전부터 마을의 자랑이었는데요.
🎧 Track **9B-3**	이런 특색을 활용해서 축제를 기획한 것이 관광객의 발길을 이끌었죠.
🎧 Track **9B-4**	축제 기간에 특산품을 파는데요. 특히 해바라기 씨로 만든 기름이 관광객에게 인기가 좋습니다.
🎧 Track **9B-5**	앞으로도 우리 마을이 가진 것을 잘 활용해서 이 축제를 더욱 발전시키려고 합니다.

25. 📖 ㉠에서 남자는 마을의 특색을 활용해서 축제를 기획한 것이 관광객의 발길을 이끌었다고 했습니다. 따라서 정답은 ②번입니다.

26. 들은 내용과 같은 것을 고르십시오.
① 이 마을을 아는 사람이 거의 없다. → 많은 사람들이 축제에 찾아오고 있다.
② 이 마을에서 축제가 올해 처음으로 열렸다. → 3주년을 맞았다.
③ 이 마을의 해바라기 들판은 최근에 만들어졌다. → 오래전부터 마을의 자랑이었다.
④ 이 마을의 특산품이 관광객에게 좋은 반응을 얻었다.

📖 해바라기 씨로 만든 기름이 관광객들에게 인기가 좋습니다. 따라서 정답은 ④번입니다.

25~26 다음을 듣고 물음에 답하십시오. (각 2점) 🎧 Track 9C

25. 남자의 중심 생각으로 가장 알맞은 것을 고르십시오.

① 배가 고픈 사람들에게 무료로 배식을 해야 한다.

② 종교인이나 자원봉사자들이 적극적으로 참여해야 한다.

③ 많은 사람들이 쌀과 채소 같은 식재료를 후원해야 한다.

④ 형편이 어려운 사람들도 든든한 식사를 할 수 있어야 한다.

26. 들은 내용과 같은 것을 고르십시오.

① 이 가게는 김치찌개가 가장 인기가 많다.

② 이 가게는 김치찌개를 무한으로 제공한다.

③ 종교인이 직접 운영하여 인건비를 절약한다.

④ 돈 걱정 없이 배불리 식사하려는 사람들이 많다.

25~26 다음을 듣고 물음에 답하십시오. (각 2점) 🎧 Track 9D

25. 남자의 중심 생각으로 가장 알맞은 것을 고르십시오.

① 매년 건강 검진을 꼭 받아야 한다.

② 부모님을 모시고 병원에 다녀야 한다.

③ 약의 성분과 효과를 알고 먹어야 한다.

④ 건강 검진 이력을 한눈에 보면 관리하기 좋다.

26. 들은 내용과 같은 것을 고르십시오.

① 이 앱으로 약을 처방할 수 있다.

② 이 앱은 약 먹는 시간을 알려 준다.

③ 이 앱을 사용하면 병원에 가지 않아도 된다.

④ 이 앱은 만성질환이 있는 사람들만 사용해야 한다.

유형 09

화자의 의도로 알맞은 것 고르기 + 들은 내용과 같은 것 고르기

유형적중 TIP 27~28번은 남자와 여자의 대화를 듣고 두 문제를 풀어야 합니다. 27번은 남자 또는 여자가 무엇을 하고 싶어서 말하는지 남자 또는 여자의 의도를 파악해야 합니다. 그리고 의도를 나타내는 표현을 알아두면 좋습니다(**부록 232쪽 참고**). 28번은 들은 내용과 같은 것을 고르는 문제로 선택지를 먼저 읽고 중요 어휘에 표시하면서 들을 내용을 추측하는 것이 중요합니다.

83회 기출문제

27~28 다음을 듣고 물음에 답하십시오. (각 2점) 🎧 Track **10A**

27. 남자가 말하는 의도로 알맞은 것을 고르십시오.

① 공간 대여 사업의 결과를 알려 주려고

② 공간 대여에 필요한 서류를 문의하려고

③ 공간 대여를 위한 신청서의 작성을 부탁하려고

④ 공간 대여 사업에 함께 신청할 것을 제안하려고

28. 들은 내용과 같은 것을 고르십시오.

① 이 사업은 다음 주까지 신청할 수 있다.

② 이 사업에서는 비어 있는 공간을 활용한다.

③ 이 사업을 통해 적은 비용으로 공간을 빌릴 수 있다.

④ 이 사업에 지원하려면 사무실에 서류를 제출해야 한다.

🎧 Track **10A-1**	남: 수미야, 너 그거 들었어? ㉠학교에서 남는 공간을 창업 동아리에 무료로 대여해 준대. 우리도 한 번 지원해 보자.
🎧 Track **10A-2**	여: 아, 그거 **학교 안의 빈 공간을 빌려 주는 사업 맞지?** 나도 들었어. 근데 지금 신청할 수 있대?
🎧 Track **10A-3**	남: 금요일까지 학교 홈페이지에 몇 가지 정보만 입력하면 신청할 수 있나 봐. 다른 서류는 다음 주 까지 홈페이지에 올리면 되고.
🎧 Track **10A-4**	여: 그렇구나. 그런데 서류는 뭐가 필요한 거야?
🎧 Track **10A-5**	남: 글쎄. 나도 그건 정확히 모르겠어. 사무실에 가서 한번 물어보자.

27. 📖 ㉠에서 남자는 남는 공간을 무료로 대여해 준다고 말하며 여자에게 같이 지원해 볼 것을 제안하고 있습니다. 그래 서 정답은 ④번입니다.

28. 들은 내용과 같은 것을 고르십시오.
① 이 사업은 다음 주까지 신청할 수 있다. → 금요일까지
② 이 사업에서는 비어 있는 공간을 활용한다.
③ 이 사업을 통해 적은 비용으로 공간을 빌릴 수 있다. → 무료로
④ 이 사업에 지원하려면 사무실에 서류를 제출해야 한다. → 홈페이지에

📖 학교 안의 빈 공간을 빌려주는 사업이라고 말했습니다. 따라서 정답은 ②번입니다.

Part 1 **기출문제 분석 및 연습문제** 63

27-28 다음을 듣고 물음에 답하십시오. (각 2점) 🎧 Track 10B

27. 남자가 말하는 의도로 알맞은 것을 고르십시오.

   ① 이 과자의 맛이 달라진 것을 지적하려고

   ② 이 과자를 생산하게 된 이유를 알려 주려고

   ③ 이 과자의 생산이 중단될 것이라는 소식을 전하려고

   ④ 이 과자를 구하기 어려운 것에 대한 불만을 말하려고

28. 들은 내용과 같은 것을 고르십시오.

   ① 이 회사는 작업 시간을 늘렸다.

   ② 남자는 이 과자를 구입한 적이 있다.

   ③ 이 과자는 사람들의 관심을 끌지 못했다.

   ④ 여자는 남자에게 이 과자에 대해 처음 들었다.

해설

🎧 Track 10B-1	남: 인주제과에서 새로 나온 과자 말이야. 맛있다고 해서 한번 먹어 보고 싶은데 살 수가 없네. ㉠여기저기 다 품절이래.
🎧 Track 10B-2	여: 뉴스에서 들었는데 **평소보다 네 시간이나 더 작업해서 생산량을 두 배나 늘렸대.** 그런데도 수요가 많아서 구하기 힘든 거래.
🎧 Track 10B-3	남: 그래도 이렇게까지 사기 어려운 게 말이 돼? 과자를 사려고 하는 사람이 많으면 생산 시설을 더 늘리면 되잖아.
🎧 Track 10B-4	여: 그런 결정은 쉽지 않지. 그랬다가 과자의 인기가 식으면 비용을 들여 만든 시설이 쓸모없어지잖아. 그럼 회사의 손해가 클걸.

27. 📖 ㉠에서 남자는 품절이라서 과자를 살 수 없는 상황에 대해 말이 되느냐고 묻고 있습니다. 이로써 남자가 이 상황에 대해 불만을 가지고 있음을 알 수 있습니다. 그래서 정답은 ④번입니다.

28. 들은 내용과 같은 것을 고르십시오.
① 이 회사는 작업 시간을 늘렸다.
② 남자는 이 과자를 구입한 적이 있다. → 없다.
③ 이 과자는 사람들의 관심을 끌지 못했다. → 수요가 많다.
④ 여자는 남자에게 이 과자에 대해 처음 들었다. → 뉴스에서 들었다.

📖 이 회사는 평소보다 네 시간이나 더 작업해서 생산량을 두 배나 늘렸습니다. 따라서 정답은 ①번입니다.

27. 남자가 말하는 의도로 알맞은 것을 고르십시오.

   ① 단합 대회에 가도록 설득하려고

   ② 단합 대회의 사회를 부탁하려고

   ③ 단합 대회의 분위기를 띄우려고

   ④ 단합 대회의 규칙을 알려 주려고

28. 들은 내용과 같은 것을 고르십시오.

   ① 이번 단합 대회는 오랜만에 한다.

   ② 남자는 분위기를 잘 띄우는 사람이다.

   ③ 이번 주 일요일에 등산하러 갈 것이다.

   ④ 단합 대회가 취소돼서 영업팀이 섭섭해한다.

27. 남자가 말하는 의도로 알맞은 것을 고르십시오.

   ① 아르바이트 시간을 결정하려고

   ② 아르바이트 신청을 부탁하려고

   ③ 아르바이트 정보를 알려 주려고

   ④ 아르바이트의 단점을 지적하려고

28. 들은 내용과 같은 것을 고르십시오.

   ① 여자는 영어를 사용하는 나라에서 왔다.

   ② 여자는 게시판에서 아르바이트를 찾았다.

   ③ 여자는 날마다 같은 시간에 수업이 끝난다.

   ④ 여자는 영어 말하기 연습을 도와주고 있다.

누구인지 고르기 +
들은 내용과 같은 것 고르기

29번~30번은 인터뷰입니다. 29번은 남자와 여자의 대화를 듣고 남자 또는 여자가 누구인지, 무엇을 하는 사람인지 찾는 문제입니다. 첫 대화에서 인터뷰 대상이 하는 일에 대해 들어야 할 중요 내용을 파악합니다. 그 후 이어지는 대화에서 남자 또는 여자가 하는 일에 대한 세부적인 내용이 나오므로 잘 들어야 합니다. 30번은 선택지를 먼저 읽고 중요 어휘에 표시하면서 들을 내용을 추측합니다.

83회 기출문제

29~30 다음을 듣고 물음에 답하십시오. (각 2점) 🎧 Track 11A

29. 남자는 누구인지 고르십시오.

① 게임의 오류를 찾아내는 사람

② 새로운 게임을 기획하는 사람

③ 게임에 음향 효과를 넣는 사람

④ 새로 개발한 게임을 홍보하는 사람

30. 들은 내용과 같은 것을 고르십시오.

① 이 일은 개발팀에서 담당하고 있다.

② 이 일은 게임의 판매에 영향을 미친다.

③ 남자는 게임 출시 후에 일을 시작한다.

④ 남자는 게임 캐릭터도 직접 디자인한다.

🎧 Track **11A-1**　　여: 팀장님께서는 ⊙게임을 출시하기 전에, 게임에서 발생하는 여러 문제점들을 찾아내는 일을 맡고 계시다고 들었습니다.

🎧 Track **11A-2**　　남: 네. 개발팀이 완성한 게임을 일정 기간 동안 직접 해 보면서 기술적인 오류를 찾아내고 있습니다.

🎧 Track **11A-3**　　또 캐릭터의 디자인이나 음향 효과 등 사용자의 흥미와 관련된 것들의 문제점도 찾아내고요.

🎧 Track **11A-4**　　여: 게임의 완성도를 높이기 위해서는 이 일이 굉장히 중요하겠네요.

🎧 Track **11A-5**　　남: 네. 출시 후에 이런 **문제가 발생하면 게임 판매에 부정적인 영향을 주게 되거든요.** 그래서 저희는 출시 전까지 책임감을 갖고 일합니다.

29.　📖 여자는 ⊙에서 남자가 게임을 출시하기 전에, 게임에서 발생하는 여러 문제점들을 찾아내는 일을 한다고 했습니다. 따라서 정답은 ①번입니다.

30.　들은 내용과 같은 것을 고르십시오.
① 이 일은 개발팀에서 담당하고 있다. → 남자가
② 이 일은 게임의 판매에 영향을 미친다.
③ 남자는 게임 출시 후에 일을 시작한다. → 출시 전까지 일을 한다.
④ 남자는 게임 캐릭터도 직접 디자인한다. → 캐릭터의 문제점을 찾아낸다.

　📖 문제가 발생하면 게임 판매에 부정적인 영향을 줍니다. 따라서 정답은 ②번입니다.

29-30 다음을 듣고 물음에 답하십시오. (각 2점) 🎧 Track 11B

29. 남자는 누구인지 고르십시오.

　① 도로를 정비하는 사람

　② 교통 상황을 촬영하는 사람

　③ 도로에 CCTV를 설치하는 사람

　④ 방송에서 교통 상황을 알려 주는 사람

30. 들은 내용과 같은 것을 고르십시오.

　① 남자는 매일 오후에 근무를 시작한다.

　② 남자는 이 일을 할 때 긴장하지 않는다.

　③ 남자는 CCTV를 분석하는 일을 하지 않는다.

　④ 남자의 일에는 시민들이 보낸 문자를 보는 것이 포함된다.

해설

🎧 Track 11B-1	여: 지금 하시는 일이 보통의 라디오 방송과 준비 과정이 다르다고요?
🎧 Track 11B-2	남: 네. 저는 매일 오전 여섯 시부터 오후 두 시까지, ㉠30분마다 교통 정보를 안내하고 있는데요.
🎧 Track 11B-3	도로에 설치된 여러 대의 CCTV와 **시민들이 보낸 문자를 보고** 교통 상황을 분석해 시민들에게 전달합니다.
🎧 Track 11B-4	여: 방송 중에도 도로 상황은 수시로 달라질 텐데요. 방송 내용을 미리 준비하기가 어려울 것 같습니다.
🎧 Track 11B-5	남: 네. 미리 원고를 작성하기는 하지만 실시간 교통 상황을 보며 원고에 없는 내용을 전달할 때가 많습니다. 그래서 긴장을 늦출 수 없죠.

29.	📖 남자는 ㉠에서 교통 상황을 분석해서 시민들에게 30분마다 교통 정보를 안내하고 있다고 했습니다. 따라서 정답은 ④번입니다.

30.	들은 내용과 같은 것을 고르십시오.
	① 남자는 매일 오후에 근무를 시작한다. → 오전 여섯 시부터
	② 남자는 이 일을 할 때 긴장하지 않는다. → 긴장을 늦출 수가 없다.
	③ 남자는 CCTV를 분석하는 일을 하지 않는다. → 한다.
	④ 남자의 일에는 시민들이 보낸 문자를 보는 것이 포함된다.
	📖 남자는 CCTV와 시민들이 보낸 문자를 보고 교통 상황을 분석합니다. 따라서 정답은 ④번입니다.

29. 남자는 누구인지 고르십시오.

　① 영화의 소품을 관리하는 사람

　② 영화의 효과음을 만드는 사람

　③ 영화의 음악을 작곡하는 사람

　④ 영화의 오디오를 녹음하는 사람

30. 들은 내용과 같은 것을 고르십시오.

　① 남자는 다양한 소리에 관심이 많다.

　② 남자는 200편이 넘는 영화를 만들었다.

　③ 남자는 고물 창고에서 일을 하고 있다.

　④ 남자는 완벽한 소리를 위해 운동을 한다.

29. 남자는 누구인지 고르십시오.

　① 한국 관광을 홍보하는 사람

　② 새로운 관광지를 발굴하는 사람

　③ 한국 관광 장소를 섭외하는 사람

　④ 한국 관광 일정을 안내하는 사람

30. 들은 내용과 같은 것을 고르십시오.

　① 대도시 문화의 특색이 부족하다.

　② 이제 새로운 K-스타일이 필요하다.

　③ 지방 도시의 한국적인 매력이 감소했다.

　④ 관광은 문화를 알릴 수 있는 좋은 수단이다.

Part

기출문제 분석 및
연습문제(고급)

2

중심 생각으로 알맞은 것 고르기 + 태도로 알맞은 것 고르기

유형적중 TIP

31번은 남자와 여자가 어떤 사안에 대해 말하는 것을 듣고 남자 또는 여자의 중심 생각으로 알맞은 것을 찾는 문제입니다. 이때 의견 차이가 있을 수도 있고 그렇지 않을 수도 있습니다. 중심 생각을 나타내는 표현과 자신의 의견을 나타내는 표현을 유의하면서 듣습니다 **(유형 8번 적중 Tip 참고)**. 32번 문제를 풀기 위해서는 태도를 나타내는 표현을 익혀두어야 합니다. 본 교재 **(부록 234쪽 참고)**에 나와 있는 '태도를 나타내는 표현'을 공부하는 것이 좋습니다.

83회 기출문제

31~32 다음을 듣고 물음에 답하십시오. (각 2점) 🎧 Track 12A

31. 남자의 중심 생각으로 가장 알맞은 것을 고르십시오.

① 업무 관리 프로그램의 도입이 필요하다.

② 업무 방식의 개선을 신중히 결정해야 한다.

③ 직원 교육을 통해 업무의 효율을 높여야 한다.

④ 일의 속도를 강조하는 분위기를 바꿀 필요가 있다.

32. 남자의 태도로 가장 알맞은 것을 고르십시오.

① 예상되는 문제점을 우려하고 있다.

② 문제의 해결 방안을 요구하고 있다.

③ 자신의 의견을 일관되게 주장하고 있다.

④ 상대방의 의견에 적극적으로 동의하고 있다.

🎧 Track **12A-1**	남: ㉠현재 검토 중인 업무 관리 프로그램요. 업무의 진행 상황과 자료를 실시간으로 공유할 수 있어서 일의 속도와 효율성을 향상시킬 것으로 보입니다.
🎧 Track **12A-2**	여: 새로운 프로그램에 직원들이 적응하는 게 쉽지는 않을 것 같은데요
🎧 Track **12A-3**	남: ㉡초기에는 어려움이 있겠지만 장기적으로는 업무를 관리하는 데 큰 도움이 될 겁니다. 지속적으로 교육하면 직원들도 프로그램을 잘 활용할 수 있게 될 거고요.
🎧 Track **12A-4**	여: 직원 교육 문제는 여전히 부담스럽긴 해요. 더 신중히 생각해 보죠.

31. 📖 ㉠에서 남자는 현재 검토 중인 업무 관리 프로그램이 일의 속도와 효율성을 향상시킬 것이라고 말했습니다. 그래서 프로그램 도입이 필요하다고 한 ①번이 정답입니다.

32. 📖 ㉠에서 남자는 검토 중인 프로그램의 장점을 말했습니다. 남자는 ㉡에서 여자의 의견에 대해 일부 인정하지만 자신의 의견을 일관되게 주장하고 있습니다. 따라서 정답은 ③번입니다.

31~32 다음을 듣고 물음에 답하십시오. (각 2점) 🎧 Track **12B**

31. 남자의 중심 생각으로 가장 알맞은 것을 고르십시오.

　① 시설을 다른 지역으로 옮겨서 설치해야 한다.

　② 시설의 설치 효과에 대한 명확한 검증이 필요하다.

　③ 시설 설치에 대한 반대는 홍보를 통해 해결할 수 있다.

　④ 시설의 설치 사실을 주민들에게 바로 알리지 않는 것이 좋다.

32. 남자의 태도로 가장 알맞은 것을 고르십시오.

　① 앞으로 일어날 문제에 대해 걱정하고 있다.

　② 자신의 의견대로 될 것임을 확신하고 있다.

　③ 상대방에게 객관적인 근거를 요구하고 있다.

　④ 상황이 심각해진 것에 대한 책임을 묻고 있다.

해설

🎧 Track **12B-1**	여: 우리 지역에 생활 폐기물 처리 시설이 설치되는 것이 확정되면 시설의 안전성 문제로 주민들의 반발이 거셀 텐데요.
🎧 Track **12B-2**	남: 지속적으로 ㉠주민 설명회를 열어 시설의 안전성에 대해 충분히 설명하고 이미 안전성이 확인된 인주시의 사례를 적극적으로 알리면 우려하는 부분은 곧 해결될 겁니다.
🎧 Track **12B-3**	여: 그래도 우리 지역에는 안 된다는 인식을 바꾸기는 어려울 겁니다.
🎧 Track **12B-4**	남: ㉡지역 광고도 하고 수영장 같은 여가 시설이 보상으로 제공된다는 사실도 대대적으로 알리면 주민들의 인식도 분명히 바뀔 겁니다.

31. 📖 ㉠에서 남자는 주민 설명회를 열어 시설의 안전성에 대해 설명하고 안정성이 확인된 도시의 사례를 알리면 해결될 거라고 말했습니다. 그래서 ③번이 정답입니다.

32. 📖 ㉠에서 남자는 시설에 대한 반발은 안전성을 충분히 알리면 해결된다고 말했습니다. 남자는 ㉡에서 여자의 의견과 달리 자신의 의견대로 될 것임을 확신하고 있습니다. 따라서 정답은 ②번입니다.

31. 남자의 중심 생각으로 가장 알맞은 것을 고르십시오.

   ① 외국어 교육 사업을 유료화해야 한다.

   ② 외국어 교육 대상자의 범위를 확대해야 한다.

   ③ 외국어 교육 사업의 신청자를 모집해야 한다.

   ④ 외국어 교육 수강생들의 출석률을 확인해야 한다.

32. 남자의 태도로 가장 알맞은 것을 고르십시오.

   ① 상대방의 의견을 지지하고 있다.

   ② 수강생들에게 책임을 묻고 있다.

   ③ 사업 전환 방안을 설명하고 있다.

   ④ 문제의 해결 방안을 제시하고 있다.

31. 남자의 중심 생각으로 가장 알맞은 것을 고르십시오.

   ① 승용차 요일제는 에너지 절약에 도움이 된다.

   ② 시에서 버스 회사에 지원을 아끼지 말아야 한다.

   ③ 아무리 좋은 제도라도 무조건 적용하는 것은 좋지 않다.

   ④ 대중교통을 이용해도 대기 오염 문제는 해결되지 않는다.

32. 남자의 태도로 가장 알맞은 것을 고르십시오.

   ① 이 제도의 확대 시행을 제안하고 있다.

   ② 이 제도의 필요성에 대해 적극 공감하고 있다.

   ③ 이 제도에 대한 해결책의 필요성을 제시하고 있다.

   ④ 이 제도의 시행에 대해 긍정적으로 평가하고 있다.

무엇에 대한 내용인지 고르기 +
들은 내용과 같은 것 고르기

유형적중 TIP

33번~34번은 강연입니다. 33번은 무엇에 대한 내용인지 고르는 문제로 강연의 제목으로 알맞은 것을 찾으면 됩니다. 34번은 들은 내용과 같은 것을 찾는 문제입니다. 선택지를 먼저 읽고 중요한 어휘에 표시하면서 들을 내용을 예측합니다. 그 후 강연을 들으면서 선택지에 표시한 부분의 내용이 맞는지 확인하면서 문제를 풉니다.

83회 기출문제

33~34 다음을 듣고 물음에 답하십시오. (각 2점) 🎧 Track **13A**

33. 무엇에 대한 내용인지 알맞은 것을 고르십시오.

① 기능에 따른 지퍼의 형태

② 지퍼를 활용한 상품의 종류

③ 초기의 지퍼가 가진 문제점

④ 지퍼가 널리 쓰이게 된 과정

34. 들은 내용과 같은 것을 고르십시오.

① 지퍼는 20세기 초반에 발명되었다.

② 지퍼는 선원들을 통해 알려지기 시작했다.

③ 지퍼는 신발 제작에 가장 먼저 활용되었다.

④ 지퍼는 초기부터 깔끔한 모양으로 주목을 받았다.

🎧 Track **13A-1**   여: 이것은 옷이나 가방에서 볼 수 있는 ㉠<u>지퍼가 처음 만들어졌을 때의 모습입니다.</u> 지금과 달리 모양이 복잡했고 고장도 잦았죠.

🎧 Track **13A-2**   그래서 처음 발명된 19세기 후반에는 시장의 주목을 받지 못했습니다. 그러다가 <u>20세기 초에 오늘날과 같이 형태가 바뀌고 기능도 개선됐는데요.</u>

🎧 Track **13A-3**   지퍼를 단 지갑이 **선원들에게 인기를 끌면서** 지퍼가 알려지기 시작했습니다. 흔들리는 배에서도 동전을 잘 보관할 수 있었기 때문이죠.

🎧 Track **13A-4**   <u>이</u>후 지퍼 달린 장화가 깔끔한 디자인과 편리함을 앞세워 큰 성공을 거두면서 전 <u>세계로 지퍼가 퍼지게 되었습니다.</u>

---

33.   📖 ㉠에서 여자는 지퍼가 처음 발명된 시기부터 지퍼가 널리 쓰이게 된 과정을 이야기하고 있습니다. 그래서 정답은 ④번입니다.

---

34.   들은 내용과 같은 것을 고르십시오.
① 지퍼는 20세기 초반에 발명되었다. → 19세기 후반에
② **지퍼는 선원들을 통해 알려지기 시작했다.**
③ 지퍼는 신발 제작에 가장 먼저 활용되었다. → 지갑에
④ 지퍼는 초기부터 깔끔한 모양으로 주목을 받았다. → 초기에 모양이 복잡했다.

📖 지퍼를 단 지갑이 선원들에게 인기를 끌면서 지퍼가 알려지기 시작했다고 말했습니다. 따라서 정답은 ②번입니다.

33~34 다음을 듣고 물음에 답하십시오. (각 2점) 🎧 Track **13B**

33. 무엇에 대한 내용인지 알맞은 것을 고르십시오.

① 음악을 감상하는 올바른 방법

② 음악적 재능이 발달하는 결정적 시기

③ 노인을 대상으로 하는 연구에서 주의할 점

④ 음악 활동이 노인의 인지 기능에 미치는 영향

34. 들은 내용과 같은 것을 고르십시오.

① 이 연구를 위한 실험은 1년 동안 진행됐다.

② 이 실험의 결과는 연구팀의 예상과 같았다.

③ 이 실험에서 두 집단은 동일한 결과를 보였다.

④ 이 실험은 음악을 전공한 사람들을 대상으로 했다.

해설

🎧 Track **13B-1**	여: 한 연구팀이 노화로 인해 인지 기능이 떨어지는 것을 막는 데 음악 활동이 도움이 될 거라는 가설을 세우고 실험을 진행했습니다.
🎧 Track **13B-2**	연구팀은 음악을 전문적으로 배운 적이 없는 노인들을 대상으로 6개월간 실험했는데요. 이 기간에 한 집단은 피아노를 배우게 했고, 다른 집단은 음악 활동을 못 하게 통제했습니다.
🎧 Track **13B-3**	그 결과 음악 활동을 통제한 집단은 인지 기능의 저하가 진행된 데 비해 피아노를 배운 집단은 인지 기능이 떨어지지 않았습니다.
🎧 Track **13B-4**	**연구팀의 예상대로** ㉠음악 활동이 인지 기능의 저하를 막는 데 긍정적으로 작용한 거죠.

33. 📖 ㉠에서 여자는 음악 활동이 노인의 인지 기능에 긍정적인 영향을 미쳤다고 했습니다. 그래서 정답은 ④번입니다.

34. 들은 내용과 같은 것을 고르십시오.
① 이 연구를 위한 실험은 1년 동안 진행됐다. → 6개월간
② **이 실험의 결과는 연구팀의 예상과 같았다.**
③ 이 실험에서 두 집단은 동일한 결과를 보였다. → 다른
④ 이 실험은 음악을 전공한 사람들을 대상으로 했다. → 전문적으로 배운 적이 없는 노인들을

📖 이 연구팀은 노화로 인해 인지 기능이 떨어지는 것을 막는 데 음악 활동이 도움이 될 거라는 가설로 실험을 진행하였는데 연구팀의 예상대로 피아노를 배운 집단은 인지 기능이 떨어지지 않았습니다. 따라서 정답은 ②번입니다.

33~34 다음을 듣고 물음에 답하십시오. (각 2점) 🎧 Track 13C

33. 무엇에 대한 내용인지 알맞은 것을 고르십시오.

　　① 모자를 쓴 지우개의 활용 방법

　　② 모자를 쓴 지우개의 발명 과정

　　③ 지우개와 모자의 문제점과 성능

　　④ 지우개와 모자의 사용하는 방식

34. 들은 내용과 같은 것을 고르십시오.

　　① 하이만은 부유한 화가이다.

　　② 하이만은 모자를 만들었다.

　　③ 하이만은 지우개를 자주 잃어버렸다.

　　④ 하이만은 거울을 보고 지우개를 발명했다.

33~34 다음을 듣고 물음에 답하십시오. (각 2점) 🎧 Track 13D

33. 무엇에 대한 내용인지 알맞은 것을 고르십시오.

　　① 플라스틱 생수병의 종류

　　② 플라스틱 생수병의 재활용

　　③ 플라스틱 생수병의 제조 과정

　　④ 플라스틱 생수병의 폐기 문제

34. 들은 내용과 같은 것을 고르십시오.

　　① 재활용 섬유는 다시 사용하기가 힘들다.

　　② 재활용 섬유로 옷과 신발을 만들 수 있다.

　　③ 플라스틱 생수병은 작게 잘라서 버려야 한다.

　　④ 플라스틱으로 인한 환경문제는 해결할 수 없다.

무엇을 하고 있는지 고르기 +
들은 내용과 같은 것 고르기

유형적중 TIP 35번~36번은 연설입니다. 35번은 선택지를 먼저 읽고 들으면서 남자가 연설을 통해 무엇을 하고 있는지 예측해야 합니다. 이 유형의 문제에서 자주 사용되는 표현을 알아두면 좋습니다(**부록 236쪽 참고**). 36번은 들은 내용과 같은 것을 찾는 문제로 선택지를 읽고 중요한 어휘에 표시하면서 들을 내용을 예측합니다. 연설을 들을 때는 선택지에 표시한 부분의 내용이 맞는지 확인하면서 문제를 풉니다.

83회 기출문제

35~36 다음을 듣고 물음에 답하십시오. (각 2점) 🎧 Track **14A**

35. 남자가 무엇을 하고 있는지 고르십시오.

① 연극인들을 위한 극장 건축을 다짐하고 있다.

② 재개관한 극장의 모습과 시설을 소개하고 있다.

③ 연극인들에 대한 관심과 지원을 부탁하고 있다.

④ 극장 재개관에 따른 소감과 기대를 밝히고 있다.

36. 들은 내용과 같은 것을 고르십시오.

① 이 극장은 작년에 문을 닫았다.

② 이 극장은 주인이 여러 번 바뀌었다.

③ 오늘 이 극장에서는 400번째 연극을 올린다.

④ 일반 시민이 뜻을 모아 이 극장을 다시 열었다.

🎧 Track **14A-1** 남: 오늘은 인주 극장이 시민과 연극인 곁으로 다시 돌아오게 된 뜻 깊은 날입니다.

🎧 Track **14A-2** 몇 년 전 인주 극장의 폐관 소식을 듣고 우리 연극인들이 이곳을 지켜내지 못했구나 싶어 마음이 아팠습니다.

🎧 Track **14A-3** 인주 극장은 **주인이 수차례 바뀌는** 와중에도 400여 편의 연극을 올리고 수많은 연극인을 배출하는 등 한국 연극사의 발전을 이끌어 왔습니다.

🎧 Track **14A-4** ㉠이번 재개관이 더욱 기쁜 것은 이런 역사를 이어 가자는 데에 공감한 연극인들이 마음을 모아 이뤄 낸 결과이기 때문입니다. 다시 문을 연 이곳이 시민과 연극인의 소중한 보금자리가 되어 주리라 생각합니다.

35. 📖 남자는 ㉠에서 인주 극장이 재개관되어 기뻐하고 있으며 앞으로 이곳이 시민과 연극인의 소중한 보금자리가 되어 주길 기대하고 있습니다. 그래서 정답은 ④번입니다.

36. 들은 내용과 같은 것을 고르십시오.
① 이 극장은 작년에 문을 닫았다. → 몇 년 전
② **이 극장은 주인이 여러 번 바뀌었다.**
③ 오늘 이 극장에서는 400번째 연극을 올린다. → 주인이 바뀌는 와중에도 400여 편의 연극을 올렸다.
④ 일반 시민이 뜻을 모아 이 극장을 다시 열었다. → 연극인들

📖 남자는 인주 극장 주인이 수차례 바뀌었다고 말했습니다. 따라서 정답은 ②번입니다.

35~36 다음을 듣고 물음에 답하십시오. (각 2점) 🎧 Track **14B**

35. 남자가 무엇을 하고 있는지 고르십시오.

　① 이 편지가 가지는 가치와 의의를 알리고 있다.

　② 이 편지의 보존 상태에 대해 아쉬움을 표하고 있다.

　③ 이 편지가 발견된 장소와 발굴 과정을 보고하고 있다.

　④ 이 편지를 연구하는 데 도움을 준 사람들에게 감사하고 있다.

36. 들은 내용과 같은 것을 고르십시오.

　① 이 편지는 곧 박물관에 전시될 것이다.

　② 이 편지는 군인인 남편이 아내에게 쓴 것이다.

　③ 이 편지가 어느 시대의 것인지 밝혀지지 않았다.

　④ 이 편지를 보물로 지정하기 위한 논의가 진행 중이다.

해설

🎧 Track **14B-1**	남: 오늘은 우리 박물관에 전시되어 있는 한 통의 편지가 국가 보물로 지정된 뜻깊은 날입니다.
🎧 Track **14B-2**	이 편지는 조선 초기 한 **군인이 아내에게 보낸 것인데요.** 가족을 잘 보살펴 달라는 당부와 입을 옷을 몇 벌 보내 달라고 부탁하는 내용이 한글로 쓰여 있습니다.
🎧 Track **14B-3**	평범한 사람이 쓴 일상적인 내용의 편지지만 ㉠학술적, 역사적 가치는 매우 큽니다. 조선 초기에 사용된 호칭과 높임말 같은 언어생활을 비롯해 당시 사람들의 생활상과 복식 문화 등을 알 수 있기 때문입니다.
🎧 Track **14B-4**	앞으로 이 편지가 다양한 연구에 활용되길 기대합니다.

| 35. | 📖 남자는 ㉠에서 이 편지는 조선 초기에 사용된 호칭과 높임말 같은 언어생활을 비롯해 당시 사람들의 생활상과 복식 문화 등을 알 수 있기 때문에 학술적, 역사적 가치가 매우 크다고 했습니다. 그래서 정답은 ①번입니다. |

| 36. | 들은 내용과 같은 것을 고르십시오.
① 이 편지는 곧 박물관에 전시될 것이다. → 전시되어 있다.
② **이 편지는 군인인 남편이 아내에게 쓴 것이다.**
③ 이 편지가 어느 시대의 것인지 밝혀지지 않았다. → 조선 초기로 밝혀졌다.
④ 이 편지를 보물로 지정하기 위한 논의가 진행 중이다. → 지정되었다.
📖 남자는 조선 초기 한 군인이 아내에게 보낸 편지라고 말했습니다. 따라서 정답은 ②번입니다. |

35. 남자가 무엇을 하고 있는지 고르십시오.

① 터널 이용 방법을 소개하고 있다.

② 터널 개통에 대한 기대를 밝히고 있다.

③ 터널 이용에 대한 불편을 호소하고 있다.

④ 터널 내에서의 안전 운전을 부탁하고 있다.

36. 들은 내용과 같은 것을 고르십시오.

① 인주 터널은 개통된 지 얼마 안 되었다.

② 인주 터널이 개통되면 인주산은 없어진다.

③ 인주 터널 개통은 인주 시민이 바라던 일이다.

④ 인주 터널을 이용하면 인주시까지 15분 걸린다.

35. 남자가 무엇을 하고 있는지 고르십시오.

① 프로젝트 성공을 기원하고 있다.

② 회사의 발전 가능성을 진단하고 있다.

③ 협력한 팀의 결과물을 평가하고 있다.

④ 은퇴 후 새로운 도전을 다짐하고 있다.

36. 들은 내용과 같은 것을 고르십시오.

① 이 회사는 사업을 확장할 예정이다.

② 이 회사는 설립된 지 얼마 안 되었다.

③ 이 남자는 이 회사의 성장에 기여했다.

④ 이 남자는 이 회사에서 계속 일할 것이다.

유형 14
중심 생각으로 알맞은 것 고르기 +
들은 내용과 같은 것 고르기

유형적중 TIP
37번~38번은 교양 프로그램 혹은 특정 분야의 전문가를 대상으로 진행하는 인터뷰입니다. 38번 선택지를 보고 중요 어휘에 표시하면서 들을 내용을 예측합니다. 37번은 여자의 중심 생각으로 알맞은 것을 찾는 문제입니다. 남자의 질문으로 앞으로 들어야 할 중요 내용을 파악한 후 당위를 나타내는 표현, 자신의 의견을 나타내는 표현 등에 유의하며 듣습니다. 해당 표현이 없을 시에는 전체 내용을 정리한 선택지를 찾습니다. **(유형 8번 적중 tip 참고)**

83회 기출문제

37~38 다음을 듣고 물음에 답하십시오. (각 2점) 🎧 Track **15A**

37. 여자의 중심 생각으로 가장 알맞은 것을 고르십시오.

   ① 사진을 찍을 때는 정성을 들이는 게 중요하다.

   ② 필름 사진을 잘 찍으려면 많이 찍어 봐야 한다.

   ③ 사진을 여러 장 인화하면 원본의 가치가 떨어진다.

   ④ 필름 사진에는 감성을 자극하는 특별한 매력이 있다.

38. 들은 내용과 같은 것을 고르십시오.

   ① 필름 사진은 인화하기 전에 미리 볼 수 있다.

   ② 필름 사진을 얻을 때까지의 과정이 수월해졌다.

   ③ 필름 사진의 색감은 약품 처리를 할 때 생긴다.

   ④ 필름 카메라가 부모 세대들에게 재유행하고 있다.

🎧 Track **15A-1**   남: 부모 세대가 사용했던 필름 카메라가 디지털에 익숙한 젊은 세대들의 마음을 사로잡고 있습니다.

🎧 Track **15A-2**   여: 네. ㉠필름 사진만이 갖는 독특한 감성 때문입니다. **필름을 현상하기 위해 약품 처리를 하는 과정에서 묘한 색감과 분위기가 나는데** 그것이 아주 매력적이죠.

🎧 Track **15A-3**   또 필름 카메라는 필름을 구하기도 어렵고 필름마다 찍을 수 있는 사진 수가 제한적이에요.

🎧 Track **15A-4**   인화 과정을 거쳐야만 사진을 받아볼 수 있고요.

🎧 Track **15A-5**   이런 번거로움이 오히려 젊은 세대들이 사진 한 장 한 장을 소중하고 특별하게 느끼는 이유가 됩니다.

37. 📖 ㉠에서 여자는 남자의 말에 이어서 필름 사진은 필름 사진만이 갖는 독특한 감성이 있다고 이야기하고 있습니다. 따라서 정답은 ④번입니다.

38. 들은 내용과 같은 것을 고르십시오.
① 필름 사진은 인화하기 전에 미리 볼 수 있다. → 인화 과정을 거쳐야만 사진을
② 필름 사진을 얻을 때까지의 과정이 수월해졌다. → 번거롭다.
③ **필름 사진의 색감은 약품 처리를 할 때 생긴다.**
④ 필름 카메라가 부모 세대들에게 재유행하고 있다. → 젊은 세대

📖 여자는 필름을 현상하기 위해 약품 처리를 하는 과정에서 묘한 색감이 난다고 했습니다. 따라서 정답은 ③번입니다.

37~38 다음을 듣고 물음에 답하십시오. (각 2점) 🎧 Track 15B

37. 여자의 중심 생각으로 가장 알맞은 것을 고르십시오.

① 목재를 수출하기 위한 경로를 확보해야 한다.

② 산림 순환 경영을 통해 좋은 효과를 얻을 수 있다.

③ 좋은 목재를 얻을 수 있는 나무를 심는 것이 좋다.

④ 산림 순환 경영이 정착될 때까지 시간이 필요하다.

38. 들은 내용과 같은 것을 고르십시오.

① 한국은 목재 수입 비중이 낮은 편이다.

② 한국은 산림 순환 경영을 시행하고 있다.

③ 나무가 30년 이상 되면 탄소 흡수 능력이 떨어진다.

④ 한국의 산에는 심은 지 얼마 안 된 어린나무가 많다.

해설

🎧 Track 15B-1	남: 교수님, 한국의 산에는 30년 이상 된 오래된 나무가 많다고 하는데요. 어떻게 관리되어야 할까요?
🎧 Track 15B-2	여: 네, 그런 나무가 72%나 되는데요. 그러다 보니 나무의 고령화로 인해 산림의 탄소 흡수량과 저장량이 줄어들고 있는 상황입니다.
🎧 Track 15B-3	**나무가 30년 이상 되면 탄소를 흡수하고 저장하는 능력이 현저히 떨어지기 때문이죠.**
🎧 Track 15B-4	그래서 오래된 나무를 베어 내고 어린나무를 심는 방식의 ㉠산림 순환 경영을 도입해 관리해야 합니다. 산림 순환 경영을 도입하면 목재 활용 면에서도 유용한데요.
🎧 Track 15B-5	한국은 목재 수입 비중이 상당히 높은데 산림을 순환시키면 목재 수입량을 크게 줄일 수 있습니다.

37. 📖 ㉠에서 여자는 산림 순환 경영을 도입하면 목재 활용 면에서 유용하다고 말하고 있습니다. 따라서 정답은 ②번입니다.

38. 들은 내용과 같은 것을 고르십시오.
① 한국은 목재 수입 비중이 낮은 편이다. → 상당히 높다.
② 한국은 산림 순환 경영을 시행하고 있다. → 도입해 관리해야 한다.
③ **나무가 30년 이상 되면 탄소 흡수 능력이 떨어진다.**
④ 한국의 산에는 심은 지 얼마 안 된 어린나무가 많다. → 30년 이상 된 오래된

📖 여자는 나무가 30년 이상 되면 탄소를 흡수하고 저장하는 능력이 떨어진다고 했습니다. 따라서 정답은 ③번입니다.

37~38 다음을 듣고 물음에 답하십시오. (각 2점) 🎧Track 15C

37. 여자의 중심 생각으로 가장 알맞은 것을 고르십시오.

　① 불면증의 원인을 파악해야 한다.

　② 규칙적인 생활 패턴을 유지해야 한다.

　③ 의사와 상담하여 치료 방법을 찾아야 한다.

　④ 불면증에 대한 올바른 정보를 구별해야 한다.

38. 들은 내용과 같은 것을 고르십시오.

　① 불면증은 노인들에게 많이 나타난다.

　② 불면증이 시작되면 만성적으로 계속된다.

　③ 잠이 오지 않으면 가볍게 TV를 시청한다.

　④ 누워서 잠이 들게 하는 습관을 가지면 좋다.

37~38 다음을 듣고 물음에 답하십시오. (각 2점) 🎧Track 15D

37. 여자의 중심 생각으로 가장 알맞은 것을 고르십시오.

　① 생맥주의 유통기한은 짧아야 한다.

　② 소비자들을 위해 맥주 가격을 내려야 한다.

　③ 소비자의 트렌드에 맞게 제품을 만들어야 한다.

　④ 맥주를 제조할 때 용기의 특성을 고려해야 한다.

38. 들은 내용과 같은 것을 고르십시오.

　① 생맥주와 캔맥주는 맛이 같다.

　② 캔으로 된 생맥주는 유통기한이 길다.

　③ 새로 개발한 캔맥주에는 효모가 살아있다.

　④ 생맥주는 가격이 비싸서 판매량이 줄고 있다.

담화 앞의 내용으로 알맞은 것 고르기 + 들은 내용과 같은 것 고르기

유형적중 TIP

39번~40번은 대담입니다. 39번은 두 사람의 대화 앞의 내용으로 알맞은 것을 찾는 문제로 두 사람의 대화를 통해 앞선 사건을 추측해야 합니다(89쪽 보충 Tip 참고). 40번은 들은 내용과 같은 것을 찾는 문제로 선택지를 먼저 읽고 중요한 어휘에 표시하면서 들을 내용을 예측합니다. 대화를 들을 때는 선택지에 표시한 부분의 내용이 맞는지 확인하면서 문제를 풉니다.

83회 기출문제

39~40 다음을 듣고 물음에 답하십시오. (각 2점) 🎧 Track 16A

39. 이 대화 전의 내용으로 가장 알맞은 것을 고르십시오.

   ① 바다 생태계 환경을 평가하는 지표가 개발됐다.

   ② 정부는 해양 생태계 개선 사업을 긍정적으로 평가했다.

   ③ 어업인의 소득을 늘리기 위한 새로운 정책안이 발표됐다.

   ④ 사업의 실효성에 대해 의문을 제기하는 언론 보도가 있었다.

40. 들은 내용과 같은 것을 고르십시오.

   ① 어업인들은 이 사업의 확대 시행을 주장하고 있다.

   ② 정부가 경제적인 이유로 사업 중단을 검토 중이다.

   ③ 이 사업은 이번에 시작해 향후 10년 동안 진행된다.

   ④ 어업인들은 이 사업을 통해 소득이 늘 것으로 기대했다.

먼저 대화를 시작하는 여자(혹은 남자)의 발화에서 '이', '그'와 같은 지시 대명사를 유의해서 들어야 합니다. 그 후 남자(혹은 여자)의 대답에서 앞서 말한 내용에 대한 구체적인 설명, 이유, 결과, 진행 과정 등의 내용이 보충됩니다.

해설

🎧 Track **16A-1**　여: 그렇다면 ㉠정부는 지난 10년간 해양 생태계 개선 사업이 성공적이었다고 판단한 거군요.

🎧 Track **16A-2**　남: 네. 최근에 해양 생태계의 환경이 개선되고 있다는 지표가 나오자 사업의 확대 시행까지 검토하고 있습니다.

🎧 Track **16A-3**　이 사업에 대해 일부 어업인의 반대가 있는 것도 사실입니다. 바다 생물의 서식 환경이 개선되면 **소득이 증대할 것이라 기대했으나** 어획량은 기대만큼 늘지 않았기 때문입니다.

🎧 Track **16A-4**　그러나 해양 생태계를 건강하게 만드는 것은 장기적인 관점에서 어업인들의 소득 증대로 이어질 수 있습니다. 사업의 필요성에 대한 공감대를 넓혀 나가는 노력을 해야 할 것입니다.

39.　📖 ㉠에서 여자는 정부가 해양 생태계 개선 사업을 성공적으로 판단했다고 말하고 있습니다. 그래서 정답은 ②번입니다.

40.　들은 내용과 같은 것을 고르십시오.
① 어업인들은 이 사업의 확대 시행을 주장하고 있다. → 이 사업에 대해 일부 어업인의 반대도 있었다.
② 정부가 경제적인 이유로 사업 중단을 검토 중이다. → 사업의 확대 시행
③ 이 사업은 이번에 시작해 향후 10년 동안 진행된다. → 지난 10년간 진행됐다.
④ **어업인들은 이 사업을 통해 소득이 늘 것으로 기대했다.**

　📖 남자는 이 사업이 어업인들의 소득 증대로 이어질 것이라고 했습니다. 정답은 ④번입니다.

(39~40) **다음을 듣고 물음에 답하십시오. (각 2점)** 🎧 Track 16B

39. 이 대화 전의 내용으로 가장 알맞은 것을 고르십시오.

   ① 인공위성을 관측하는 신기술이 개발되었다.

   ② 대기권에서 인공위성이 폭발하는 사고가 있었다.

   ③ 우주 조약을 개정하기 위해 여러 나라 사람들이 모였다.

   ④ 우주 탐사를 위한 인력을 양성하는 것은 쉬운 일이 아니다.

40. 들은 내용과 같은 것을 고르십시오.

   ① 얼마 전에 국제 우주법이 제정되었다.

   ② 우주 조약은 구체적인 내용으로 구성되어 있다.

   ③ 우주 조약은 강제적인 효력을 가지고 있지 않다.

   ④ 인공위성으로 인한 전파 방해 문제는 일어나지 않을 것이다.

해설

🎧 Track 16B-1	여: 박사님, ㉠대기권에서 그런 위험한 사고가 발생했었군요. 앞으로 인공위성이 더 많아지면 이로 인한 사고도 늘어날 텐데요.
🎧 Track 16B-2	남: 네. 앞으로 더 많은 인공위성이 쏘아 올려지면 <u>앞서 말씀드린 것과 같은 폭발 사고</u>는 더 많아질 겁니다.
🎧 Track 16B-3	충돌 사고, 전파 방해 같은 사고도 일어날 수 있고요. 이런 걸 대비해 오래전에 만들어 놓은 우주 조약이 있긴 한데요. 문제는 내용이 구체적이지 않고 **꼭 지켜야 한다는 강제성이 없다는 거죠.**
🎧 Track 16B-4	앞으로 발생할 수 있는 여러 문제를 해결하기 위해서라도 우주 조약을 현실에 맞게 개정하고 보완해야 합니다. 나아가서는 법적 효력을 갖는 국제 우주법을 제정해야 하고요.

39.	📖 ㉠에서 여자는 대기권에서 그런 위험한 사고가 발생했다고 했습니다. 남자도 앞서 말씀드린 폭발 사고라고 말했습니다. 그래서 정답은 ②번입니다.

40.	들은 내용과 같은 것을 고르십시오. ① 얼마 전에 국제 우주법이 제정되었다. → 국제 우주법을 제정해야 한다. ② 우주 조약은 구체적인 내용으로 구성되어 있다. → 내용이 구체적이지 않다. **③ 우주 조약은 강제적인 효력을 가지고 있지 않다.** ④ 인공위성으로 인한 전파 방해 문제는 일어나지 않을 것이다. → 일어날 수 있다. 📖 남자는 오래전에 만들어 놓은 우주 조약이 있지만 꼭 지켜야 하는 강제성이 없다는 문제점이 있다고 말했습니다. 그래서 정답은 ③번입니다.

39. 이 대화 전의 내용으로 가장 알맞은 것을 고르십시오.

① 간호조무사들이 제도의 개선책을 요구하였다.

② 간호 간병 통합서비스가 처음으로 시행되었다.

③ 이 제도를 통해 대형 병원의 참여가 줄어들었다.

④ 정부는 간호 간병 통합서비스를 개선하기로 발표했다.

40. 들은 내용과 같은 것을 고르십시오.

① 간호 간병 통합서비스는 대형 병원이 참여하기가 쉽다.

② 각 의료 기관에 간호조무사의 배치가 3배로 늘 것이다.

③ 국민들은 이 서비스를 통해 제도의 혜택을 받기가 어려워졌다.

④ 이 서비스는 건강 보험이 적용되지 않아 보호자의 경제적 부담이 크다.

39. 이 대화 전의 내용으로 가장 알맞은 것을 고르십시오.

① 택배를 통해 개인 정보가 유출되고 있다.

② 보이스 피싱 범죄 피해가 증가하고 있다.

③ 개인 정보 관리를 잘하는 것이 중요하다.

④ 문자에 있는 인터넷 주소를 누르면 안 된다.

40. 들은 내용과 같은 것을 고르십시오.

① 문자 메시지로 보이스 피싱 범죄가 이루어진다.

② 보이스 피싱 메시지를 받으면 바로 삭제해야 한다.

③ 알람 문자 때문에 보이스 피싱 피해를 막을 수 있다.

④ 인터넷 사이트에서 고가의 물건을 살 때 주의해야 한다.

강연의 중심 내용 고르기 +
들은 내용과 같은 것 고르기

유형적중 TIP

<u>41번~42번은 강연</u>입니다. 41번은 강연의 중심 내용을 찾는 문제입니다. 강연자가 하는 말 중에 가장 핵심이 되는 내용을 찾으면 됩니다. 42번은 들은 내용과 같은 것을 찾는 문제로 선택지를 먼저 읽고 중요한 어휘에 표시하면서 들을 내용을 예측합니다. 대화를 들을 때는 선택지에 표시한 부분의 내용이 맞는지 확인하면서 문제를 풉니다.

83회 기출문제

41~42 다음을 듣고 물음에 답하십시오. (각 2점) 🎧 Track 17A

41. 이 강연의 중심 내용으로 가장 알맞은 것을 고르십시오

① 탐사선의 기능에 따라 바퀴를 접는 방식이 달라진다.

② 화성 탐사선에 종이 접기 기술이 유용하게 활용된다.

③ 지구 밖을 탐사하기 위한 인간의 노력이 이어지고 있다.

④ 작은 부품이 기계를 구동하는 데에 결정적인 역할을 한다.

42. 들은 내용과 같은 것을 고르십시오.

① 이 바퀴에는 많은 부품이 들어간다.

② 이 바퀴는 평면의 얇은 판을 접어서 만든다.

③ 이 바퀴가 접히는 부분에는 종이가 부착된다.

④ 이 바퀴는 양쪽이 같은 크기로 고정되어 있다.

🎧 Track **17A-1**　여: 자, 이것이 화성 탐사선입니다. 여기 바퀴를 자세히 보면 이렇게 접혀 있는 부분이 보이죠?

🎧 Track **17A-2**　탐사선은 화성의 울퉁불퉁한 표면을 달려야 하는데요. ㉠종이 접기 기술이 적용된 이 부분을 펼쳤다 접었다 하면 양쪽 바퀴의 크기를 유연하게 바꿀 수 있어 균형 잡기가 쉽습니다.

🎧 Track **17A-3**　만약 바퀴를 변형하는 데 기계 장치를 활용했다면 나사나 이음매 등 많은 부품이 필요했을 테고 구동 방식도 굉장히 복잡했을 겁니다.

🎧 Track **17A-4**　하지만 종이 접기 기술이 활용된 이 바퀴는 특별한 부품 없이 **접는 선이 새겨진 얇은 판 한 장만으로 만들어졌습니다.** 또 판을 접었다 펴는 단순한 작동 원리로 기능을 효과적으로 수행할 것입니다.

---

41. 📖 여자는 ㉠에서 화성 탐사선에 종이접기 기술이 적용되어 균형 잡기가 쉽다고 했습니다. 따라서 정답은 ②입니다.

---

42. 들은 내용과 같은 것을 고르십시오.
① 이 바퀴에는 많은 부품이 들어간다. → 특별한 부품이 필요없다.
② 이 바퀴는 평면의 얇은 판을 접어서 만든다.
③ 이 바퀴가 접히는 부분에는 종이가 부착된다. → 해당 내용 없음
④ 이 바퀴는 양쪽이 같은 크기로 고정되어 있다. → 양쪽의 크기를 유연하게 바꿀 수 있다.

📖 이 바퀴는 종이접기 기술이 적용되어 얇은 판 한 장으로 만들어졌습니다. 정답은 ②번입니다.

41~42 다음을 듣고 물음에 답하십시오. (각 2점) 🎧 Track **17B**

41. 이 강연의 중심 내용으로 가장 알맞은 것을 고르십시오

　① 제품의 품질은 부품의 질에 의해 결정된다.

　② 제조업은 일자리 창출에 크게 기여하고 있다.

　③ 제품에 대한 고객의 의견을 반영하는 것이 중요하다.

　④ 제조업은 사업 영역 확장을 통해 발전을 도모하고 있다.

42. 들은 내용과 같은 것을 고르십시오.

　① 이 업체는 엔진 판매에 어려움을 겪고 있다.

　② 조선업이 경제적으로 힘든 상황에 놓여 있다.

　③ 이 업체는 안정적인 수입을 얻지 못하고 있다.

　④ 이 업체는 실시간 엔진 점검 서비스 시스템을 마련했다.

해설

🎧 Track **17B-1**	여: ㉠제조업체들이 서비스업을 병행하며 사업 영역을 확장해 나가고 있습니다.
🎧 Track **17B-2**	즉, 고객에게 직접 서비스를 제공하면서 변화를 도모하고 있는 건데요. 선박 엔진을 생산하는 한 업체를 예로 들어 볼까요?
🎧 Track **17B-3**	조선업계 경기가 살아나면서 엔진 판매가 활발해졌는데요. 이 업체는 엔진 판매와 함께 **엔진 상태를 실시간으로 점검해 주는 서비스 사업도 하고 있습니다.**
🎧 Track **17B-4**	서비스 시스템 구축에 많은 비용이 들어갔지만 이 서비스가 부품 판매와 수리 작업으로 이어져 안정적인 수입원이 되고 있죠. 이러한 방식을 통해 제조업이 한 단계 진화하고 있습니다.

41. 📖 여자는 ㉠에서 제조업체들이 제조업과 서비스업을 병행하면서 영역을 확장해 변화를 도모하고 있다고 했습니다. 따라서 정답은 ④입니다.

42. 들은 내용과 같은 것을 고르십시오.
① 이 업체는 엔진 판매에 어려움을 겪고 있다. → 엔진 판매가 활발해졌다.
② 조선업이 경제적으로 힘든 상황에 놓여 있다. → 조선업계 경기가 살아나고 있다.
③ 이 업체는 안정적인 수입을 얻지 못하고 있다. → 수입원이 있다.
④ **이 업체는 실시간 엔진 점검 서비스 시스템을 마련했다.**

📖 이 업체는 엔진 판매도 하면서 엔진 상태를 실시간으로 점검하는 서비스 사업도 하고 있습니다. 정답은 ④번입니다.

41~42 다음을 듣고 물음에 답하십시오. (각 2점) 🎧 Track 17C

41. 이 강연의 중심 내용으로 가장 알맞은 것을 고르십시오

① 중대 재해 예방 방안을 마련해야 한다.

② 사고 발생 시 사고의 횟수를 기억해야 한다.

③ 중대한 재해가 발생하면 원인을 파악해야 한다.

④ 사소한 사고라도 무시하고 방치하지 않아야 한다.

42. 들은 내용과 같은 것을 고르십시오.

① 하인리히는 피라미드에 숫자를 새겼다.

② 이 법칙은 1920년에 하인리히가 발견했다.

③ 중대 사고 발생 전에는 경미한 사고가 난다.

④ 하인리히의 법칙은 현대에 적용되지 않는다.

41~42 다음을 듣고 물음에 답하십시오. (각 2점) 🎧 Track 17D

41. 이 강연의 중심 내용으로 가장 알맞은 것을 고르십시오

① 안전을 위해 적정량의 선박 평형수를 주입해야 한다.

② 선박의 균형을 잡으려면 화물 적재량의 조절이 필요하다.

③ 선박 평형수는 안전한 선박 운항에 결정적인 역할을 한다.

④ 해양 생태계를 위해 선박 평형수 처리 방법을 찾아야 한다.

42. 들은 내용과 같은 것을 고르십시오.

① 조류나 패류를 운반할 때 선박 평형수를 이용한다.

② 화물 적재 상태는 선박의 안전에 영향을 미치지 않는다.

③ 해양 생물들이 이동하면서 해양 생태계를 교란시키기도 한다.

④ 대형 선박들이 물 위에서도 중심을 잃지 않는 방법을 찾고 있다.

무엇에 대한 내용인지 고르기 +
세부 내용으로 알맞은 것 고르기

유형적중 TIP

43번~44번은 다큐멘터리 내레이션입니다. 44번 문제는 세부 내용을 파악해야 하므로 질문과 선택지의 중요 어휘에 표시를 합니다. 그 후 들으면서 맞는 것을 찾습니다. 43번 문제를 풀 때는 전체 내용을 정리한 선택지를 찾습니다.

83회 기출문제

43~44 다음을 듣고 물음에 답하십시오. (각 2점) 🎧 Track 18A

43. 무엇에 대한 내용인지 알맞은 것을 고르십시오.

① 뇌에 의한 착각 현상

② 시간을 인식하는 뇌의 부위

③ 생존을 위한 뇌의 작동 방식

④ 손상된 뇌로 인한 특이 반응

44. 참가자들이 얼굴 사진을 기억한 이유로 맞는 것을 고르십시오.

① 익숙함을 느꼈기 때문에

② 반복적으로 노출되었기 때문에

③ 위험한 요소로 받아들였기 때문에

④ 다른 사진과 공통점을 발견했기 때문에

🎧 Track **18A-1**	남: 지금 흥미로운 실험이 진행 중이다. 참가자들은 1분 동안 수백 장의 사진을 본다. 꽃, 책상, 사슴 등의 사진이 빠르게 지나간다.
🎧 Track **18A-2**	그 사이로 인상을 쓴 얼굴 사진 하나가 스쳐 간다. 순간, 참가자들의 뇌에서 편도체가 활성화된다.
🎧 Track **18A-3**	실험이 끝난 뒤, 참가자들은 수많은 사진 중 인상 쓴 얼굴을 또렷이 기억했다. ⓒ편도체가 그것을 생존을 위협하는 요소로 인식해 재빨리 기억하도록 했기 때문이다.
🎧 Track **18A-4**	ⓐ특정 장면에 대한 공포는 생존을 위한 뇌의 학습 결과인 것이다. 동물도 마찬가지다.
🎧 Track **18A-5**	쥐는 고양이를 만나면 공포를 느끼고 도망친다. 하지만 편도체가 손상된 쥐는 천적에 대한 기억이 없어 위험에 그대로 노출된다.

43. 📖 ⓐ에서 공포를 느끼는 특정 장면에서 뇌의 편도체가 활성화되었는데 이는 생존을 위한 뇌의 작동 방식입니다. 따라서 정답은 ③번입니다.

44. 📖 ⓒ에서 편도체가 인상 쓴 얼굴을 생존을 위협하는 요소로 인식해서 **기억하도록** 했기 때문입니다. 따라서 정답은 ③번입니다.

43~44 다음을 듣고 물음에 답하십시오. (각 2점) 🎧 Track **18B**

43. 무엇에 대한 내용인지 알맞은 것을 고르십시오.

　　① 종묘 정전의 건축미

　　② 종묘 정전의 건립 과정

　　③ 종묘 정전의 관리 방법

　　④ 종묘 정전의 현대적 기능

44. 종묘 정전에 대한 설명으로 맞는 것을 고르십시오.

　　① 지붕이 곡선 형태로 휘어 있다.

　　② 기둥에 화려한 색이 사용되었다.

　　③ 도심에서 멀리 떨어진 곳에 있다.

　　④ 왕과 왕비의 제사를 지내는 공간이다.

해설

🎧 Track **18B-1**	남: 서울 도심 한가운데, 다른 세상 같은 공간이 존재한다. 조선의 역대 ⓒ왕과 왕비의 제사를 모시는 종묘의 정전이다.
🎧 Track **18B-2**	낮은 담장을 지나 정전을 정면으로 마주한 순간 크기와 위엄에 압도된다. 그중 단연 눈에 띄는 것은 지붕이다.
🎧 Track **18B-3**	가로길이만 101미터다. 수평선처럼 일직선으로 길게 뻗은 지붕은 마치 바닥까지 덮을 듯 아래로 내려와 있다. ㉠좌우가 완벽하게 대칭을 이룬 모습에 감탄이 절로 나온다.
🎧 Track **18B-4**	지붕 아래엔 화려한 색깔 하나 없는 단아한 기둥들이 절묘한 균형을 이루며 줄지어 서 있다.
🎧 Track **18B-5**	이렇듯 종묘 정전은 제사를 드리는 엄숙한 곳답게 절제된 아름다움으로 신성하고 장엄한 분위기를 자아낸다.

43. 📖 ㉠에서 종묘 정전의 지붕과 기둥의 아름다움을 말하고 있습니다. 따라서 정답은 ①번입니다.

44. 📖 ⓒ에서 왕과 왕비의 제사를 모시는 종묘의 정전이라고 했습니다. 따라서 정답은 ④번입니다.

43~44 다음을 듣고 물음에 답하십시오. (각 2점) 🎧 Track 18C

43. 무엇에 대한 내용인지 알맞은 것을 고르십시오.

　① 의궤의 의미와 역할

　② 의궤가 만들어지는 과정

　③ 의궤의 종류와 제작 시기

　④ 의궤로 행사를 복원하는 방법

44. 의궤를 제작한 이유로 맞는 것을 고르십시오.

　① 파괴된 조선 시대 건물들을 기록으로 남기려고

　② 국가 행사의 절차를 간소화하고 비용을 절약하려고

　③ 글 대신 그림으로 기록해서 후손들이 이해하기 쉽게 하려고

　④ 후손들이 조선 시대와 같은 일을 치를 때 착오가 없게 하려고

43~44 다음을 듣고 물음에 답하십시오. (각 2점) 🎧 Track 18D

43. 무엇에 대한 내용인지 알맞은 것을 고르십시오.

　① 벌레잡이 식물들의 일생

　② 벌레잡이 식물의 독특한 기관

　③ 벌레잡이 식물이 광합성을 하는 방법

　④ 벌레잡이 식물들이 환경에 맞춰 살아가는 모습

44. 벌레잡이 식물들이 벌레를 잡아먹는 이유로 맞는 것을 고르십시오.

　① 벌레들과 함께 공생하기 위해

　② 광합성으로 양분을 만들기 위해

　③ 필요한 양분이 부족해서 보충하기 위해

　④ 환경에 맞는 내부 기관을 만들어 내기 위해

들은 내용과 같은 것 고르기 +
말하는 방식 고르기

유형적중 TIP

83회 기출문제

45~46 다음을 듣고 물음에 답하십시오. (각 2점) 🎧 Track **19A**

45. 들은 내용과 같은 것을 고르십시오.

① 장악원의 운영 방식은 법으로 규정되어 있었다.

② 장악원은 소수의 전문 음악인들로 이루어졌다.

③ 장악원에 소속된 음악인을 교육하는 외부 기관이 존재했다.

④ 장악원의 음악은 행사에 관계없이 일정한 형식을 갖추었다.

46. 여자가 말하는 방식으로 알맞은 것을 고르십시오.

① 장악원의 연주 장면을 묘사하고 있다.

② 장악원을 다른 기관과 비교하고 있다.

③ 장악원의 변천 과정을 요약하고 있다.

④ 장악원이 담당한 역할을 설명하고 있다.

🎧 Track **19A-1**　　여: 조선 시대, 왕실의 행사에는 늘 장악원의 음악인들이 있었습니다. 장악원은 조선의 국가 음악 기관으로서 궁중 음악에 관한 모든 일을 관장했는데요.

🎧 Track **19A-2**　　각종 행사에 맞는 다양한 연주 방법과 횟수는 물론, 천여 명에 달하는 소속 음악인들의 연습 일 정까지 **법으로 정해 놓을 만큼 철저하게 운영되었습니다.**

🎧 Track **19A-3**　　또 내부 교육 기관을 두어 전문 음악인을 양성하고, 연주에 필요한 악기를 직접 제작하는 것도 장악원에서 담당했습니다.

🎧 Track **19A-4**　　당시 장악원의 음악적 완성도는 상당한 수준이었는데요. 그들의 음악은 궁중 의례에 경건함을 더하고 왕실에 권위를 부여해 주는 핵심 요소였습니다.

45.　들은 내용과 같은 것을 고르십시오.
① **장악원의 운영 방식은 법으로 규정되어 있었다.**
② 장악원은 소수의 전문 음악인들로 이루어졌다. → 천여 명에 달하는 음악인들
③ 장악원에 소속된 음악인을 교육하는 외부 기관이 존재했다. → 내부 기관
④ 장악원의 음악은 행사에 관계없이 일정한 형식을 갖추었다. → 행사에 맞는

📖 법으로 정해 놓을 만큼 철저하게 운영되었다고 했습니다. 그래서 정답은 ①번입니다.

46.　📖 여자는 장악원의 역할을 설명하는 방식으로 말하고 있습니다. 그래서 정답은 ④번입니다.

45~46 다음을 듣고 물음에 답하십시오. (각 2점) 🎧 Track **19B**

45. 들은 내용과 같은 것을 고르십시오.

    ① 충수에는 염증이 잘 생기지 않는다.

    ② 충수는 소화가 잘되도록 돕는 일을 한다.

    ③ 충수에는 유익한 미생물이 서식하고 있다.

    ④ 충수를 제거하는 수술이 최근에 가능해졌다.

46. 여자가 말하는 방식으로 알맞은 것을 고르십시오.

    ① 유사한 사례를 묶어 비교 분석하고 있다.

    ② 대상이 가진 문제의 주요 원인을 유추하고 있다.

    ③ 대상의 역할에 대해 밝혀진 사실을 설명하고 있다.

    ④ 다양한 연구를 바탕으로 자신만의 기준을 제시하고 있다.

해설

🎧 Track **19B-1**	여: 여기 오른쪽 아랫배, 대장이 시작되는 부분에 주머니처럼 생긴 기관이 맹장인데요. 이 맹장 끝에 꼬리처럼 붙어 있는 게 충수입니다.
🎧 Track **19B-2**	충수는 소화 과정에 전혀 관여하지 않고 걸핏하면 염증을 일으켜 쓸모없는 기관으로 여겨졌습니다. 그래서 충수에 염증이 생기면 제거해 버렸죠.
🎧 Track **19B-3**	그런데 **충수가 면역 기능을 강화하는 데** 기여한다는 사실이 밝혀졌습니다. **충수가 장내 미생물을 비축해 두는 창고** 역할을 한다는 것이죠.
🎧 Track **19B-4**	대장에 탈이 나면 **충수에 담겨 있는 유산균** 같은 미생물들이 대장으로 이동해 회복을 돕습니다. 그래서 최근에 충수염이 생겼을 때 충수를 보존하며 치료하는 방법이 연구되고 있습니다.

45.	들은 내용과 같은 것을 고르십시오.
	① 충수에는 염증이 잘 생기지 않는다. → 잘 생긴다.
	② 충수는 소화가 잘되도록 돕는 일을 한다. → 소화 과정에 전혀 관여하지 않는다.
	③ 충수에는 유익한 미생물이 서식하고 있다.
	④ 충수를 제거하는 수술이 최근에 가능해졌다. → 염증이 생기면 충수를 제거하는 수술을 했다.
	📖 충수는 유산균과 같은 장내 미생물을 비축해 두는 창고 역할을 한다고 했습니다. 그래서 정답은 ③번입니다.

46.	📖 여자는 충수에 대해 설명하는 방식으로 말하고 있습니다. 그래서 정답은 ③번입니다.

45~46 다음을 듣고 물음에 답하십시오. (각 2점) 🎧 Track **19C**

45. 들은 내용과 같은 것을 고르십시오.

　　① 이 투구는 마라톤 우승자에게 주기 위해 만들었다.

　　② 국립중앙박물관에 있는 투구는 손기정의 기증품이다.

　　③ 1936년 베를린 올림픽에서는 메달 대신에 투구를 주었다.

　　④ 손기정은 1986년 베를린 올림픽 부상으로 투구를 받았다.

46. 여자가 말하는 방식으로 알맞은 것을 고르십시오.

　　① 고대 그리스 올림픽의 규정을 요약하고 있다.

　　② 고대 그리스 청동 투구의 모양을 묘사하고 있다.

　　③ 고대 그리스 올림피아와 베를린 올림픽을 비교하고 있다.

　　④ 고대 그리스 청동 투구의 박물관 기증 과정을 설명하고 있다.

45~46 다음을 듣고 물음에 답하십시오. (각 2점) 🎧 Track **19D**

45. 들은 내용과 같은 것을 고르십시오.

　　① 옹기에서 발효시키면 발효가 잘 된다.

　　② 옹기를 굽는 온도가 낮으면 구멍이 커진다.

　　③ 옹기를 실외에 두면 음식이 부패할 수 있다.

　　④ 옹기 벽에 구멍을 뚫어서 숨을 쉬게 해야 한다.

46. 여자가 말하는 방식으로 알맞은 것을 고르십시오.

　　① 옹기의 변천 과정을 요약하고 있다.

　　② 옹기를 용도에 따라 분류하고 있다.

　　③ 옹기 제작의 문제점을 비판하고 있다.

　　④ 옹기가 숨을 쉬는 원리를 설명하고 있다.

들은 내용과 같은 것 고르기 +
태도로 알맞은 것 고르기

47번~48번은 대담입니다. 47번은 들은 내용과 같은 것을 찾는 문제로 선택지를 먼저 읽고 중요한 어휘에 표시하면서 들을 내용을 예측합니다. 대화를 들을 때는 선택지에 표시한 부분의 내용이 맞는지 확인합니다. 48번은 남자 또는 여자의 태도를 찾는 문제입니다. 화자의 말을 처음부터 끝까지 듣고 화자의 태도를 찾으면 됩니다. 태도를 나타내는 표현을 알아두면 도움이 됩니다(**부록 240쪽 참고**).

83회 기출문제

47~48 다음을 듣고 물음에 답하십시오. (각 2점) 🎧 Track **20A**

47. 들은 내용과 같은 것을 고르십시오.

　① 경제학에서는 사회적 자본에 대한 연구가 미비하다.

　② 경제학에서는 물질 자본을 더 중요한 지표로 삼는다.

　③ 사회적 자본은 구성원들의 신뢰 정도를 측정한 것이다.

　④ 사회적 자본은 높은 거래 비용을 요구하는 경우가 많다.

48. 남자의 태도로 알맞은 것을 고르십시오.

　① 사회적 자본의 가치를 높이 평가하고 있다.

　② 사회적 자본의 활용 방안을 검토하고 있다.

　③ 사회적 자본에 대한 맹신을 경계하고 있다.

　④ 사회적 자본이 미칠 영향을 우려하고 있다.

🎧 Track **20A-1** 여: 박사님, 과거에는 한 국가의 경쟁력을 평가할 때 돈과 같은 물질 자본이 주된 기준이었는데요. 최근 경제학에서는 사회적 자본이 더 중요한 지표로 언급되고 있습니다.

🎧 Track **20A-2** 남: 네. 사회적 자본이 갖는 경제적 가치가 입증되었기 때문이죠. **사회적 자본은 구성원들 간의 신뢰를 측정한 값으로 정의되는데요.**

🎧 Track **20A-3** 사회적 자본이 확보되면 불신으로 인해 발생하는 불필요한 절차나 거래 비용이 줄어 일의 처리가 빨라집니다.

🎧 Track **20A-4** 그럼 사회 전체의 효율성과 수익성이 높아지고 이는 곧 경제적 자본의 성장으로 이어지죠. ⊙이처럼 사회적 자본은 경제 성장의 원동력이 된다는 점에서 매우 중요합니다.

---

47. 들은 내용과 같은 것을 고르십시오.
① 경제학에서는 사회적 자본에 대한 연구가 미비하다. → 해당 내용 없음
② 경제학에서는 물질 자본을 더 중요한 지표로 삼는다. → 사회적 자본
③ **사회적 자본은 구성원들의 신뢰 정도를 측정한 것이다.**
④ 사회적 자본은 높은 거래 비용을 요구하는 경우가 많다. → 불신으로 인한 거래 비용이 준다.

📖 사회적 자본은 구성원들 간의 신뢰를 측정한 값으로 정의된다고 했습니다. 따라서 정답은 ③번입니다.

---

48. 📖 ⊙에서 사회적 자본은 경제 성장의 원동력이 된다는 점에서 매우 중요하다고 했으므로 정답은 ①번입니다.

47~48 다음을 듣고 물음에 답하십시오. (각 2점) 🎧 Track 20B

47. 들은 내용과 같은 것을 고르십시오.

　① 인건비와 임대료는 고정 비용에 포함되지 않는다.

　② 소상공인의 경영난은 일률적 방식으로 해결할 수 있다.

　③ 대출 의존도가 높은 경우 채무를 조정해 주면 안 된다.

　④ 영업 비용 때문에 빚을 지는 소상공인이 많아지고 있다.

48. 남자의 태도로 알맞은 것을 고르십시오.

　① 소상공업계의 태도 변화를 기대하고 있다.

　② 경제 위기 극복을 위한 소상공인의 노력에 감탄하고 있다.

　③ 소상공인에 대한 실효성 있는 지원 방안을 제안하고 있다.

　④ 소상공업의 활성화가 가져올 경제적 효과를 낙관하고 있다.

해설

🎧 Track **20B-1**	여: 수익이 줄면서 부족해진 **영업 비용을 메우려고 불가피하게 빚을 내는 소상공인이 늘고 있습니다.** 어떤 대책이 필요할까요?
🎧 Track **20B-2**	남: 경영에 어려움을 겪는 소상공인에게는 금융 지원이 시급합니다. 이때 중요한 건 그들이 처한 상황에 따라 지원 방식이 달라야 한다는 겁니다.
🎧 Track **20B-3**	가령 ⊙대출 의존도가 높은 사업체는 이자율을 낮추거나 대출금을 나눠 갚는 식으로 채무를 조정해 줘야 합니다. 또 매출액이 적은 사업체는 영업 비용을 줄일 수 있도록 인건비나 임대료 등의 고정 비용을 지원하는 게 효과적이고요.
🎧 Track **20B-4**	이처럼 경영난을 해소하는 데 실질적인 도움이 되는 지원책이 하루빨리 마련되면 좋겠습니다.

47.	들은 내용과 같은 것을 고르십시오. ① 인건비와 임대료는 고정 비용에 포함되지 않는다. → 포함된다. ② 소상공인의 경영난은 일률적 방식으로 해결할 수 있다. → 처한 상황에 따라 지원 방식이 달라야 한다. ③ 대출 의존도가 높은 경우 채무를 조정해 주면 안 된다. → 조정해 줘야 한다. **④ 영업 비용 때문에 빚을 지는 소상공인이 많아지고 있다.**
	📖 영업 비용을 메우려고 불가피하게 빚을 내는 소상공인이 늘고 있다고 했습니다. 따라서 정답은 ④번입니다.

48.	📖 ⊙에서 대출 의존도가 높은 사업체는 채무를 조정해 주고 매출액이 적은 사업체는 고정 비용을 지원하는 방안을 제안하고 있습니다. 따라서 정답은 ③번입니다.

47. 들은 내용과 같은 것을 고르십시오.

   ① 환자의 요청이 없으면 수술 장면을 촬영하지 않는다.

   ② CCTV를 설치하면 환자가 사생활을 보호받지 못한다.

   ③ 수술을 하는 모든 의료 기관에 CCTV를 설치해야 한다.

   ④ 의료 사고로 인한 의료 분쟁이 CCTV 설치 후 감소했다.

48. 남자의 태도로 알맞은 것을 고르십시오.

   ① 수술실 CCTV 설치에 대해 동의하고 있다.

   ② 수술실 CCTV 설치 방안을 검토하고 있다.

   ③ 수술실 CCTV 설치의 방향을 제시하고 있다.

   ④ 수술실 CCTV 설치의 폐단을 지적하고 있다.

47. 들은 내용과 같은 것을 고르십시오.

   ① 이 교통카드는 전국적으로 시행될 예정이다.

   ② 가정 경제 위기에 처한 시민들을 지원하려는 정책이다.

   ③ 이 교통카드의 도입으로 온실가스 배출량이 감소할 것이다.

   ④ 대중교통을 제한 없이 이용할 수 있는 무료 교통카드가 출시된다.

48. 남자의 태도로 알맞은 것을 고르십시오.

   ① 정책의 도입을 비판하고 있다.

   ② 정책의 필요성을 제기하고 있다.

   ③ 정책에 대한 대립을 우려하고 있다.

   ④ 정책의 개선 방안을 주장하고 있다.

들은 내용과 같은 것 고르기 +
태도로 알맞은 것 고르기

유형적중 TIP

49번~50번은 남자 혹은 여자가 전문적인 특정 주제에 대해 강연을 하는 형식으로 출제됩니다. 들은 내용과 같은 것을 찾는 49번 문제를 먼저 풀고 50번 문제를 풉니다. 50번 문제는 남자 혹은 여자의 태도를 묻는 문제입니다. 태도를 나타내는 표현을 알아두면 도움이 됩니다(**부록 242쪽 참고**).

83회 기출문제

49~50 다음을 듣고 물음에 답하십시오. (각 2점) 🎧 Track 21A

49. 들은 내용과 같은 것을 고르십시오.

    ① 이 제도는 재판의 신속성을 목적으로 한다.

    ② 이 제도는 많은 국가에서 시행을 앞두고 있다.

    ③ 이 제도는 특정 사건에 한해 제한적으로 적용된다.

    ④ 이 제도는 상급 법원에 재판을 청구할 권리를 보장한다.

50. 남자의 태도로 알맞은 것을 고르십시오.

    ① 제도의 새로운 변화를 기대하고 있다.

    ② 제도의 필요성과 의의를 강조하고 있다.

    ③ 제도의 개선 방향에 적극 동의하고 있다.

    ④ 제도의 확대 적용을 강력하게 주장하고 있다.

🎧 Track **21A-1**　남: 여러분은 사법 재판에서 가장 중요한 건 무엇이라고 생각하시나요? 아마도 공정함을 꼽을 것입니다.

🎧 Track **21A-2**　많은 국가들이 이 공정함이라는 원칙을 수호하기 위해 심급 제도를 시행하고 있는데요. 이는 한 사건에 대해 서로 다른 급의 법원에서 재판을 받을 수 있도록 보장하는 제도입니다.

🎧 Track **21A-3**　만약 하급심의 법관이 법을 잘못 해석했거나, 판결이 부당하다고 판단하면 누구나 이 제도를 통해 **상급 법원에 다시 재판을 청구할 수 있지요.**

🎧 Track **21A-4**　하지만 이 과정에는 많은 시간과 인적 자원이 소요되는 것이 사실입니다. 그래서 일부에서는 ㉠ 재판의 신속성을 위해 제도를 간소화하자는 목소리도 있습니다.

🎧 Track **21A-5**　그럼에도 불구하고 심급 제도는 법 앞의 공정함을 실현하도록 한다는 점에서 반드시 필요한 제도라 할 수 있습니다.

---

49. 들은 내용과 같은 것을 고르십시오.
① 이 제도는 재판의 신속성을 목적으로 한다. → 공정함
② 이 제도는 많은 국가에서 시행을 앞두고 있다. → 시행하고 있다.
③ 이 제도는 특정 사건에 한해 제한적으로 적용된다. → 누구나 재판을 청구할 수 있다.
④ 이 제도는 상급 법원에 재판을 청구할 권리를 보장한다.

📖 누구나 이 제도를 통해 상급 법원에 다시 재판을 청구할 수 있습니다. 그래서 정답은 ④번입니다.

---

50. 📖 ㉠에서 재판의 신속성을 위해 간소화하자는 목소리가 있음에도 불구하고 이 제도는 재판에서 가장 중요한 공정함을 위해 반드시 필요하다고 했습니다. 따라서 정답은 ②번입니다.

49~50 다음을 듣고 물음에 답하십시오. (각 2점) 🎧 Track 21B

49. 들은 내용과 같은 것을 고르십시오.

    ① 이 철학자는 도덕성에 대해 일반적인 견해를 따르고 있다.

    ② 이 철학자는 도덕성을 평가하는 기준에서 감정을 배제했다.

    ③ 이 철학자에 따르면 출근 시간을 지키는 것은 도덕적 의무가 아니다.

    ④ 이 철학자에 따르면 어떤 상황에서도 다른 사람을 돕는 것이 최우선이다.

50. 남자의 태도로 알맞은 것을 고르십시오.

    ① 도덕적 행위의 당위성을 강조하고 있다.

    ② 도덕적 행위의 가치를 과대평가하고 있다.

    ③ 도덕성에 대한 섣부른 판단을 경계하고 있다.

    ④ 도덕성에 대한 연구의 필요성을 제기하고 있다.

해설

🎧 Track **21B-1**	남: 한 철학자는 행위의 결과와는 무관하게 인간이 지켜야 할 도덕적 의무만을 기준으로 도덕성을 판단해야 한다고 주장했는데요.
🎧 Track **21B-2**	보편적 견해와 달리 **동정심과 같은 행위자의 감정은 배제한 거죠.**
🎧 Track **21B-3**	예를 들어 연민의 감정에 이끌려 채권자에게 갚아야 할 돈으로 경제적 어려움에 빠진 이웃을 도와주는 것은 도덕적으로 정당한 행위가 아니라는 겁니다.
🎧 Track **21B-4**	이 철학자의 기준에 따르면 도움을 청하는 사람을 외면하고 출근 시간을 지켜 회사에 간 사람이 도덕적으로 선한 사람이 됩니다.
🎧 Track **21B-5**	물론 이 철학자의 견해는 인간의 감정을 고려하지 않았다는 점에서 이견이 있을 순 있지만 ㉠<u>어느 한 면만을 보고 누군가의 도덕성을 판단하는 걸 자제해야 한다</u>는 점을 다시 생각하게 합니다.

---

49. 들은 내용과 같은 것을 고르십시오.
① 이 철학자는 도덕성에 대해 일반적인 견해를 따르고 있다. → 보편적이지 않은
② 이 철학자는 도덕성을 평가하는 기준에서 감정을 배제했다.
③ 이 철학자에 따르면 출근 시간을 지키는 것은 도덕적 의무가 아니다. → 사람이 도덕적으로 선한 사람이 된다.
④ 이 철학자에 따르면 어떤 상황에서도 다른 사람을 돕는 것이 최우선이다. → 도덕적으로 정당한 행위가 아니다.

    📖 이 철학자는 도덕성을 판단할 때 동정심과 같은 감정을 배제했습니다. 그래서 정답은 ②번입니다.

50.   📖 ㉠에서 어느 한 면만 보고 도덕성을 판단하는 걸 자제해야 한다고 했습니다. 따라서 정답은 ③번입니다.

49. 들은 내용과 같은 것을 고르십시오.

   ① 자본가들은 사회 환원이 일상화되어 있다.

   ② 부자들은 자선냄비를 통해 존경을 받는다.

   ③ 기부를 한 만큼 세금을 더 내는 나라가 있다.

   ④ 기부금은 가난한 사람들에게 쓰이지 않을 수 있다.

50. 남자의 태도로 알맞은 것을 고르십시오.

   ① 새로운 기부 방법을 기대하고 있다.

   ② 자본가들의 기부량을 예측하고 있다.

   ③ 기부금의 공정한 사용을 촉구하고 있다.

   ④ 기부에 대한 부자들의 태도를 우려하고 있다.

49. 들은 내용과 같은 것을 고르십시오.

   ① 갈릴레이는 근대 폴란드의 과학자이다.

   ② 코페르니쿠스 때문에 갈릴레이는 재판을 받았다.

   ③ 지구가 움직인다고 처음 주장한 사람은 갈릴레이이다.

   ④ 갈릴레이는 금성이 달처럼 차고 기우는 것을 발견했다.

50. 남자의 태도로 알맞은 것을 고르십시오.

   ① 갈릴레이의 열정을 높이 평가하고 있다.

   ② 갈릴레이를 통해 청중을 격려하고 있다.

   ③ 갈릴레이의 행동과 태도를 비판하고 있다.

   ④ 갈릴레이가 한 행동에 대해 우려하고 있다.

1~3 다음을 듣고 가장 알맞은 그림 또는 그래프를 고르십시오. (각 2점)

1.

①

②

③

④

2.

①

②

③

④

3.

①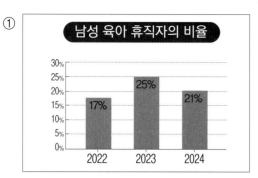

남성 육아 휴직자의 비율

②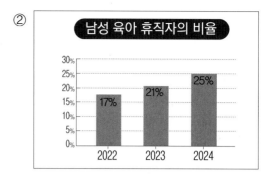

남성 육아 휴직자의 비율

③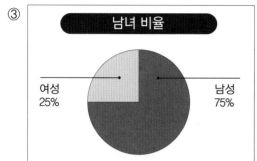

남녀 비율

여성 25%　남성 75%

④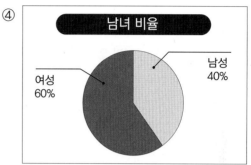

남녀 비율

여성 60%　남성 40%

4~8 다음을 듣고 이어질 수 있는 말로 가장 알맞은 것을 고르십시오. (각 2점)

4.
① 그럼, 공사를 시작했겠네.

② 도서관에 갈 필요는 없지.

③ 오늘 도서관이 쉬는 줄 몰랐어.

④ 그럼, 오늘 책을 반납해야겠다.

5.
① 이사 준비로 바빴잖아요.

② 주말에도 일을 할 거예요.

③ 회사가 가까운지 알아볼게요.

④ 이제 출근이 힘들지 않겠어요.

6.
① 응, 전에 본 것 같아.

② 아니, 이미 준비했어.

③ 응, 내가 산다고 했잖아.

④ 아니, 필요한 게 없는데.

7. ① 오늘만 먹을게요.

   ② 좀 참으면 좋겠어요.

   ③ 너무 많이 먹었나 봐요.

   ④ 야식은 건강에 좋지 않아요.

8. ① 그렇죠? 한번 가 봐야겠어요.

   ② 맞아요. 요즘 사무실이 습해요.

   ③ 그래요? 걸린 종이가 있는지 볼게요.

   ④ 그럼요. 복사기가 없으면 일을 못 하죠.

9~12 다음을 듣고 여자가 이어서 할 행동으로 가장 알맞은 것을 고르십시오. (각 2점)

9. ① 호텔을 예약한다.

   ② 호텔에 방문한다.

   ③ 관광지를 찾아본다.

   ④ 관광지에 문의한다.

10. ① 영화표를 예매한다.

    ② 안내 데스크로 간다.

    ③ 팝콘을 사러 스낵 코너에 간다.

    ④ 키오스크에서 영화표를 출력한다.

11. ① 주유소에 전화를 해본다.

    ② 쇼핑몰이 있는 건물로 간다.

    ③ 쇼핑몰 주차장에 차를 세운다.

    ④ 기름을 넣으러 주유소에 간다.

12. ① 현수막 도안 색깔을 바꾼다.

② 밝은색으로 현수막을 디자인한다.

③ 새 거래처에 현수막 디자인을 맡긴다.

④ 거래처에 색상을 밝게 해 달라고 한다.

13~16 다음을 듣고 들은 내용과 같은 것을 고르십시오. (각 2점)

13. ① 여자는 고장 난 선풍기 때문에 돈을 썼다.

② 남자는 청소기와 라디오를 버리고 싶어 한다.

③ 여자는 스티커를 사러 주민센터에 가려고 한다.

④ 남자는 폐가전제품 무상 수거 서비스를 이용해 봤다.

14. ① 자기 집 안에서는 담배를 피워도 된다.

② 엘리베이터에서 담배 연기가 올라온다.

③ 최근에 계단에서 담배를 피우는 사람이 있었다.

④ 아파트 단지 어느 곳에서도 담배를 피울 수 없다.

15. ① 폭우로 계곡물이 갑자기 불어났다.

② 지난 일요일에 전국에 비가 내렸다.

③ 여름철에 계곡으로 피서를 가면 안 된다.

④ 구조된 사람들은 피서를 갔던 직장인 4명이다.

16. ① 여자는 어릴 때 가난하게 살았다.

② 여자는 공부를 하는 것이 힘들다.

③ 여자는 학교에 숙제를 내지 못했다.

④ 여자는 지금까지 일을 하지 않았다.

17~20 다음을 듣고 남자의 중심 생각으로 가장 알맞은 것을 고르십시오. (각 2점)

17. ① 우유는 냉장고에 보관해야 한다.

② 우유를 보관하려면 냉장고가 필요하다.

③ 우유를 식탁 위에 두고 마시면 편리하다.

④ 우유를 너무 많이 마시는 것은 좋지 않다.

18. ① 새해 달력이 빨리 배포되어야 한다.

② 새해 달력을 미리 받지 않아도 된다.

③ 새해 계획을 미리 세우는 자세가 필요하다.

④ 새해 계획은 지키기 어려우므로 신중해야 한다.

19. ① 운동화 끈 묶는 방법을 배워야 한다.

② 운동화 끈은 두 번 묶어야 풀리지 않는다.

③ 운동화 끈이 풀어지면 빨리 다시 묶어야 한다.

④ 운동화 끈을 조이게 묶으면 건강에 좋지 않다.

20. ① 바가지요금이 없는 축제가 되어야 한다.

② 축제장의 모든 가격을 1만 원으로 해야 한다.

③ 바가지요금을 막기 위해 음식을 팔지 말아야 한다.

④ 음식 가격이 마음에 들지 않으면 신고하도록 해야 한다.

21~22 **다음을 듣고 물음에 답하십시오. (각 2점)**

21. 남자의 중심 생각으로 가장 알맞은 것을 고르십시오.

    ① 대형 기계를 꼭 설치해야 한다.

    ② 고객들의 안전이 가장 중요하다.

    ③ 이벤트 효과로 홍보가 크게 될 것이다.

    ④ 실내 수영장에서도 거품 파티를 해야 한다.

22. 들은 내용과 같은 것을 고르십시오.

    ① 남자는 대형 기계를 도입할 것이다.

    ② 남자는 여름 호캉스 즐기기를 기획했다.

    ③ 남자는 실내 수영장 고객 관리도 잘해야 한다고 생각한다.

    ④ 남자는 이벤트를 실시하면 홍보 효과가 클 것이라고 생각한다.

23~24 **다음을 듣고 물음에 답하십시오. (각 2점)**

23. 남자가 무엇을 하고 있는지 고르십시오.

    ① 메일 작성 방법을 알려주고 있다.

    ② 메일이 잘 들어왔는지 알아보고 있다.

    ③ 여자에게 신청서를 발급해 주고 있다.

    ④ 여자가 신청 자격이 되는지 확인하고 있다.

24. 들은 내용과 같은 것을 고르십시오.

    ① 여자는 신청서에 아무것도 안 썼다.

    ② 여자는 신청 메일을 보내지 않았다.

    ③ 여자는 고급반에서 공부한 적이 있다.

    ④ 여자는 필수 기재 사항을 쓰지 않았다.

25~26 다음을 듣고 물음에 답하십시오. (각 2점)

25. 남자의 중심 생각으로 가장 알맞은 것을 고르십시오.

① 배가 고픈 사람들에게 무료로 배식을 해야 한다.

② 종교인이나 자원봉사자들이 적극적으로 참여해야 한다.

③ 많은 사람들이 쌀과 채소 같은 식재료를 후원해야 한다.

④ 형편이 어려운 사람들도 든든한 식사를 할 수 있어야 한다.

26. 들은 내용과 같은 것을 고르십시오.

① 이 가게는 김치찌개가 가장 인기가 많다.

② 이 가게는 김치찌개를 무한으로 제공한다.

③ 종교인이 직접 운영하여 인건비를 절약한다.

④ 돈 걱정 없이 배불리 식사하려는 사람들이 많다.

27~28 다음을 듣고 물음에 답하십시오. (각 2점)

27. 남자가 말하는 의도로 알맞은 것을 고르십시오.

① 단합 대회에 가도록 설득하려고

② 단합 대회의 사회를 부탁하려고

③ 단합 대회의 분위기를 띄우려고

④ 단합 대회의 규칙을 알려 주려고

28. 들은 내용과 같은 것을 고르십시오.

① 이번 단합 대회는 오랜만에 한다.

② 남자는 분위기를 잘 띄우는 사람이다.

③ 이번 주 일요일에 등산하러 갈 것이다.

④ 단합 대회가 취소돼서 영업팀이 섭섭해한다.

다음을 듣고 물음에 답하십시오. (각 2점)

29. 남자는 누구인지 고르십시오.

　　① 영화의 소품을 관리하는 사람

　　② 영화의 효과음을 만드는 사람

　　③ 영화의 음악을 작곡하는 사람

　　④ 영화의 오디오를 녹음하는 사람

30. 들은 내용과 같은 것을 고르십시오.

　　① 남자는 다양한 소리에 관심이 많다.

　　② 남자는 200편이 넘는 영화를 만들었다.

　　③ 남자는 고물 창고에서 일을 하고 있다.

　　④ 남자는 완벽한 소리를 위해 운동을 한다.

31~32 다음을 듣고 물음에 답하십시오. (각 2점)

31. 남자의 중심 생각으로 가장 알맞은 것을 고르십시오.

　　① 외국어 교육 사업을 유료화해야 한다.

　　② 외국어 교육 대상자의 범위를 확대해야 한다.

　　③ 외국어 교육 사업의 신청자를 모집해야 한다.

　　④ 외국어 교육 수강생들의 출석률을 확인해야 한다.

32. 남자의 태도로 가장 알맞은 것을 고르십시오.

　　① 상대방의 의견을 지지하고 있다.

　　② 수강생들에게 책임을 묻고 있다.

　　③ 사업 전환 방안을 설명하고 있다.

　　④ 문제의 해결 방안을 제시하고 있다.

33~34 다음을 듣고 물음에 답하십시오. (각 2점)

33. 무엇에 대한 내용인지 알맞은 것을 고르십시오.

　　① 모자를 쓴 지우개의 활용 방법

　　② 모자를 쓴 지우개의 발명 과정

　　③ 지우개와 모자의 문제점과 성능

　　④ 지우개와 모자의 사용하는 방식

34. 들은 내용과 같은 것을 고르십시오.

　　① 하이만은 부유한 화가이다.

　　② 하이만은 모자를 만들었다.

　　③ 하이만은 지우개를 자주 잃어버렸다.

　　④ 하이만은 거울을 보고 지우개를 발명했다.

35~36 다음을 듣고 물음에 답하십시오. (각 2점)

35. 남자가 무엇을 하고 있는지 고르십시오.

　　① 터널 이용 방법을 소개하고 있다.

　　② 터널 개통에 대한 기대를 밝히고 있다.

　　③ 터널 이용에 대한 불편을 호소하고 있다.

　　④ 터널 내에서의 안전 운전을 부탁하고 있다.

36. 들은 내용과 같은 것을 고르십시오.

　　① 인주 터널은 개통된 지 얼마 안 되었다.

　　② 인주 터널이 개통되면 인주산은 없어진다.

　　③ 인주 터널 개통은 인주 시민이 바라던 일이다.

　　④ 인주 터널을 이용하면 인주시까지 15분 걸린다.

다음을 듣고 물음에 답하십시오. (각 2점)

37. 여자의 중심 생각으로 가장 알맞은 것을 고르십시오.

   ① 불면증의 원인을 파악해야 한다.

   ② 규칙적인 생활 패턴을 유지해야 한다.

   ③ 의사와 상담하여 치료 방법을 찾아야 한다.

   ④ 불면증에 대한 올바른 정보를 구별해야 한다.

38. 들은 내용과 같은 것을 고르십시오.

   ① 불면증은 노인들에게 많이 나타난다.

   ② 불면증이 시작되면 만성적으로 계속된다.

   ③ 잠이 오지 않으면 가볍게 TV를 시청한다.

   ④ 누워서 잠이 들게 하는 습관을 가지면 좋다.

다음을 듣고 물음에 답하십시오. (각 2점)

39. 이 대화 전의 내용으로 가장 알맞은 것을 고르십시오.

   ① 간호조무사들이 제도의 개선책을 요구하였다.

   ② 간호 간병 통합서비스가 처음으로 시행되었다.

   ③ 이 제도를 통해 대형 병원의 참여가 줄어들었다.

   ④ 정부는 간호 간병 통합서비스를 개선하기로 발표했다.

40. 들은 내용과 같은 것을 고르십시오.

   ① 간호 간병 통합서비스는 대형 병원이 참여하기가 쉽다.

   ② 각 의료 기관에 간호조무사의 배치가 3배로 늘 것이다.

   ③ 국민들은 이 서비스를 통해 제도의 혜택을 받기가 어려워졌다.

   ④ 이 서비스는 건강 보험이 적용되지 않아 보호자의 경제적 부담이 크다.

41~42 다음을 듣고 물음에 답하십시오. (각 2점)

41. 이 강연의 중심 내용으로 가장 알맞은 것을 고르십시오

   ① 중대 재해 예방 방안을 마련해야 한다.

   ② 사고 발생 시 사고의 횟수를 기억해야 한다.

   ③ 중대한 재해가 발생하면 원인을 파악해야 한다.

   ④ 사소한 사고라도 무시하고 방치하지 않아야 한다.

42. 들은 내용과 같은 것을 고르십시오.

   ① 하인리히는 피라미드에 숫자를 새겼다.

   ② 이 법칙은 1920년에 하인리히가 발견했다.

   ③ 중대 사고 발생 전에는 경미한 사고가 난다.

   ④ 하인리히의 법칙은 현대에 적용되지 않는다.

43~44 다음을 듣고 물음에 답하십시오. (각 2점)

43. 무엇에 대한 내용인지 알맞은 것을 고르십시오.

   ① 의궤의 의미와 역할

   ② 의궤가 만들어지는 과정

   ③ 의궤의 종류와 제작 시기

   ④ 의궤로 행사를 복원하는 방법

44. 의궤를 제작한 이유로 맞는 것을 고르십시오.

   ① 파괴된 조선 시대 건물들을 기록으로 남기려고

   ② 국가 행사의 절차를 간소화하고 비용을 절약하려고

   ③ 글 대신 그림으로 기록해서 후손들이 이해하기 쉽게 하려고

   ④ 후손들이 조선 시대와 같은 일을 치를 때 착오가 없게 하려고

45~46 **다음을 듣고 물음에 답하십시오. (각 2점)**

45. 들은 내용과 같은 것을 고르십시오.

① 이 투구는 마라톤 우승자에게 주기 위해 만들었다.

② 국립중앙박물관에 있는 투구는 손기정의 기증품이다.

③ 1936년 베를린 올림픽에서는 메달 대신에 투구를 주었다.

④ 손기정은 1986년 베를린 올림픽 부상으로 투구를 받았다.

46. 여자가 말하는 방식으로 알맞은 것을 고르십시오.

① 고대 그리스 올림픽의 규정을 요약하고 있다.

② 고대 그리스 청동 투구의 모양을 묘사하고 있다.

③ 고대 그리스 올림피아와 베를린 올림픽을 비교하고 있다.

④ 고대 그리스 청동 투구의 박물관 기증 과정을 설명하고 있다.

47~48 **다음을 듣고 물음에 답하십시오. (각 2점)**

47. 들은 내용과 같은 것을 고르십시오.

① 환자의 요청이 없으면 수술 장면을 촬영하지 않는다.

② CCTV를 설치하면 환자가 사생활을 보호받지 못한다.

③ 수술을 하는 모든 의료 기관에 CCTV를 설치해야 한다.

④ 의료 사고로 인한 의료 분쟁이 CCTV 설치 후 감소했다.

48. 남자의 태도로 알맞은 것을 고르십시오.

① 수술실 CCTV 설치에 대해 동의하고 있다.

② 수술실 CCTV 설치 방안을 검토하고 있다.

③ 수술실 CCTV 설치의 방향을 제시하고 있다.

④ 수술실 CCTV 설치의 폐단을 지적하고 있다.

49~50 다음을 듣고 물음에 답하십시오. (각 2점)

49. 들은 내용과 같은 것을 고르십시오.

① 자본가들은 사회 환원이 일상화되어 있다.

② 부자들은 자선냄비를 통해 존경을 받는다.

③ 기부를 한 만큼 세금을 더 내는 나라가 있다.

④ 기부금은 가난한 사람들에게 쓰이지 않을 수 있다.

50. 남자의 태도로 알맞은 것을 고르십시오.

① 새로운 기부 방법을 기대하고 있다.

② 자본가들의 기부량을 예측하고 있다.

③ 기부금의 공정한 사용을 촉구하고 있다.

④ 기부에 대한 부자들의 태도를 우려하고 있다.

복습하기 2

1~3 다음을 듣고 가장 알맞은 그림 또는 그래프를 고르십시오. (각 2점)

1.

①

②

③

④

2.

①

②

③

④

3.

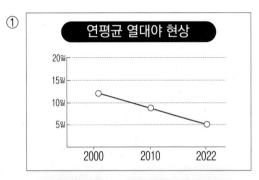

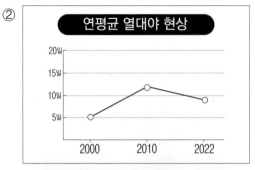

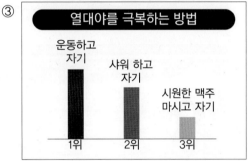

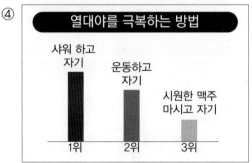

4~8 다음을 듣고 이어질 수 있는 말로 가장 알맞은 것을 고르십시오. (각 2점)

4.
① 헉, 공포 영화를 곧 개봉한대.

② 너도 봐봐. 진짜 안 무서웠어.

③ 나는 무서운 영화를 못 보겠어.

④ 참! 너는 공포 영화 못 본다고 했지?

5.
① 벌써 5kg이나 빠졌어요.

② 살 빼는 게 제일 쉬웠어요.

③ 그럼 두 가지를 같이 해야겠네요.

④ 운동이 최고예요! 운동을 열심히 하세요.

6.
① 화, 목, 토 반을 신청할게요.

② 신청서를 작성해서 주시겠습니까?

③ 기초반은 인기가 많아서 마감되었습니다.

④ 오전반 신청하고 가끔 오후반에 가도 되나요?

7. ① 약국에 가서 감기약이라도 사 먹어.

② 병원에서 주사 맞고 약을 받아 왔어.

③ 오늘 퇴근하자마자 바로 병원에 갈 거야.

④ 요즘 감기가 유행이라 약국에 사람이 많아.

8. ① 김 대리님은 오늘 휴가입니다.

② 김 대리님이 전화를 하실까요?

③ 급한데 빠른 처리 부탁드립니다.

④ 그럼 메시지 좀 전해주시겠어요?

9~12 다음을 듣고 **여자가 이어서 할 행동**으로 가장 알맞은 것을 고르십시오. (각 2점)

9. ① 침대에 누워 있는다.

② 감기약을 사러 나간다.

③ 학교에 갈 준비를 한다.

④ 남자를 데리고 병원에 간다.

10. ① 탈의실에 들어간다.

② 옷 가게에서 옷을 산다.

③ 옷 가게 직원에게 간다.

④ 두 가지 옷을 다 입어 본다.

11. ① 택배를 열어서 본다.

② 경찰에 택배를 신고한다.

③ 집 앞에 택배를 놓고 간다.

④ 홈쇼핑으로 물건을 주문한다.

12. ① 상자에서 옷을 꺼낸다.

② 신제품 정리를 끝낸다.

③ 마네킹의 옷을 벗긴다.

④ 마네킹을 벽으로 옮긴다.

13~16 다음을 듣고 들은 내용과 같은 것을 고르십시오. (각 2점)

13. ① 여자는 아침에 뉴스를 봤다.

    ② 불이 나서 사람들이 많이 다쳤다.

    ③ 여자는 사이렌 소리에 관심이 없었다.

    ④ 창고 근처에 사는 사람들은 대피해야 했다.

14. ① 인주행 기내에서 안내 방송을 하고 있다.

    ② 승객들은 신분증과 탑승권을 준비해야 한다.

    ③ 특별 지원이 필요한 승객은 10분 후 탑승을 시작한다.

    ④ 유아 동반 승객보다 일반 승객이 먼저 탑승할 수 있다.

15. ① 이 프로그램은 지역특산품 판매장에서 개최된다.

    ② 이 프로그램은 부모와 어린이가 참여할 수 있다.

    ③ 복숭아를 먹고 소감을 제출하는 프로그램이 있다.

    ④ 온 가족이 사용하는 나무 독서대가 전시되어 있다.

16. ① 종이접기는 아이들이 하는 것이다.

    ② 여자는 선생님의 작품에 감동을 받았다.

    ③ 여자는 고등학교 때 종이접기를 시작했다.

    ④ 종이접기는 종이접기 협회에서 배울 수 있다.

17~20 다음을 듣고 남자의 중심 생각으로 가장 알맞은 것을 고르십시오. (각 2점)

17. ① 한 잔의 커피도 좋지 않다.

    ② 커피는 많이 마셔도 괜찮다.

    ③ 커피는 집중력에 도움이 된다.

    ④ 커피를 너무 많이 마시면 안 된다.

18. ① 요즘 드라마는 스토리가 뻔하다.

    ② TV 드라마의 장르는 중요하지 않다.

    ③ 최신 TV 드라마는 장르가 다양해서 재미있다.

    ④ 요즘 드라마보다 예전 드라마가 취향에 잘 맞는다.

19. ① 강의를 듣는 시간이 아깝다.

    ② 열심히 노력해서 성공한 사람이 좋다.

    ③ 성공한 사람의 강의는 무조건 들어야 한다.

    ④ 노력해서 성공한 사람의 강의는 언제 들어도 좋다.

20. ① 많은 사람이 대학에 갈 수 있어야 한다.

    ② 대학을 졸업한 청년들은 사회에 도움을 주어야 한다.

    ③ 도움을 받은 사람은 도움을 준 사람에게 갚아야 한다.

    ④ 장학금 기부를 통해 서로 도와주는 사회가 되었으면 한다.

21~22 다음을 듣고 물음에 답하십시오. (각 2점)

21. 남자의 중심 생각으로 가장 알맞은 것을 고르십시오.

　　① 엘리베이터에 설문 조사지를 붙여야 한다.

　　② 설문 조사에 적극적으로 참여할 필요가 있다.

　　③ 설문지를 각 세대별 우편함에 넣는 방법이 좋다.

　　④ 참여도를 위해 휴대폰으로 설문 조사를 해야 한다.

22. 들은 내용과 같은 것을 고르십시오.

　　① 설문 조사를 하기 전에 먼저 공지를 할 것이다.

　　② 여자는 각 세대 우편함에 설문지를 넣어야 한다.

　　③ 관리 사무소에서 휴대폰으로 공지를 보낼 예정이다.

　　④ 이 아파트는 엘리베이터에서 설문 조사를 할 것이다.

23~24 다음을 듣고 물음에 답하십시오. (각 2점)

23. 남자가 무엇을 하고 있는지 고르십시오.

　　① 여권 재발급 신청 예약을 변경하고 있다.

　　② 여권 재발급 신청 비용을 확인하고 있다.

　　③ 여권 재발급 신청 장소를 알아보고 있다.

　　④ 여권 재발급 신청 방법을 문의하고 있다.

24. 들은 내용과 같은 것을 고르십시오.

　　① 남자는 여권을 분실했다.

　　② 구청에 여권 발급 신청서가 있다.

　　③ 여권이 발급되면 전화로 연락을 준다.

　　④ 남자는 신분증, 사진, 도장을 준비해야 한다.

25. 남자의 중심 생각으로 가장 알맞은 것을 고르십시오.

① 매년 건강 검진을 꼭 받아야 한다.

② 부모님을 모시고 병원에 다녀야 한다.

③ 약의 성분과 효과를 알고 먹어야 한다.

④ 건강 검진 이력을 한눈에 보면 관리하기 좋다.

26. 들은 내용과 같은 것을 고르십시오.

① 이 앱으로 약을 처방할 수 있다.

② 이 앱은 약 먹는 시간을 알려 준다.

③ 이 앱을 사용하면 병원에 가지 않아도 된다.

④ 이 앱은 만성질환이 있는 사람들만 사용해야 한다.

27. 남자가 말하는 의도로 알맞은 것을 고르십시오.

① 아르바이트 시간을 결정하려고

② 아르바이트 신청을 부탁하려고

③ 아르바이트 정보를 알려 주려고

④ 아르바이트의 단점을 지적하려고

28. 들은 내용과 같은 것을 고르십시오.

① 여자는 영어를 사용하는 나라에서 왔다.

② 여자는 게시판에서 아르바이트를 찾았다.

③ 여자는 날마다 같은 시간에 수업이 끝난다.

④ 여자는 영어 말하기 연습을 도와주고 있다.

📝 복습하기 2

29~30 다음을 듣고 물음에 답하십시오. (각 2점)

29. 남자는 누구인지 고르십시오.

① 한국 관광을 홍보하는 사람

② 새로운 관광지를 발굴하는 사람

③ 한국 관광 장소를 섭외하는 사람

④ 한국 관광 일정을 안내하는 사람

30. 들은 내용과 같은 것을 고르십시오.

① 대도시 문화의 특색이 부족하다.

② 이제 새로운 K-스타일이 필요하다.

③ 지방 도시의 한국적인 매력이 감소했다.

④ 관광은 문화를 알릴 수 있는 좋은 수단이다.

31~32 다음을 듣고 물음에 답하십시오. (각 2점)

31. 남자의 중심 생각으로 가장 알맞은 것을 고르십시오.

① 승용차 요일제는 에너지 절약에 도움이 된다.

② 시에서 버스 회사에 지원을 아끼지 말아야 한다.

③ 아무리 좋은 제도라도 무조건 적용하는 것은 좋지 않다.

④ 대중교통을 이용해도 대기 오염 문제는 해결되지 않는다.

32. 남자의 태도로 가장 알맞은 것을 고르십시오.

① 이 제도의 확대 시행을 제안하고 있다.

② 이 제도의 필요성에 대해 적극 공감하고 있다.

③ 이 제도에 대한 해결책의 필요성을 제시하고 있다.

④ 이 제도의 시행에 대해 긍정적으로 평가하고 있다.

33~34 다음을 듣고 물음에 답하십시오. (각 2점)

33. 무엇에 대한 내용인지 알맞은 것을 고르십시오.

① 플라스틱 생수병의 종류

② 플라스틱 생수병의 재활용

③ 플라스틱 생수병의 제조 과정

④ 플라스틱 생수병의 폐기 문제

34. 들은 내용과 같은 것을 고르십시오.

① 재활용 섬유는 다시 사용하기가 힘들다.

② 재활용 섬유로 옷과 신발을 만들 수 있다.

③ 플라스틱 생수병은 작게 잘라서 버려야 한다.

④ 플라스틱으로 인한 환경문제는 해결할 수 없다.

35~36 다음을 듣고 물음에 답하십시오. (각 2점)

35. 남자가 무엇을 하고 있는지 고르십시오.

① 프로젝트 성공을 기원하고 있다.

② 회사의 발전 가능성을 진단하고 있다.

③ 협력한 팀의 결과물을 평가하고 있다.

④ 은퇴 후 새로운 도전을 다짐하고 있다.

36. 들은 내용과 같은 것을 고르십시오.

① 이 회사는 사업을 확장할 예정이다.

② 이 회사는 설립된 지 얼마 안 되었다.

③ 이 남자는 이 회사의 성장에 기여했다.

④ 이 남자는 이 회사에서 계속 일할 것이다.

다음을 듣고 물음에 답하십시오. (각 2점)

37. 여자의 중심 생각으로 가장 알맞은 것을 고르십시오.

① 생맥주의 유통기한은 짧아야 한다.

② 소비자들을 위해 맥주 가격을 내려야 한다.

③ 소비자의 트렌드에 맞게 제품을 만들어야 한다.

④ 맥주를 제조할 때 용기의 특성을 고려해야 한다.

38. 들은 내용과 같은 것을 고르십시오.

① 생맥주와 캔맥주는 맛이 같다.

② 캔으로 된 생맥주는 유통기한이 길다.

③ 새로 개발한 캔맥주에는 효모가 살아있다.

④ 생맥주는 가격이 비싸서 판매량이 줄고 있다.

다음을 듣고 물음에 답하십시오. (각 2점)

39. 이 대화 전의 내용으로 가장 알맞은 것을 고르십시오.

① 택배를 통해 개인 정보가 유출되고 있다.

② 보이스 피싱 범죄 피해가 증가하고 있다.

③ 개인 정보 관리를 잘하는 것이 중요하다.

④ 문자에 있는 인터넷 주소를 누르면 안 된다.

40. 들은 내용과 같은 것을 고르십시오.

① 문자 메시지로 보이스 피싱 범죄가 이루어진다.

② 보이스 피싱 메시지를 받으면 바로 삭제해야 한다.

③ 알람 문자 때문에 보이스 피싱 피해를 막을 수 있다.

④ 인터넷 사이트에서 고가의 물건을 살 때 주의해야 한다.

41~42 다음을 듣고 물음에 답하십시오. (각 2점)

41. 이 강연의 중심 내용으로 가장 알맞은 것을 고르십시오

　　① 안전을 위해 적정량의 선박 평형수를 주입해야 한다.

　　② 선박의 균형을 잡으려면 화물 적재량의 조절이 필요하다.

　　③ 선박 평형수는 안전한 선박 운항에 결정적인 역할을 한다.

　　④ 해양 생태계를 위해 선박 평형수 처리 방법을 찾아야 한다.

42. 들은 내용과 같은 것을 고르십시오.

　　① 조류나 패류를 운반할 때 선박 평형수를 이용한다.

　　② 화물 적재 상태는 선박의 안전에 영향을 미치지 않는다.

　　③ 해양 생물들이 이동하면서 해양 생태계를 교란시키기도 한다.

　　④ 대형 선박들이 물 위에서도 중심을 잃지 않는 방법을 찾고 있다.

43~44 다음을 듣고 물음에 답하십시오. (각 2점)

43. 무엇에 대한 내용인지 알맞은 것을 고르십시오.

　　① 벌레잡이 식물들의 일생

　　② 벌레잡이 식물의 독특한 기관

　　③ 벌레잡이 식물이 광합성을 하는 방법

　　④ 벌레잡이 식물들이 환경에 맞춰 살아가는 모습

44. 벌레잡이 식물들이 벌레를 잡아먹는 이유로 맞는 것을 고르십시오.

　　① 벌레들과 함께 공생하기 위해

　　② 광합성으로 양분을 만들기 위해

　　③ 필요한 양분이 부족해서 보충하기 위해

　　④ 환경에 맞는 내부 기관을 만들어 내기 위해

45~46 다음을 듣고 물음에 답하십시오. (각 2점)

45. 들은 내용과 같은 것을 고르십시오.

① 옹기에서 발효시키면 발효가 잘 된다.

② 옹기를 굽는 온도가 낮으면 구멍이 커진다.

③ 옹기를 실외에 두면 음식이 부패할 수 있다.

④ 옹기 벽에 구멍을 뚫어서 숨을 쉬게 해야 한다.

46. 여자가 말하는 방식으로 알맞은 것을 고르십시오.

① 옹기의 변천 과정을 요약하고 있다.

② 옹기를 용도에 따라 분류하고 있다.

③ 옹기 제작의 문제점을 비판하고 있다.

④ 옹기가 숨을 쉬는 원리를 설명하고 있다.

47~48 다음을 듣고 물음에 답하십시오. (각 2점)

47. 들은 내용과 같은 것을 고르십시오.

① 이 교통카드는 전국적으로 시행될 예정이다.

② 가정 경제 위기에 처한 시민들을 지원하려는 정책이다.

③ 이 교통카드의 도입으로 온실가스 배출량이 감소할 것이다.

④ 대중교통을 제한 없이 이용할 수 있는 무료 교통카드가 출시된다.

48. 남자의 태도로 알맞은 것을 고르십시오.

① 정책의 도입을 비판하고 있다.

② 정책의 필요성을 제기하고 있다.

③ 정책에 대한 대립을 우려하고 있다.

④ 정책의 개선 방안을 주장하고 있다.

다음을 듣고 물음에 답하십시오. (각 2점)

49. 들은 내용과 같은 것을 고르십시오.

   ① 갈릴레이는 근대 폴란드의 과학자이다.

   ② 코페르니쿠스 때문에 갈릴레이는 재판을 받았다.

   ③ 지구가 움직인다고 처음 주장한 사람은 갈릴레이이다.

   ④ 갈릴레이는 금성이 달처럼 차고 기우는 것을 발견했다.

50. 남자의 태도로 알맞은 것을 고르십시오.

   ① 갈릴레이의 열정을 높이 평가하고 있다.

   ② 갈릴레이를 통해 청중을 격려하고 있다.

   ③ 갈릴레이의 행동과 태도를 비판하고 있다.

   ④ 갈릴레이가 한 행동에 대해 우려하고 있다.

Part

실전
모의고사

3.

제1회
실전 모의고사

한국어능력시험 II
(중고급)

듣기

수험번호(Registration No.)		
이름 (Name)	한국어(Korean)	
	영 어(English)	

유 의 사 항
Information

1. 시험 시작 지시가 있을 때까지 문제를 풀지 마십시오.
   Do not open the booklet until you are allowed to start.

2. 접수번호와 이름은 정확하게 적어 주십시오.
   Write your name and application number on the answer sheet.

3. 답안지를 구기거나 훼손하지 마십시오.
   Do not fold the answer sheet; keep it clean.

4. 답안지의 이름, 접수번호 및 정답의 기입은 배부된 펜을 사용하여 주십시오.
   Use the given pen only.

5. 정답은 답안지에 정확하게 표시하여 주십시오.
   Mark your answer accurately and clearly on the answer sheet.

6. 문제를 읽을 때에는 소리가 나지 않도록 하십시오.
   Keep quiet while answering the questions.

7. 질문이 있을 때에는 손을 들고 감독관이 올 때까지 기다려 주십시오.
   When you have any questions, please raise your hand.

TOPIK Ⅱ 듣기(1~50번)

※ [1~3] 다음을 듣고 가장 알맞은 그림 또는 그래프를 고르십시오. (각 2점)

1.

①  ②

③  ④

2.

①  ②

③ ④

3.

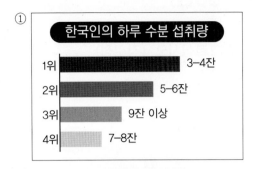

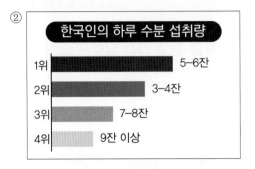

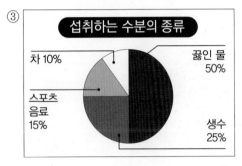

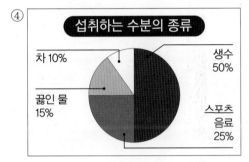

※ [4~8] 다음을 듣고 이어질 수 있는 말로 가장 알맞은 것을 고르십시오. (각 2점)

4.　① 모임에 잘 다녀와.

　　② 정말 재미있었겠다.

　　③ 집에 일이 좀 있었어.

　　④ 다음에는 가지 않을 거야.

5.　① 맞아요. 사지 않아도 돼요.

　　② 그럼요. 이미 다 사 놓았어요.

　　③ 그래요? 그럼 같이 마트에 가요.

　　④ 정말요? 먹을 게 하나도 없어요?

6.　① 개를 만날까 봐 무서워.

　　② 주인과 대화를 해 봐야겠어.

　　③ 이제 잘 수 있어서 다행이야.

　　④ 시끄러우니까 소리를 좀 줄여줘.

7. ① 미안, 일하느라 못 받았어.

  ② 이상하네, 나는 전화했는데.

  ③ 고장 나서 고쳤는데 또 이러네.

  ④ 일할 때는 전화를 받을 수 없어.

8. ① 누구나 도구를 빌릴 수 있나요?

  ② 네, 그럼, 신분증 가져가면 될까요?

  ③ 쓸만한 도구가 별로 없는 것 같아요.

  ④ 아, 필요한 도구가 있을 줄 알았어요.

※ [9~12] 다음을 듣고 여자가 이어서 할 행동으로 가장 알맞은 것을 고르십시오. (각 2점)

9. ① 지하철을 탄다.

  ② 표를 구매한다.

  ③ 매표소로 간다.

  ④ 요금을 계산한다.

10. ① 이불을 준다.

  ② 손빨래를 한다.

  ③ 빨래방에 간다.

  ④ 대청소를 한다.

11. ① 미역을 볶는다.

  ② 미역국을 끓인다.

  ③ 반찬을 준비한다.

  ④ 요리법을 검색한다.

12. ① 문구점에 간다.

  ② 총무과에 연락한다.

  ③ 사무용품을 정리한다.

  ④ 문구류 목록을 작성한다.

※ [13~16] 다음을 듣고 들은 내용과 같은 것을 고르십시오. (각 2점)

13. ① 여자는 이 식당에 처음 왔다.

    ② 남자는 이 식당의 음식을 좋아한다.

    ③ 이 식당은 예전에 손님이 많았었다.

    ④ 이 식당의 인테리어는 예전과 똑같다.

14. ① 요금을 내면 관람이 가능하다.

    ② 박물관에서 우주 매직쇼가 열린다.

    ③ 이 쇼는 박물관 내부에서 볼 수 있다.

    ④ 우주 매직쇼는 오후 7시 30분에 한다.

15. ① 다친 사람들은 입원 치료를 받고 있다.

    ② 이 사고는 아침 출근 시간대에 일어났다.

    ③ 이 에스컬레이터는 안전 검사를 받지 않았다.

    ④ 에스컬레이터가 반대 방향으로 움직이는 사고가 났다.

16. ① 여자는 꿈을 이루기 쉽지 않다.

    ② 여자의 영화는 청년들이 좋아한다.

    ③ 시골에 이사 와서 사는 청년들이 많다.

    ④ 영화 속 주인공은 꿈을 위해 도시에서 산다.

17. ① 대형견은 하루에 한 번 산책시켜야 한다.

② 대형견을 위해 애견훈련사가 되어야 한다.

③ 애견훈련사에게 대형견 산책을 맡겨야 한다.

④ 애견훈련사에게 훈련 방법을 배우면 도움이 된다.

18. ① 빨래한 양말을 똑바로 개야 한다.

② 힘들더라도 세탁은 바로 해야 한다.

③ 양말을 뒤집어서 벗지 말아야 한다.

④ 양말은 가끔 뒤집어서 빨아야 한다.

19. ① 늦게 퇴근하는 것은 좋지 않다.

② 설거지를 늦은 시간에 하면 안 된다.

③ 예민한 이웃을 위해 조용히 해야 한다.

④ 공동주택에서는 서로 이해하고 살아야 한다.

20. ① 운전을 할 때는 신호를 잘 지켜야 한다.

② 교통 봉사할 때는 빨간 옷을 입어야 한다.

③ 초등학교 앞에서는 천천히 운전하면 좋겠다.

④ 교통 봉사를 하는 사람들이 많아지면 좋겠다.

※ [21~22] 다음을 듣고 물음에 답하십시오. (각 2점)

21. 남자의 중심 생각으로 가장 알맞은 것을 고르십시오.

① 바비큐 파티는 특별한 행사가 될 것이다.

② 직원들의 업무 효율성을 향상시켜야 한다.

③ 회사 창립 기념 행사는 외부 업체에 맡겨야 한다.

④ 상이나 상금으로 직원들의 업무 동기를 높일 수 있다.

22. 들은 내용과 같은 것을 고르십시오.

① 특별한 창립 기념품을 준비할 예정이다.

② 직원들은 상이나 상금 지급을 제안했다.

③ 상의 종류와 상금은 직원들과 결정하기로 했다.

④ 창립 기념식 후에 구내식당에서 식사를 할 것이다.

※ [23~24] 다음을 듣고 물음에 답하십시오. (각 2점)

23. 남자가 무엇을 하고 있는지 고르십시오.

① 우편물 받는 방법을 묻고 있다.

② 우편물의 위치를 알려 주고 있다.

③ 우편물의 도착 시간을 문의하고 있다.

④ 우편물을 잘 받았는지 확인하고 있다.

24. 들은 내용과 같은 것을 고르십시오.

① 여자는 남자에게 메모를 남겼다.

② 남자는 신분증을 찾으러 갈 것이다.

③ 여자는 등기 우편물의 사인을 받았다.

④ 남자는 저녁에 우편물을 받기로 했다.

※ [25~26] 다음을 듣고 물음에 답하십시오. (각 2점)

25. 남자의 중심 생각으로 가장 알맞은 것을 고르십시오.

① 해외에서 봉사 활동을 하는 것은 힘들다.

② 직장인들도 봉사 활동을 하는 것이 좋다.

③ 봉사 활동을 하면서 보람을 느껴야 한다.

④ 학생일 때 해외 봉사를 도전해 봐야 한다.

26. 들은 내용과 같은 것을 고르십시오.

① 남자는 대학생 국내 봉사단에 지원하였다.

② 남자는 봉사 활동할 사람을 모집하고 있다.

③ 남자는 예전에 봉사 활동을 해 본 적이 있다.

④ 남자는 학교를 휴학하고 봉사 활동을 신청했다.

※ [27~28] 다음을 듣고 물음에 답하십시오. (각 2점)

27. 남자가 말하는 의도로 알맞은 것을 고르십시오.

① 자기소개서의 맞춤법 실수를 정정하려고

② 자기소개서 작성 방법에 대해 논의하려고

③ 자기소개서 작성 시 주의사항을 알려주려고

④ 자기소개서의 맞춤법 실수 여부를 파악하려고

28. 들은 내용과 같은 것을 고르십시오.

① 요즘 신입 지원자들은 상식이 부족하다.

② 여자는 자기소개서를 쓸 때 맞춤법을 틀렸다.

③ 맞춤법을 많이 틀리는 사람들은 업무 실수가 많다.

④ 자기소개서를 작성한 후에는 맞춤법을 검토해야 한다.

※ [29~30] 다음을 듣고 물음에 답하십시오. (각 2점)

29. 남자는 누구인지 고르십시오.

① 애완동물을 예쁘게 꾸며주는 사람

② 주인이 없는 동물을 돌봐주는 사람

③ 성격이 나쁜 동물을 교육하는 사람

④ 전염병에 걸린 동물을 치료하는 사람

30. 들은 내용과 같은 것을 고르십시오.

① 체력이 좋은 사람이 이 일을 해야 한다.

② 여자는 예쁜 강아지들과 함께 하고 있다.

③ 이 일을 하면서 전염병에 걸릴 수도 있다.

④ 남자는 강아지를 좋아해서 이 일을 시작했다.

※ [31~32] 다음을 듣고 물음에 답하십시오. (각 2점)

31. 남자의 중심 생각으로 가장 알맞은 것을 고르십시오.

① 공교육에서 예술 교육을 늘려야 한다.

② 예술은 대학 입시에 꼭 필요한 과목이다.

③ 일반 입시에서 예술 과목은 중요하지 않다.

④ 예술 학습은 학생들의 사고력을 확장시킨다.

32. 남자의 태도로 가장 알맞은 것을 고르십시오.

① 상대방의 의견에 대해 반박하고 있다.

② 상대방의 의견에 대해 일부 인정하고 있다.

③ 상대방의 의견에 대해 해결 방안을 제시하고 있다.

④ 상대방의 의견에 대한 자신의 생각을 점검하고 있다.

33. 무엇에 대한 내용인지 알맞은 것을 고르십시오.

    ① 육교의 특별한 용도

    ② 육교를 철거하는 과정

    ③ 육교를 도로에 설치한 배경

    ④ 육교에 대한 사회적 인식 변화

34. 들은 내용과 같은 것을 고르십시오.

    ① 2000년대 이후로 육교는 도시에서 사라졌다.

    ② 육교는 자동차와 보행자의 편의를 위해 만들어졌다.

    ③ 육교를 설치한 후 자동차는 빠르게 주행할 수 있었다.

    ④ 교통 정책은 보행자 중심에서 차량 중심으로 바뀌었다.

※ [35~36] 다음을 듣고 물음에 답하십시오. (각 2점)

35. 남자가 무엇을 하고 있는지 고르십시오.

    ① 우주 산업의 미래를 예측하고 있다.

    ② 우주 산업의 발달 과정을 소개하고 있다.

    ③ 우주 산업의 활성화 계획을 발표하고 있다.

    ④ 우주 산업에 대한 정부 지원을 약속하고 있다.

36. 들은 내용과 같은 것을 고르십시오.

    ① 누리호는 세계 7번째 우주발사체이다.

    ② 남자는 누리호 개발에 참여한 연구원이다.

    ③ 누리호를 개발하기까지 여러 번 실패했다.

    ④ 한국은 세계 최고의 우주 기술을 확보했다.

37. 여자의 중심 생각으로 가장 알맞은 것을 고르십시오.

    ① 중복으로 가입된 보험은 없애야 한다.

    ② 보험 전문가에게 보험을 관리 받아야 한다.

    ③ 보험을 가입하기 전에 필요한지 생각해 봐야 한다.

    ④ 각종 위험을 대비하기 위해 보험에 가입해야 한다.

38. 들은 내용과 같은 것을 고르십시오.

    ① 보험이 누구에게나 다 필요한 것은 아니다.

    ② 상해나 질병 같은 각종 위험은 대비할 수 없다.

    ③ 사람들은 가입한 보험에 대해 잘 점검하지 않는다.

    ④ 보험 전문가에게 가입을 해야 보험료를 아낄 수 있다.

39. 이 대화 전의 내용으로 가장 알맞은 것을 고르십시오.

    ① 빛 반사로 인한 생활 방해 정도를 측정했다.

    ② 인근 거주자들은 손해 배상 책임을 청구했다.

    ③ 빛 반사 문제를 해결하기 위한 방안이 발표됐다.

    ④ 인근 거주자들의 피해로 인해 건축법을 강화했다.

40. 들은 내용과 같은 것을 고르십시오.

    ① 반사되는 빛을 보면 시력을 잃게 된다.

    ② 인근 주민들은 건설사에 피해 보상을 호소했다.

    ③ 유리로 된 건물 입주민들의 빛 반사 문제가 심각하다.

    ④ 빛 반사 방지 필름은 빛이 반사되는 양을 감소시킬 수 있다.

41. 이 강연의 중심 내용으로 가장 알맞은 것을 고르십시오.

   ① 침입 외래종은 인간에게 해롭다.

   ② 생태계 교란 생물을 박멸해야 한다.

   ③ 외래종을 함부로 들여오면 안 된다.

   ④ 토종 생태계를 위해 천적을 이용해야 한다.

42. 들은 내용과 같은 것을 고르십시오.

   ① 황소개구리는 뱀의 천적이다.

   ② 황소개구리는 주로 침입 외래종을 잡아먹는다.

   ③ 천적이 없으면 침입 외래종의 수적 증가가 빠르다.

   ④ 생태계 교란 생물을 식용이나 관상용으로 사용해야 한다.

※ [43~44] 다음을 듣고 물음에 답하십시오. (각 2점)

43. 무엇에 대한 내용인지 알맞은 것을 고르십시오.

   ① 이 물고기의 특이한 생존 방식

   ② 이 물고기가 먹이를 잡아먹는 모습

   ③ 이 물고기가 환경에 적응하는 과정

   ④ 이 물고기가 포식자들에게 경고하는 방법

44. 이 물고기가 몸의 색을 바꾸지 않는 이유는?

   ① 에너지를 아껴야 하기 때문에

   ② 몸에 색이 없고 투명하기 때문에

   ③ 이 물고기의 포식자가 없기 때문에

   ④ 포식자에게 맛이 없어 보이기 때문에

45. 들은 내용과 같은 것을 고르십시오.

① 비행기 운항 내내 전자기기를 사용할 수 없다.

② 이륙할 때부터 착륙할 때까지 비행기 모드 상태여야 한다.

③ 항공안전법에는 전자기기의 사용 제한에 대해 명시되어 있다.

④ 승무원은 전자기기를 비행기 모드로 변경했는지 확인해야 한다.

46. 여자가 말하는 방식으로 알맞은 것을 고르십시오.

① 항공안전법의 규정을 설명하고 있다.

② 항공안전법의 검토를 요구하고 있다.

③ 항공안전법의 문제점을 예측하고 있다.

④ 항공안전법의 시행 결과를 분석하고 있다.

※ [47~48] 다음을 듣고 물음에 답하십시오. (각 2점)

47. 들은 내용과 같은 것을 고르십시오.

① 인수공통 바이러스에 걸리면 죽을 수밖에 없다.

② 인수공통 바이러스는 예방 백신을 만들 수 없다.

③ 인수공통 바이러스에 걸린 야생 동물이 증가했다.

④ 인수공통 바이러스 퇴치는 세계가 함께해야 한다.

48. 남자의 태도로 알맞은 것을 고르십시오.

① 인수공통 바이러스의 확산 속도를 예상하고 있다.

② 인수공통 바이러스의 백신 개발을 기원하고 있다.

③ 인수공통 바이러스의 방어 전략을 제시하고 있다.

④ 인수공통 바이러스의 퇴치에 대해 비관하고 있다.

※ [49~50] 다음을 듣고 물음에 답하십시오. (각 2점)

49. 들은 내용과 같은 것을 고르십시오.

① 신문고를 치는 백성들은 실제로 많았다.

② 신문고를 치기 위해서는 왕을 기다려야 했다.

③ 격쟁은 꽹과리를 쳐서 왕의 시선을 끄는 것이다.

④ 격쟁은 백성의 소리를 듣기 위해 태종이 만들었다.

50. 남자의 태도로 가장 알맞은 것을 고르십시오.

① 신문고와 격쟁의 폐지를 우려하고 있다.

② 신문고와 격쟁의 부활을 지지하고 있다.

③ 신문고와 격쟁의 필요성을 제기하고 있다.

④ 신문고와 격쟁을 긍정적으로 평가하고 있다.

제2회
실전 모의고사

한국어능력시험 II
(중고급)

듣기

수험번호(Registration No.)		
이름 (Name)	한국어(Korean)	
	영 어(English)	

유 의 사 항
Information

1. 시험 시작 지시가 있을 때까지 문제를 풀지 마십시오.
   Do not open the booklet until you are allowed to start.

2. 접수번호와 이름은 정확하게 적어 주십시오.
   Write your name and application number on the answer sheet.

3. 답안지를 구기거나 훼손하지 마십시오.
   Do not fold the answer sheet; keep it clean.

4. 답안지의 이름, 접수번호 및 정답의 기입은 배부된 펜을 사용하여 주십시오.
   Use the given pen only.

5. 정답은 답안지에 정확하게 표시하여 주십시오.
   Mark your answer accurately and clearly on the answer sheet.

6. 문제를 읽을 때에는 소리가 나지 않도록 하십시오.
   Keep quiet while answering the questions.

7. 질문이 있을 때에는 손을 들고 감독관이 올 때까지 기다려 주십시오.
   When you have any questions, please raise your hand.

TOPIK II 듣기(1~50번)

Track F0

※ [1~3] 다음을 듣고 가장 알맞은 그림 또는 그래프를 고르십시오. (각 2점)

1.

2.

3.

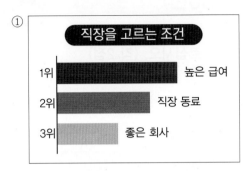

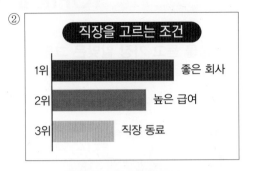

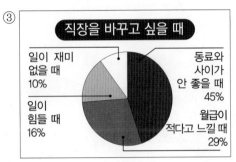

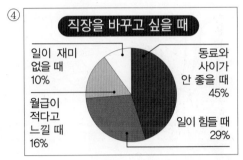

※ [4~8] 다음을 듣고 이어질 수 있는 말로 가장 알맞은 것을 고르십시오. (각 2점)

4. ① 큰 모자를 써야겠어.

② 준비할 생각을 못 했어.

③ 선글라스 좀 추천해 줘.

④ 햇빛 알레르기를 조심해.

5. ① 이거 정말 맛있겠다.

② 난 기다리는 건 별로야.

③ 같이 점심 먹으러 갈래?

④ 몇 시부터 점심시간이야?

6. ① 다시 시험 보면 돼요.

② 합격했군요. 축하해요.

③ 문제가 너무 어려웠어요.

④ 분명히 합격했을 거예요.

7. ① 새로운 업무가 많아졌군요.

   ② 시간이 지나면 적응될 거예요.

   ③ 스트레스가 풀리는 것 같아요.

   ④ 전에 했던 업무는 너무 힘들었죠.

8. ① 네, 신청이 잘 되었습니다.

   ② 아, 그럼 다시 보내겠습니다.

   ③ 신청서를 보내주실 수 있나요?

   ④ 접수가 되었는지 확인하고 싶어요?

※ [9~12] 다음을 듣고 여자가 이어서 할 행동으로 가장 알맞은 것을 고르십시오. (각 2점)

9. ① 계산을 한다.

   ② 벚꽃을 구경한다.

   ③ 열쇠고리를 산다.

   ④ 가격을 물어본다.

10. ① 라면을 산다.

    ② 물을 끓인다.

    ③ 계란을 넣는다.

    ④ 라면을 먹는다.

11. ① 열쇠를 챙긴다.

    ② 책을 가져온다.

    ③ 주차장에 간다.

    ④ 마트에 다녀온다.

12. ① 전화를 한다.

    ② 메일을 보낸다.

    ③ 회의실을 빌린다.

    ④ 자료를 출력한다.

※ [13~16] 다음을 듣고 들은 내용과 같은 것을 고르십시오. (각 2점)

13. ① 여자는 도장을 가지고 있다.

② 온라인에서 서명하는 것은 불편하다.

③ 남자는 여자에게 서명을 만들어 줬다.

④ 서명을 파일로 만들어서 사용할 수 있다.

14. ① 1주일 동안 태극기 달기를 한다.

② 태극기는 각 가정에 나눠 주었다.

③ 3월 1일은 태극기를 달지 않는다.

④ 이 아파트는 매년 태극기를 단다.

15. ① 근처 산에서 멧돼지를 잡았다.

② 60대 여성은 몸을 피할 수 있었다.

③ 주민들이 멧돼지를 보고 신고하였다.

④ 멧돼지를 만나면 움직이지 않아야 한다.

16. ① 남자는 혼자 장사를 해 왔다.

② 이 가게는 시작한 지 얼마 되지 않았다.

③ 남자는 장사를 하면서 가족과 갈등이 있었다.

④ 이 가게는 손님 덕분에 꾸준히 장사가 되었다.

※ [17~20] 다음을 듣고 남자의 중심 생각으로 가장 알맞은 것을 고르십시오. (각 2점)

17. ① 여행할 때는 사진을 남기는 것이 좋다.

    ② 여행할 때는 옷을 많이 챙기는 것이 좋다.

    ③ 여행할 때는 사진을 많이 찍는 것이 좋다.

    ④ 여행할 때는 짐을 가볍게 하는 것이 좋다.

18. ① 퇴근 후에 헬스장에서 운동해야 한다.

    ② 매일 운동해야 체력이 좋아질 수 있다.

    ③ 적당히 운동하는 것이 안 피곤하고 좋다.

    ④ 졸리거나 피곤할 때 운동할 필요가 있다.

19. ① 책 읽기는 매일 하는 것이 좋다.

    ② 휴대폰보다 종이책으로 읽는 게 좋다.

    ③ 책을 읽으면 휴대폰 사용을 줄이게 된다.

    ④ 휴대폰으로 책을 읽으면 독서량이 늘어난다.

20. ① 도전하기만 하면 우주에 갈 수 있다.

    ② 너무 늦어지면 도전을 할 수 없게 된다.

    ③ 하고 싶은 일은 무조건 도전해 봐야 한다.

    ④ 도전할 때는 자신의 나이를 고려해야 한다.

21. 남자의 중심 생각으로 가장 알맞은 것을 고르십시오.

① 야유회 기획안을 빨리 제출해야 한다.

② 아이의 연령에 맞는 프로그램을 준비해야 한다.

③ 가족 야유회를 하면 직원 만족도가 상승할 것이다.

④ 아이가 있는 직원들은 야유회에 참여하기 힘들다.

22. 들은 내용과 같은 것을 고르십시오.

① 이 야유회는 올해 처음으로 하는 것이다.

② 아이들은 야유회에서 수영하고 놀 수 있다.

③ 다음 주 월요일은 야유회를 떠나는 날이다.

④ 여자는 아이들 데리고 야유회에 참여할 것이다.

23. 남자가 무엇을 하고 있는지 고르십시오.

① 모자에 새길 이름의 색상을 안내하고 있다.

② 모자에 이름을 새기는 작업을 예약하고 있다.

③ 모자에 새길 이름의 디자인을 확인하고 있다.

④ 모자에 이름을 새길 수 있는지 문의하고 있다.

24. 들은 내용과 같은 것을 고르십시오.

① 이 가게는 모자 세탁도 맡길 수 있다.

② 이 가게는 모자를 직접 찾으러 가야 한다.

③ 이 가게는 방문해야 이름을 새길 수 있다.

④ 이 가게는 손님이 이름을 직접 새겨야 한다.

※ **[25~26] 다음을 듣고 물음에 답하십시오. (각 2점)**

25. 남자의 중심 생각으로 가장 알맞은 것을 고르십시오.

    ① 건강 상식이 풍부할수록 건강한 사람이 많다.

    ② 병원에 오기 전에 건강 상식 책을 읽는 것이 좋다.

    ③ 아무리 몸에 좋은 음식이라도 적당히 먹어야 한다.

    ④ 잘못 알고 있는 건강 상식으로 건강이 나빠질 수 있다.

26. 들은 내용과 같은 것을 고르십시오.

    ① 사람들은 남자의 책에 관심이 없다.

    ② 여자는 책을 읽고 깊은 감동을 받았다.

    ③ 우유를 많이 마시면 건강을 해칠 수 있다.

    ④ 지용성 비타민을 많이 먹으면 몸에 쌓인다.

※ **[27~28] 다음을 듣고 물음에 답하십시오. (각 2점)**

27. 남자가 말하는 의도로 알맞은 것을 고르십시오.

    ① 지정 주차의 불편함을 지적하려고

    ② 지정 주차의 주차 위치를 바꾸려고

    ③ 지정 주차는 장점이 많다고 알려주려고

    ④ 지정 주차는 문제점도 있다고 말하려고

28. 들은 내용과 같은 것을 고르십시오.

    ① 지정 주차를 하면 이웃과 싸우게 된다.

    ② 주차장 벽에 몇 호 주차 자리인지 쓰여 있다.

    ③ 주차 위치를 바꿔가며 지정하는 아파트가 있다.

    ④ 여자는 주차할 때 지하 4층까지 내려가야 한다.

※ [29~30] 다음을 듣고 물음에 답하십시오. (각 2점)

29. 남자는 누구인지 고르십시오.

    ① 동물을 구조하는 사람

    ② 동물을 치료하는 사람

    ③ 동물 보호소를 관리하는 사람

    ④ 동물 보호소를 후원하는 사람

30. 들은 내용과 같은 것을 고르십시오.

    ① 남자는 동물이 공격할 수 있어서 긴장한다.

    ② 주민들은 동물들에게 괴롭힘을 당하고 있다.

    ③ 주민들은 동물을 잡아서 보호소로 데려온다.

    ④ 남자는 동물 보호소에 도움을 요청해야 한다.

※ [31~32] 다음을 듣고 물음에 답하십시오. (각 2점)

31. 남자의 중심 생각으로 가장 알맞은 것을 고르십시오.

    ① 쓰기 개별 지도는 시간이 너무 오래 걸린다.

    ② 쓰기를 개별 지도하는 것은 쉬운 일이 아니다.

    ③ 쓰기 숙제를 미리 줘야 쓰기 실력이 향상된다.

    ④ 쓰기 실력 향상을 위해 적은 인원으로 해야 한다.

32. 남자의 태도로 가장 알맞은 것을 고르십시오.

    ① 개별 지도에 대해 우려하고 있다.

    ② 쓰기 첨삭반의 필요성을 설명하고 있다.

    ③ 쓰기 숙제에 대한 효과를 의심하고 있다.

    ④ 쓰기는 숙제로 내줘야 한다고 반박하고 있다.

33. 무엇에 대한 내용인지 알맞은 것을 고르십시오.

    ① 소화전이 만들어진 과정

    ② 소화전을 설치하는 이유

    ③ 소화전이 갖고 있는 문제점

    ④ 소화전 사용법 숙지의 필요성

34. 들은 내용과 같은 것을 고르십시오.

    ① 많은 사람들은 소화전의 사용법을 알고 있다.

    ② 소화전이 있다면 119에 신고하지 않아도 된다.

    ③ 소화기는 화재 발생 초기에만 불을 끌 수 있다.

    ④ 화재가 나면 아파트 복도나 터널로 피해야 한다.

35. 남자가 무엇을 하고 있는지 고르십시오.

    ① 미래 설계를 요청하고 있다.

    ② 꿈을 향한 도전을 당부하고 있다.

    ③ 자신의 성공 경험을 소개하고 있다.

    ④ 불가능한 것의 가능성을 주장하고 있다.

36. 들은 내용과 같은 것을 고르십시오.

    ① 도전만으로도 얻을 수 있는 것이 많다.

    ② 사람들은 도전하는 사람을 자랑스러워한다.

    ③ 자신감 없이 꿈을 이루는 것은 불가능하다.

    ④ 방학 계획을 세우면 꿈에 가까이 다가가게 된다.

※ [37~38] 다음을 듣고 물음에 답하십시오. (각 2점)

37. 여자의 중심 생각으로 가장 알맞은 것을 고르십시오.

① 종교로 인한 갈등은 없어져야 한다.

② 영화를 통해 종교다원주의를 알려야 한다.

③ 두 개 이상의 종교를 가지고 있어도 괜찮다.

④ 사람을 판단할 때 종교가 중요한 것은 아니다.

38. 들은 내용과 같은 것을 고르십시오.

① 이 영화의 주인공은 종교다원주의자이다.

② 이 감독은 종교를 여러 번 바꾼 적이 있다.

③ 이 영화는 종교가 다른 가족들이 등장한다.

④ 이 감독의 가족은 종교가 달라도 잘 지낸다.

※ [39~40] 다음을 듣고 물음에 답하십시오. (각 2점)

39. 이 대화 전의 내용으로 가장 알맞은 것을 고르십시오.

① 장애인들이 일자리 창출 사업을 한다고 발표했다.

② 장애인들에게 체계적인 교육을 제공한다고 결정했다.

③ 이 회사는 시각 장애인 일자리 창출 사업을 하고 있다.

④ 이 회사는 사회적 가치를 실현하고 있다는 평가를 받았다.

40. 들은 내용과 같은 것을 고르십시오.

① 올해 시각 장애인들 25만 명이 취업을 했다.

② 90% 이상의 시각 장애인들은 선천적인 장애다.

③ 정부에서는 시각 장애인의 경제 활동을 돕고 있다.

④ 시각 장애인들 대부분은 사회적 경험을 가지고 있다.

41. 이 강연의 중심 내용으로 가장 알맞은 것을 고르십시오

① 겨울철 산행은 안전사고 위험이 적지 않다.

② 극한 추위에 옷을 벗는 것은 상식에서 어긋난다.

③ 상식적으로 납득하기 어려운 것이 진실인 경우가 있다.

④ 추운 환경에 오래 노출되면 체온 조절이 불가능해진다.

42. 들은 내용과 같은 것을 고르십시오.

① 추운 곳에 오래 있으면 뇌에 이상이 생길 수 있다.

② 뇌 기능 이상으로 인해 더위를 추위로 느끼기도 한다.

③ 저체온증에 걸리면 옷을 걷어 올리는 현상이 나타난다.

④ 겨울 산행에서 옷을 꺼입은 상태로 쓰러진 사람들이 있다.

※ [43~44] 다음을 듣고 물음에 답하십시오. (각 2점)

43. 무엇에 대한 내용인지 알맞은 것을 고르십시오.

① 지구의 형성 과정

② 지구 자기장의 기능

③ 지구와 태양의 관계

④ 지구 생명체의 기원

44. 지구에 생명체가 살 수 있게 된 이유로 맞는 것을 고르십시오.

① 45억 년 전에 지구가 생성되었기 때문에

② 지구가 화성과 정면충돌을 피했기 때문에

③ 달이 지구의 자전을 안정시켜주었기 때문에

④ 지구 내부의 핵에서 방사능이 나오기 때문에

45. 들은 내용과 같은 것을 고르십시오.

① 식중독을 치료하는 포도상 구균이 발명되었다.

② 휴가 중에 유리 용기의 페니실린이 사라져 버렸다.

③ 수많은 시행착오를 거쳐서 페니실린이 만들어졌다.

④ 유리 뚜껑을 닫지 않아 세기의 발명을 할 수 있었다.

46. 여자가 말하는 방식으로 알맞은 것을 고르십시오.

① 페니실린의 효과를 묘사하고 있다.

② 페니실린의 개념을 요약하고 있다.

③ 페니실린의 발명 과정을 설명하고 있다.

④ 페니실린의 연구 결과를 비교하고 있다.

47. 들은 내용과 같은 것을 고르십시오.

① 일광 절약 시간제를 시행하지 않는 나라도 있다.

② 밤의 길이가 길어지면 일광 절약 시간제를 실시한다.

③ 이 제도를 시행하면 학교나 회사의 연료비가 증가될 수 있다.

④ 하절기가 되면 1시간 앞당겼던 시곗바늘을 원래대로 돌려놓는다.

48. 남자의 태도로 알맞은 것을 고르십시오.

① 일광 절약 시간제의 효과를 증명하고 있다.

② 일광 절약 시간제의 시행을 제안하고 있다.

③ 일광 절약 시간제의 한계점을 지적하고 있다.

④ 일광 절약 시간제의 도입 취지를 설명하고 있다.

49. 들은 내용과 같은 것을 고르십시오.

    ① 여유가 있는 45세에 아이를 낳는 것이 좋다.

    ② 고소득층에서 출산율이 꾸준히 하락하고 있다.

    ③ 현대 사회에서는 저소득층이 아이를 많이 낳는다.

    ④ 과거의 출산율은 미래의 불확실성과 관계가 있다.

50. 남자의 태도로 가장 알맞은 것을 고르십시오.

    ① 출산율 하락의 원인을 진단하고 있다.

    ② 출산 장려 정책의 변화를 기대하고 있다.

    ③ 출산 장려 정책의 폐기를 촉구하고 있다.

    ④ 출산율 하락이 미치는 영향을 우려하고 있다.

부록

대본 및 정답
기출 문제 유형별 어휘 및 표현 목록

대본 및 정답

Part 1 기출문제 분석 및 연습문제(중급)

유형 1-1 대화의 상황을 가장 잘 나타낸 그림 고르기

연습문제 1   P.18

1. ③ 2. ①

1.
> 🎧 Track 1C-1 여: ㉠기사님, 이 버스 인주 시청에 가는 거 맞지요?
>
> 🎧 Track 1C-2 남: 아이고, ㉡잘못 타셨네요. 다음 정류장에서 내려서 100번 버스를 타세요.
>
> 🎧 Track 1C-3 여: 아, 네, 감사합니다.
>
> 📖 ㉠에서 여자는 남자를 기사님이라고 불렀습니다. 그래서 남자는 버스 기사입니다. ㉡에서 남자가 여자에게 버스를 잘 못 탔다고 했기 때문에 여자는 버스 안에서 기사와 이야기하고 있어야 합니다. 정답은 ③번입니다.

2.
> 🎧 Track 1C-4 여: 여기 보세요. ㉠엘리베이터가 고장이에요.
>
> 🎧 Track 1C-5 남: 그러네요. 그럼, ㉡우리 계단으로 내려갈까요?
>
> 🎧 Track 1C-6 여: 그래요. 계단으로 가요.
>
> 📖 ㉠에서 여자는 엘리베이터가 고장이라는 것을 알았습니다. ㉡에서 남자가 여자에게 우리라고 했기 때문에 여자와 남자 는 일행입니다. 그래서 두 사람은 엘리베이터 앞에 있어야 합니다. 정답은 ①입니다.

연습문제 2   P.19

1. ③ 2. ④

1.
> 🎧 Track 1D-1 여: 우산을 가지고 나오길 잘했죠?
>
> 🎧 Track 1D-2 남: 그러게요. 금방이라도 ㉠비가 쏟아질 것 같네요.
>
> 🎧 Track 1D-3 여: 이런 날 해변을 ㉡걷는 것도 좋은데요.
>
> 📖 ㉠에서 남자는 비가 쏟아질 것 같다고 했습니다. 그래서 아직 우산을 쓰지 않아도 됩니다. ㉡에서 여자가 걷는 것도 좋 다고 했기 때문에 두 사람은 해변을 걷는 모습이어야 합니다. 정답은 ③입니다.

2.
> 🎧 Track 1D-4 여: 동현아, ㉠엄마 설거지하니까 동생한테 우유 좀 갖다줄래?
>
> 🎧 Track 1D-5 남: 우유요? 냉장고에 있어요?
>
> 🎧 Track 1D-6 여: ㉡아니, 식탁 위에 있어.
>
> 📖 ㉠에서 엄마는 아들한테 설거지하니까 동생한테 우유를 갖다주라고 했습니다. 그래서 아들은 ㉡식탁 위에 있는 우유를 들어야 합니다. 정답은 ④입니다.

유형 1-2 들은 내용과 같은 그래프 고르기

🎧 **연습문제 1** P.24

3-1. ④ 3-2. ②

3-1. 🎧 Track **2C-1** 남 :한국인이 114에서 ㉠가장 많이 찾는 곳은 음식점인 것으로 나타났습니다.

🎧 Track **2C-2** 다음으로 '보험회사'를 찾았고 '콜택시'와 '병원'이 뒤를 이었습니다.

🎧 Track **2C-3** 업종을 보면 ㉡'중국 음식'이 30%로 가장 많았고 치킨이 27%였으며, 한식과 피자가 각각 22%와 13%였습니다.

📖 ㉠에서는 114에서 가장 문의가 많은 업종을 말하고 있으므로 ①번과 ②번을 보면서 들어야 합니다. ㉠에서 '음식점'이 가장 많고 다음이 '보험회사'라고 했지만 ①번과 ②번에서 순서가 다릅니다. ㉡에서 음식점의 순서는 '중국 음식, 치킨, 한식'이므로 ④번이 정답입니다.

3-2 🎧 Track **2C-4** 남: 2022년 이후로 ㉠남성 육아 휴직자의 수가 계속해서 증가하고 있습니다.

🎧 Track **2C-5** 전체 육아 휴직자 중 남성 육아 휴직자의 비율은 2022년에 17%였고, 2023년에 21%, 2024년에는 25%였습니다.

🎧 Track **2C-6** ㉡남녀 비율로는 육아 휴직자 4명 중 1명은 남성인 것으로 나타났습니다.

📖 ㉠에서 남성 육아 휴직자의 수를 말하고 있으므로 ①번과 ②번을 보면서 들어야 합니다. ㉠에서 남성 육아 휴직자의 수가 계속 증가하고 있다고 했는데 ①번은 매년 증가하고 있지 않습니다. ㉡에서 육아 휴직자의 남녀 비율로 남성이 4명 중 1명이라고 했기 때문에 남성의 비율이 25%가 되어야 합니다. 그래서 ②번이 정답입니다.

🎧 **연습문제 2** P.25

3-1. ③ 3-2. ④

3-1. 🎧 Track **2D-1** 남: 한국을 다녀간 외국인 관광객을 상대로 ㉠'귀국 후 다시 먹고 싶은 한국 음식'을 조사한 결과 삼겹살이 가장 많았으며 한우구이, 비빔밥이 그 뒤를 이었습니다.

🎧 Track **2D-2** 그리고 ㉡'가장 기억에 남는 음식'은 김치로 나타났으며, 그 외 산낙지, 홍어가 그 뒤를 이었습니다.

📖 ㉠에서 귀국 후 다시 먹고 싶은 한국 음식으로 삼겹살이 가장 많다고 했으므로 ①번과 ②번은 아닙니다. ㉡에서 가장 기억에 남는 음식은 김치입니다. 그래서 ③번이 정답입니다.

3-2 🎧 Track **2D-3** 남: 최근 열대야 현상으로 무더위에 잠을 못 이루는 사람이 많은데요.

🎧 Track **2D-4** 기상청에 따르면 ㉠2000년 이후로 '연평균 열대야 현상'이 계속해서 길어지고 있는 것으로 나타났습니다.

🎧 Track **2D-5** ㉡열대야를 극복하는 방법으로는 '샤워하고 자기'가 가장 많았으며 '운동하고 자기', '시원한 맥주 마시고 자기'가 그 뒤를 이었습니다.

📖 ㉠에서 연평균 열대야 현상이 길어지고 있다고 했으므로 2000년부터 2022년까지 계속해서 증가해야 하는데 ①번은 감소하고 있고 ②번은 2010년에 증가했다가 2022년에 감소했기 때문에 정답이 아닙니다. ㉡에서 '샤워하고 자기'가 가장 많다고 했기 때문에 ④번이 정답입니다.

유형 2 이어질 수 있는 말 고르기

연습문제 1   P.30

4. ④ 5. ④ 6. ① 7. ① 8. ③

4.
🎧 Track **3C-1**	여 : ㉠오늘 도서관 휴관일이야?
🎧 Track **3C-2**	남 : ㉡아니, 내일부터 며칠 공사한다고 했어.
	여 : _____

📖 ㉠에서 여자는 오늘 도서관이 휴관일인지 물었습니다. ㉡에서 남자는 내일부터 도서관이 공사를 한다고 대답했습니다. 내일부터 도서관이 문을 열지 않으므로 여자는 오늘 책을 반납해야 합니다. 그러므로 정답은 ④번입니다.

5
🎧 Track **3C-3**	남: 이번 주말에 ㉠이사한다면서요?
🎧 Track **3C-4**	여: 네, ㉡회사가 멀어서 사무실 근처로 가려고요.
	남 : _____

📖 ㉠에서 남자는 여자에게 이사하는지 물었습니다. ㉡에서 여자는 회사가 멀어서 이사를 간다고 대답했습니다. 여자가 회사 근처로 이사하면 출근이 편해집니다. 그러므로 정답은 ④번입니다.

6
🎧 Track **3C-5**	여: 감기약 사 온다는 걸 ㉠깜빡했네.
🎧 Track **3C-6**	남: ㉡편의점에서도 팔지 않아?
	여 : _____

📖 ㉠에서 여자는 감기약을 사려고 했는데 잊어버렸다고 말합니다. ㉡에서 남자가 감기약을 편의점에도 팔지 않느냐고 물었습니다. 여자는 '응' 또는 '아니'로 대답할 수 있고 감기약을 편의점에서 파는지 안 파는지를 말해야 합니다. 그러므로 정답은 ①번입니다.

7
🎧 Track **3C-7**	남: 엄마, ㉠배고픈데 먹을 거 없어요?
🎧 Track **3C-8**	여: 시간이 ㉡늦었는데 좀 참지 그래?
	남 : _____

📖 ㉠에서 남자는 여자에게 배가 고파서 먹을 것이 있는지 물었습니다. ㉡에서 여자는 늦은 시간이므로 참는 것이 좋겠다고 말했습니다. 남자는 배가 고프기 때문에 시간이 늦었어도 먹고 싶다고 말할 수 있습니다. 그러므로 정답은 ①번입니다.

8
🎧 Track **3C-9**	여: 여보세요? ㉠사무실 복사기가 안 되는데 오셔서 봐 주시겠어요?
🎧 Track **3C-10**	남: 요즘 날씨가 습해서 ㉡종이가 자주 걸리던데 확인했나요?
	여 : _____

📖 ㉠에서 여자는 사무실 복사기를 사용할 수 없으니까 남자에게 도와달라고 했습니다. ㉡에서 남자는 복사기에 종이가 걸린 것은 아닌지 물었습니다. 여자는 남자가 말한 대로 복사기를 확인할 것이므로 정답은 ③번입니다.

4. ③ 5. ③ 6. ④ 7. ① 8. ④

4.

🎧 Track **3D-1**	여 : 이번에 개봉한 공포 영화 봤다면서? ㉠어땠어?
🎧 Track **3D-2**	남 : ㉡난 공포 영화 좋아하잖아. 별로 안 무섭던데?
	여 : _____

📖 ㉠에서 여자는 영화가 안 무서웠는지 물었습니다. ㉡에서 남자는 공포 영화를 좋아하고 별로 안 무섭다고 대답했습니다. 이어서 무서운 영화에 대한 여자의 생각을 말해야 합니다. 그러므로 정답은 ③번입니다.

5

🎧 Track **3D-3**	남: 살 빼야 하는데, ㉠다이어트가 쉽지 않네요.
🎧 Track **3D-4**	여: ㉡식단 조절하면서 운동하면 무조건 살이 빠져요.
	남 : _____

📖 ㉠에서 남자는 여자에게 다이어트가 쉽지 않다고 했습니다. ㉡에서 여자는 식단 조절하면서 운동하면 빠질 거라고 했습니다. 남자는 여자가 말한 다이어트 방법에 대해 자신의 생각을 말해야 합니다. 그러므로 정답은 ③번입니다.

6

🎧 Track **3D-5**	여: ㉠수영 기초반 신청하려고 하는데요. 월, 수, 금 반도 있나요?
🎧 Track **3D-6**	남: 네. ㉡오전반, 오후반 다 있습니다.
	여 : _____

📖 ㉠에서 여자는 기초반을 신청하고 싶은데 월, 수, 금 반이 있는지 물었습니다. ㉡에서 남자는 오전반, 오후반이 다 있다고 했으므로 여자는 오전반, 오후반에 대해 물어봐야 합니다. 그러므로 정답은 ④번입니다.

7

🎧 Track **3D-7**	여: ㉠감기는 좀 어때? 약은 먹었어?
🎧 Track **3D-8**	남: 병원에 갔는데 ㉡기다리는 사람이 너무 많아서 그냥 왔어.
	여 : _____

📖 ㉠에서 여자는 감기에 걸린 남자에게 약을 먹었는지 물었습니다. ㉡에서 남자는 병원에 갔지만 기다리는 사람이 많아서 그냥 돌아왔다고 했습니다. 여자는 남자에게 약을 먹어야 한다고 권유해야 합니다. 그러므로 정답은 ①번입니다.

8

🎧 Track **3D-9**	여: 여보세요? ㉠김 대리님 계시나요?
🎧 Track **3D-10**	남: 지금 자리에 ㉡안 계시는데요.
	여 : _____

📖 ㉠에서 여자는 남자에게 김 대리가 있는지 물었습니다. ㉡에서 남자는 김 대리가 자리에 없다고 대답했으므로 여자는 알겠다고 하거나 김 대리에게 전할 메시지를 남자에게 부탁해야 합니다. 그래서 정답은 ④번입니다.

유형 3 이어서 할 행동 고르기

연습문제 1 P.36

9. ① 10. ② 11. ④ 12. ④

9

🎧 Track **4C-1** 여: 어느 호텔로 할지 정했어?

🎧 Track **4C-2** 남: 응, ㉠이 호텔이 근처에 관광지가 많아서 좋은 거 같아.

🎧 Track **4C-3** 여: 그럼. ㉡예약은 내가 할 테니까 너는 근처에 관광할 곳이 있는지 더 찾아봐.

🎧 Track **4C-4** 남: 응. 알았어.

📖 ㉠에서 남자는 이 호텔 근처에 관광지가 많아서 좋다고 했습니다. ㉡에서 여자는 호텔 예약을 하겠다고 했으므로 여자가 이어서 할 행동으로 ①번이 정답입니다.

10

🎧 Track **4C-5** 여: 팝콘은 샀는데 영화 티켓은 받았나요?

🎧 Track **4C-6** 남: 네, 키오스크에서 출력했어요.

🎧 Track **4C-7** 여: 자리가 너무 앞이네요. ㉠직원한테 바꿀 수 있는지 물어볼까요?

🎧 Track **4C-8** 남: 네. ㉡그게 좋겠어요.

📖 ㉠에서 여자는 자리를 바꿀 수 있는지 직원한테 물어보겠다고 했습니다. ㉡에서 남자는 그게 좋겠다고 했으므로 여자는 직원이 있는 안내 데스크에 가야 합니다. 그래서 ②번이 정답입니다.

11

🎧 Track **4C-9** 남: 이게 무슨 소리지? 기름이 다 떨어진 거 아니야?

🎧 Track **4C-10** 여: 어머! 맞네. 쇼핑몰 다 왔는데 어떡하지? 안에 주유소가 있나?

🎧 Track **4C-11** 남: 쇼핑몰 안에 주유소는 없지. 그런데 ㉠쇼핑몰 옆에 주유소가 있는 거 같아.

🎧 Track **4C-12** 여: 그래? ㉡그럼, 주유소 들렀다가 쇼핑몰 가자!

📖 ㉠에서 남자는 쇼핑몰 옆에 주유소가 있는 것 같다고 했습니다. ㉡에서 여자는 주유소 먼저 갔다가 쇼핑몰을 가자고 합니다. 그러므로 여자가 이어서 할 행동으로 ④번이 정답입니다.

12

🎧 Track **4C-13** 여: 부장님, 거래처에 주문한 현수막 도안이 왔습니다. 한번 확인해 주시겠어요?

🎧 Track **4C-14** 남: 어디 한번 볼까요? 색상이 너무 어둡지 않나요? 아무래도 색깔을 밝게 해야 할 것 같아요.

🎧 Track **4C-15** 여: 그럼 ㉠디자인은 그대로 하고 색상만 바꿔서 다시 보내 달라고 할까요?

🎧 Track **4C-16** 남: ㉡네. 그렇게 해주세요.

📖 ㉠에서 여자는 디자인은 그대로 하고 색상만 바꿔서 다시 보내 달라고 해야 하는지 남자에게 물었습니다. ㉡에서 남자는 그렇게 하라고 했으므로 여자가 이어서 할 행동으로 ④번이 정답입니다.

9. ④   10. ③   11. ②   12. ①

9

🎧 Track **4D-1**	여: 학교에 간다더니 왜 아직도 누워 있어?
🎧 Track **4D-2**	남: 나 감기에 걸린 거 같아. 감기약 좀 사 줄 수 있어?
🎧 Track **4D-3**	여: 잠깐만, ㉠뭐야, 이마가 이렇게 뜨거운데…… 안 되겠다. 나랑 같이 병원에 가자.
🎧 Track **4D-4**	남: ㉡그래, 고마워.

📖 ㉠에서 여자는 남자의 이마가 너무 뜨겁다고 말합니다. 그리고 남자에게 같이 병원에 가자고 했습니다. ㉡에서 남자는 고맙다고 했으므로 여자와 남자는 함께 병원에 갈 겁니다. 그래서 정답은 ④번입니다.

10

🎧 Track **4D-5**	여: 파란색하고 까만색 중에서 어떤 게 잘 어울려?
🎧 Track **4D-6**	남: 글쎄. 그냥 봐서는 잘 모르겠어. 한번 입어 봐.
🎧 Track **4D-7**	여: 근데 ㉠탈의실은 어디에 있어?
🎧 Track **4D-8**	남: ㉡저기 직원이 있다. 가서 물어보면 되겠네.

📖 ㉠에서 여자는 탈의실을 찾고 있습니다. ㉡에서 남자는 여자에게 직원이 있는 위치를 알려주고 가서 물어보라고 했습니다. 여자는 남자가 말한 대로 직원에게 가서 탈의실의 위치를 물어볼 것이므로 정답은 ③번입니다.

11

🎧 Track **4D-9**	여: 여보, 문 앞에 이 택배가 있었어요. 또 홈쇼핑으로 주문했어요?
🎧 Track **4D-10**	남: 그래요? 난 주문하지 않았는데 내 이름이 쓰여 있네요. 한번 열어 볼까요?
🎧 Track **4D-11**	여: 이상해요. 여기 보낸 사람 이름이 없어요. ㉠경찰서에 연락해야겠어요.
🎧 Track **4D-12**	남: 네, ㉡그게 좋겠어요.

📖 ㉠에서 여자는 경찰서에 신고해야겠다고 했고 ㉡에서 남자는 그렇게 하는 것이 좋겠다고 했습니다. 그러므로 정답은 ②번입니다.

12

🎧 Track **4D-13**	남: 신제품 들어 온 것들은 다 정리되었나요?
🎧 Track **4D-14**	여: 네, 조금 전에 끝냈습니다. 그런데 ㉠이 상자 안에 있는 옷은 어떻게 할까요?
🎧 Track **4D-15**	남: ㉡마네킹에 입히고 마네킹은 벽 쪽으로 옮겨 주세요.
🎧 Track **4D-16**	여: 네, 알겠습니다.

📖 ㉠에서 여자는 상자 안에 들어 있는 옷을 어떻게 해야 하는지 물었습니다. ㉡에서 남자는 옷을 마네킹에 입히라고 했습니다. 여자는 마네킹에 옷을 입히려면 상자에서 옷을 꺼내야 합니다. 그래서 정답은 ①번입니다.

유형 4   들은 내용과 같은 것 고르기

연습문제 1 P.42

13. ④   **14.** ③   **15.** ①   **16.** ①

13

🎧 Track **5C-1**	여: 선풍기가 고장 났는데 버릴 때도 돈이 든다면서요?
🎧 Track **5C-2**	남: 네, 주민 센터에서 스티커를 구매한 후 물건에 붙여서 버려야 해요.
🎧 Track **5C-3**	여: 청소기하고 라디오도 버려야 하는데……
🎧 Track **5C-4**	남: 버릴 게 많으면 **폐가전제품 무상 수거 서비스**를 이용해 보세요.
🎧 Track **5C-5**	소형 가전은 5개 이상이면 **무료로 가져가더라고요.**

① 여자는 고장 난 선풍기 때문에 돈을 썼다. → 돈을 쓰지는 않았다.
② 남자는 청소기와 라디오를 버리고 싶어 한다. → 여자는
③ 여자는 스티커를 사러 주민센터에 가려고 한다. → 해당 내용 없음
④ **남자는 폐가전제품 무상 수거 서비스를 이용해 봤다.**

📖 '-더라고요'는 경험을 말할 때 사용합니다. 남자는 폐가전제품 무상 수거 서비스를 이용해 봤기 때문에 소형 가전 5개
이상이면 무료라는 것을 알고 있습니다. 그래서 정답은 ④번입니다.

14

🎧 Track **5C-6**	남: (딩동댕) 아파트 관리사무소에서 안내 말씀드리겠습니다.
🎧 Track **5C-7**	**최근** 엘리베이터 옆 계단에서 담배 연기가 올라온다는 민원이 있습니다.
🎧 Track **5C-8**	담배는 실내에서 피우지 말고 단지 내 지정된 곳에서 피워 주시기 바랍니다.
🎧 Track **5C-9**	우리의 이웃에게 피해를 주지 않도록 함께 노력해 주십시오. (댕동딩)

① 자기 집 안에서는 담배를 피워도 된다. → 실내에서 피우면 안 된다.
② 엘리베이터에서 담배 연기가 올라온다. → 엘리베이터 옆 계단에서
③ **최근에 계단에서 담배를 피우는 사람이 있었다.**
④ 아파트 단지 어느 곳에서도 담배를 피울 수 없다. → 내 지정된 곳에서 피울 수 있다.

📖 정답은 ③번입니다.

15

🎧 Track **5C-10**	여: 지난 일요일은 남부 지방에 **폭우가 내렸습니다.**
🎧 Track **5C-11**	인주산 계곡에서는 피서를 갔던 일가족 4명이 **갑자기 불어난 계곡물에 고립되었다가 구조되었습니다.**
🎧 Track **5C-12**	여름철에는 집중 호우로 인한 사고가 많습니다. 폭염으로 계곡을 찾는 분들은 주의하셔야겠습니다.

① **폭우로 계곡물이 갑자기 불어났다.**
② 지난 일요일에 전국에 비가 내렸다. → 남부 지방에
③ 여름철에 계곡으로 피서를 가면 안 된다. → 주의해야 한다.
④ 구조된 사람들은 피서를 갔던 직장인 4명이다. → 일가족 4명

📖 정답은 ①번입니다.

16

🎧 Track **5C-13**　남: 80이 넘은 연세에 초등학교에 다니는 이유는 무엇인가요?

🎧 Track **5C-14**　여: 어릴 때 가정 형편이 안 좋았어요. 배고픈 날이 많았지요.

🎧 Track **5C-15**　　그때는 일을 하지 않으면 안 되었어요.

🎧 Track **5C-16**　　학교를 못 다닌 것은 저에게 평생의 숙제였습니다. 지금은 공부할 수 있어서 너무 행복해요.

① 여자는 어릴 때 가난하게 살았다.
② 여자는 공부를 하는 것이 힘들다. → 행복하다.
③ 여자는 학교에 숙제를 내지 못했다. → 해당 내용 없음
④ 여자는 지금까지 일을 하지 않았다. → 어릴 때 일을 하지 않으면 안 되었다.

📖 '가정 형편이 안 좋다'는 가난하다는 의미입니다. 그래서 정답은 ①번입니다.

🎵 **연습문제 2**　　　　　　　　　　　　　　　　　　　　　　　　　　　　　　　P.43

13. ④　14. ②　15. ②　16. ③

13

🎧 Track **5D-1**　여: 어젯밤에 사이렌 소리가 계속 들리던데 무슨 일인지 알아?

🎧 Track **5D-2**　남: 아, 아침 뉴스에 나왔는데 한 창고에서 불이 났대.

🎧 Track **5D-3**　여: 뉴스에 나왔어? 괜찮은 거야?

🎧 Track **5D-4**　남: 응, 인명피해는 없었지만 인근 주민들이 대피하는 일이 있었대.

① 여자는 아침에 뉴스를 봤다. → 남자
② 불이 나서 사람들이 많이 다쳤다. → 다치지 않았다.
③ 여자는 사이렌 소리에 관심이 없었다. → 있었다.
④ 창고 근처에 사는 사람들은 대피해야 했다.

📖 인근은 근처와 같은 말입니다. 그래서 정답은 ④번입니다.

14

🎧 Track **5D-5**　여: (딩동댕) 승객 여러분께 알려 드립니다. 인주행 KE925편의 탑승 안내입니다. 현재 어린 자녀를 동반한 승객과 특별 지원이 필요한 승객이 탑승할 수 있도록 안내하고 있습니다.

🎧 Track **5D-6**　　일반 탑승은 10분 후에 시작됩니다. 항공권과 신분증을 미리 준비해 주십시오. 감사합니다. (댕동딩)

① 인주행 기내에서 안내 방송을 하고 있다. → 탑승 안내 방송
② 승객들은 신분증과 탑승권을 준비해야 한다.
③ 특별 지원이 필요한 승객은 10분 후 탑승을 시작한다. → 일반 승객
④ 유아 동반 승객보다 일반 승객이 먼저 탑승할 수 있다. → 유아 동반 승객이 일반 승객보다

📖 정답은 ②번입니다.

대본 및 정답

15

🎧 Track 5D-7　남: 시립도서관에서는 지역특산품인 복숭아를 주제로 독서문화 프로그램을 운영한다고 합니다. '달콤 달콤 복숭아'를 주제로 어린이를 위한 그림책 네 권을 읽고 독후감을 제출하는 프로그램이 마련되어 있습니다.

🎧 Track 5D-8　그 밖에 아동 도서 전시, 나무 독서대 제작 등 온 가족이 참여하는 프로그램이 운영됩니다.

① 이 프로그램은 지역특산품 판매장에서 개최된다. → 시립도서관
② 이 프로그램은 부모와 어린이가 참여할 수 있다.
③ 복숭아를 먹고 소감을 제출하는 프로그램이 있다. → 그림책을 읽고 독후감을 제출하는
④ 온 가족이 사용하는 나무 독서대가 전시되어 있다. → 나무 독서대를 제작할 수

📖 정답은 ②번입니다.

16

🎧 Track 5D-9　남: 종이접기 지도사로 활동하고 계시는데요. 어떻게 이 일을 시작하게 되셨나요?

🎧 Track 5D-10　여: 고등학교 때 선생님께서 종이접기를 하시는 것을 봤어요. 종이접기는 아이들만 한다고 생각했는데 다 큰 어른이 한다는 게 신기해서 선생님을 따라 종이접기 협회에 갔죠.

🎧 Track 5D-11　거기에 여러 작품이 전시되어 있었는데 무궁화 꽃을 접어서 우리나라 지도를 만든 것을 보고 감동을 받았어요. 그때부터 종이접기를 하게 됐죠.

① 종이접기는 아이들이 하는 것이다. → 어른들도 한다.
② 여자는 선생님의 작품에 감동을 받았다. → 무궁화 꽃을 접어서 우리나라 지도를 만든 것을 보고
③ 여자는 고등학교 때 종이접기를 시작했다.
④ 종이접기는 종이접기 협회에서 배울 수 있다. → 협회에 전시되어 있다.

📖 정답은 ③번입니다.

유형 5　중심 생각으로 알맞은 것 고르기

연습문제 1　　　　　　　　　　　　　　　　　　　P.48
17. ①　18. ②　19. ②　20. ①

17

🎧 Track 6C-1　남: 우유를 식탁 위에 얼마나 둔 거야?

🎧 Track 6C-2　여: 아, 방금 마셨는데 또 마실 거니까 그냥 둔 거야.

🎧 Track 6C-3　남: 다시 마시더라도 ㉠우유는 바로 냉장고에 넣었으면 좋겠어.

📖 남자는 ㉠우유를 마시면 바로 냉장고에 넣었으면 좋겠다고 말했습니다. 그래서 정답은 ①번입니다.

18

🎧 Track 6C-4　남: 이거 봐봐. 내년 달력이 벌써 나왔어!

🎧 Track 6C-5　여: 요즘에는 달력이 빨리 나오더라고. 빨리 나오면 좋지 않아? 내년 계획을 미리미리 세울 수 있잖아.

🎧 Track 6C-6　남: ㉠올해 계획도 제대로 못 지키고 있는데 내년 계획이라니. ㉡달력을 일찍 받으면 부담스러울 것 같은데…….

📖 남자는 ㉠올해 계획을 지키지 못해서 ㉡내년 달력을 미리 받는 것이 부담스럽다고 말했습니다. 그래서 ②번이 정답입니다.

19 🎧 Track **6C-7** 남: 너 운동화 끈 풀어졌어. 다시 묶어야겠다.

🎧 Track **6C-8** 여: 아, 자꾸 운동화 끈이 풀어져서 너무 귀찮아. 항상 꽉 조이게 묶는데 말이야.

🎧 Track **6C-9** 남: 그래? ㉠끈을 늘 묶던 대로 한 번 묶고 바로 다시 한 번 더 묶어줘. ㉡그럼 **끈을 당겨도 풀리지 않을** 거야.

🎧 Track **6C-10** 여: 진짜? 이렇게 하면 안 풀릴까? 꽉 조이게 한 번 묶는 게 나을 것 같은데.

📖 남자는 ㉠끈을 늘 묶던 대로 한 번 묶고 바로 다시 한 번 더 묶어야 ㉡풀리지 않는다고 말했습니다. 그래서 정답은 ②번 입니다.

---

20 🎧 Track **6C-11** 여: 오는 10월에 지역축제를 개최한다고 들었습니다. 이번 축제에서 각별히 신경을 쓴 부분이 있으신 가요?

🎧 Track **6C-12** 남: 네. 축제에 참여하는 모든 분들이 즐거운 마음으로 축제를 즐기기 위해서는 ㉠음식 가격이 너무 비 싸면 안 된다고 생각합니다.

🎧 Track **6C-13** 그래서 이번 축제장의 모든 음식 가격을 1만 원 이하로 하고 지나치게 비싼 곳을 신고하는 센터를 운영해서 ㉡바가지요금을 받지 못하게 할 예정입니다.

📖 남자는 축제에서 ㉠음식 가격이 너무 비싸면 안 되며, ㉡바가지요금을 받지 못하게 할 거라고 말했습니다. 그래서 ①번 이 정답입니다.

연습문제 2 P.49
17. ④ 18. ③ 19. ④ 20. ④

17 🎧 Track **6D-1** 남: 은지야. 커피 너무 많이 마시는 거 아니야?

🎧 Track **6D-2** 여: 커피를 안 마시면 일할 때 집중이 잘 안 돼. 그래서 자꾸 마시게 돼.

🎧 Track **6D-3** 남: ㉠한 잔 정도는 괜찮지만 너무 많이 마시면 좋지 않아. 차라리 물을 마셔 봐.

📖 남자는 ㉠커피를 너무 많이 마시면 좋지 않다고 했습니다. 그래서 정답은 ④번입니다.

---

18 🎧 Track **6D-4** 남: ㉠요즘 TV 드라마는 장르가 정말 다양해진 것 같아.

🎧 Track **6D-5** 여: 맞아. 나도 재밌게 보는 거 있어.

🎧 Track **6D-6** 남: 예전에는 다 뻔한 스토리였다면 요즘 드라마는 ㉡진짜 볼만해!

📖 남자는 ㉠요즘 TV 드라마 장르가 다양해지고 ㉡볼만하다고 했습니다. 그래서 ③번이 정답입니다.

---

19 🎧 Track **6D-7** 여: 강의 들으니까 어땠어? 도움이 좀 됐지?

🎧 Track **6D-8** 남: 응. ㉠성공한 사람의 이야기는 언제 들어도 좋은 것 같아.

🎧 Track **6D-9** 여: 그렇게 생각했다니 다행이다.

🎧 Track **6D-10** 남: ㉡열심히 노력해서 성공을 한 사람의 말이라면 시간이 아깝지 않지!

📖 남자는 ㉠성공한 사람의 강의는 언제 들어도 좋고, ㉡열심히 노력해서 성공을 한 사람의 말이라면 시간이 아깝지 않다 고 했습니다. 그래서 정답은 ④번입니다.

20 🎧 Track 6D-11 여: 지금까지 모으신 ㉠돈을 장학금으로 기부를 하셨는데요. 어떻게 이런 생각을 하셨나요?

🎧 Track 6D-12 남: 제가 어렸을 때 저희 집이 무척 가난했습니다. 대학에 가고 싶었지만 꿈도 못 꾸었지요.

🎧 Track 6D-13 그래서 저처럼 돈이 없어서 대학에 못 가는 청년들에게 도움을 주고 싶었습니다. ㉡제가 도움을 준 청년들이 나중에 다른 사람을 돕는 사람이 되어 ㉢서로 돕고 돕는 사회가 되었으면 합니다.

📖 남자는 ㉠장학금을 기부하고 ㉡장학금을 받은 청년들이 다른 사람을 돕는 사람이 되어 ㉢서로 돕는 사회가 되기를 바란다고 했습니다. 그래서 ④번이 정답입니다.

유형 6 중심 생각으로 알맞은 것 고르기 + 들은 내용과 같은 것 고르기

연습문제 1   P.53

21. ② 22. ③

🎧 Track 7C-1 여: 대표님, 이번에 저희 영업팀에서 준비한 '여름 호캉스 즐기기' 프로그램입니다.

🎧 Track 7C-2 남: 거품 파티와 디제이 초대……. 좋은 생각이네요. 야외 수영장에서 진행하는 거군요. 거품 파티를 위한 장비는 어떻게 할 건가요?

🎧 Track 7C-3 여: 대형 기계를 도입해서 빠른 시간에 거품을 채울 겁니다. 이번에 구입하면 매년 이벤트를 진행할 수 있어 장기적으로 우리 호텔의 홍보 효과가 클 것 같습니다.

🎧 Track 7C-4 남: 네. 알겠습니다. ㉠대형 기계 설치도 중요하지만 무엇보다 고객들의 안전이 최우선이니 사고가 나지 않도록 철저히 대비해 주세요. 그리고 실내 수영장을 이용하는 가족 단위 고객들이 불편함을 느끼지 않도록 해야 할 겁니다.

21.	㉠에서 남자는 여자에게 대형 기계 설치도 중요하지만 무엇보다 고객들의 안전이 최우선이라고 했습니다. 따라서 정답은 ②번입니다.

22.	들은 내용과 같은 것을 고르십시오. ① 남자는 대형 기계를 도입할 것이다. → 여자는 ② 남자는 여름 호캉스 즐기기를 기획했다. → 영업팀에서 **③ 남자는 실내 수영장 고객 관리도 잘해야 한다고 생각한다.** ④ 남자는 이벤트를 실시하면 홍보 효과가 클 것이라고 생각한다.→ 여자는 📖 남자는 실내 수영장을 이용하는 가족 단위 고객이 불편함을 느끼지 않도록 해야 한다고 했습니다. 그래서 정답은 ③번입니다.

P.53

연습문제 2

21. ④ 22. ①

🎧 Track **7D-1**	여: 관리 소장님. 주민을 대상으로 설문 조사를 해야 하는데요. 설문지를 각 세대 우편함에 넣을까요?
🎧 Track **7D-2**	남: 글쎄요. 설문지를 우편함에 넣는 것이 번거롭지 않나요? 무엇보다 주민들이 직접 글을 써야 하니까 참여도가 낮을 겁니다. 차라리 ⊙설문 조사를 휴대폰으로 하는 게 어때요? 휴대폰이 참여도가 훨씬 좋을 것 같은데요.
🎧 Track **7D-3**	여: 네. 그럼, 입주민들 연락처로 설문지를 보내겠습니다.
🎧 Track **7D-4**	남: 먼저 엘리베이터에 설문 조사 공지를 붙이고 진행해 보세요.

21.	남자는 ⊙에서 휴대폰으로 설문 조사를 보내는 것이 참여도가 훨씬 좋다고 했습니다. 그래서 답은 ④번입니다.

22.	들은 내용과 같은 것을 고르십시오. ① 설문 조사를 하기 전에 먼저 공지를 할 것이다. ② 여자는 각 세대 우편함에 설문지를 넣어야 한다. → 연락처로 설문지를 보내기로 했다. ③ 관리 사무소에서 휴대폰으로 공지를 보낼 예정이다. → 엘리베이터에 …… 붙일 ④ 이 아파트는 엘리베이터에서 설문 조사를 할 것이다. → 휴대폰으로 📖 남자는 먼저 공지를 붙인 후에 설문 조사를 진행하라고 했습니다. 그래서 정답은 ①번입니다.

유형 7 무엇을 하고 있는지 고르기 + 들은 내용과 같은 것 고르기

연습문제 1

P.57

23. ④ 24. ④

🎧 Track **8C-1**	남: 여보세요. 김수미 씨죠? 보내주신 신청 메일 잘 받았는데요. **신청서에 필수 기재 사항이 누락 되어 있어서요.**
🎧 Track **8C-2**	여: 아, 그런가요? 어떤 것이 빠져 있었나요?
🎧 Track **8C-3**	남: 신청서에 예전 학습 이력이나 관련 자격증 유무를 쓰는 난이 있어요. 거기에 아무것도 안 쓰셨더라고요. 신청하신 반은 고급반이기 때문에 ⊙중급 과정을 마치신 분들만 신청하실 수 있어요. 중급 과정을 마치신 거 맞지요?
🎧 Track **8C-4**	여: 네, 맞아요. 신청서를 다시 작성해서 보낼게요. 전화 주셔서 감사합니다.

23.	여자가 신청한 반은 ⊙중급 과정을 마친 사람만 신청할 수 있습니다. 그래서 남자는 여자가 중급 과정을 마쳤는지 확인하고 있습니다. 따라서 정답은 ④번입니다.

24.	들은 내용과 같은 것을 고르십시오. ① 여자는 신청서에 아무것도 안 썼다. → 예전 학습 이력이나 관련 자격증을 쓰는 난에 ② 여자는 신청 메일을 보내지 않았다. → 보냈다. ③ 여자는 고급반에서 공부한 적이 있다. → 중급반에서 **④ 여자는 필수 기재 사항을 쓰지 않았다.** 📖 남자는 여자에게 신청서에 필수 기재 사항이 누락 되어 있다고 했습니다. 그래서 정답은 ④번입니다.

연습문제 2   P.57
23. ④ 24. ②

🎧 Track 8D-1	남: 구청이죠? 여권 만료일이 다 되어 가서 ⑤재발급 신청을 하고 싶은데요. 어떻게 하면 되나요?
🎧 Track 8D-2	여: 신분증과 여권 사진 1매를 가지고 오셔서 여권 발급 신청서를 작성하시면 되는데요. 유효기간이 남은 여권도 가지고 오셔야 합니다.
🎧 Track 8D-3	남: 네, 그런데 재발급 기간은 얼마나 되나요? 제가 좀 급해서요.
🎧 Track 8D-4	여: 일주일 정도 걸리는데 발급이 되면 문자 메시지로 연락을 드리고 있습니다. 연락을 받으신 후에 방문하시면 됩니다.

23.	남자는 여자에게 ⑤여권 재발급 신청 방법을 물었습니다. 그래서 정답은 ④번입니다.

24.	들은 내용과 같은 것을 고르십시오. ① 남자는 여권을 분실했다. → 여권 만료일이 다 되어 간다. **② 구청에 여권 발급 신청서가 있다.** ③ 여권이 발급되면 전화로 연락을 준다. → 문자 메시지로 ④ 남자는 신분증, 사진, 도장을 준비해야 한다. → 유효기간이 남은 여권 📖 여자가 구청에 와서 여권 발급 신청서를 작성하면 된다고 했으므로 여권 발급 신청서는 구청에 있습니다. 따라서 정답은 ②번입니다.

유형 8 중심 생각으로 알맞은 것 고르기 + 들은 내용과 같은 것 고르기

연습문제 1   P.61
25. ④ 26. ③

🎧 Track 9C-1	여: 신부님께서는 3천 원에 한 끼를 먹을 수 있는 식당을 만드셨는데요. 이런 가게를 만드신 이유가 무엇입니까?
🎧 Track 9C-2	남: 이 가게는 ⑤형편이 어려운 사람에게 든든한 한 끼를 차려 주는 것이 목표예요.
🎧 Track 9C-3	인건비를 줄이기 위해 종교인과 자원봉사자들이 직접 요리하고 쌀과 채소 같은 식재료를 후원받아서 운영하는 곳입니다.
🎧 Track 9C-4	그래서 단일 메뉴로 김치찌개가 단돈 3천 원이고 밥과 콩나물 반찬은 무한 제공하고 있습니다.
🎧 Track 9C-5	누구나 돈 걱정 없이 배불리 밥을 먹을 수 있고 편하게 식사하고 가는 곳이었으면 좋겠습니다.

25.	남자는 ①형편이 어려운 사람들에게 든든한 한 끼를 차려 주는 것이 이 가게의 목표라고 말했습니다. 그래서 정답은 ④번입니다.

26.	들은 내용과 같은 것을 고르십시오. ① 이 가게는 김치찌개가 가장 인기가 많다. → 단일 메뉴로 김치찌개가 있다. ② 이 가게는 김치찌개를 무한으로 제공한다. → 밥과 콩나물 반찬을 **③ 종교인이 직접 운영하여 인건비를 절약한다.** ④ 돈 걱정 없이 배불리 식사하려는 사람들이 많다. → 사람들이 돈 걱정 없이 식사할 수 있었으면 좋겠다. 📖 이 가게는 인건비를 줄이기 위해 종교인과 자원봉사자들이 직접 요리하고 운영한다고 말했습니다. 따라서 정답은 ③번입니다.

연습문제 2

P.61

25. ④ 26. ②

🎧 Track **9D-1**	여: 이번에 의료 기록 관리 앱을 개발하셨다고 들었습니다. 이 앱을 개발하게 된 특별한 이유가 있으신지요?
🎧 Track **9D-2**	남: 저는 매년 부모님과 함께 건강 검진을 받고 있는데요. ①앱을 통해서 건강 검진 이력을 한 번에 볼 수 있다<u>면 건강 관리에 도움이 될 것 같았습니다.</u>
🎧 Track **9D-3**	그래서 병원에서 받은 처방전이나 약 봉투 앞면을 촬영해서 등록하면 처방 약의 성분과 효과까지 알 수 있게 했습니다.
🎧 Track **9D-4**	가족 구성원별로 나누어 관리할 수 있도록 했고요.
🎧 Track **9D-5**	그리고 약 먹는 시간을 잊어버리지 않도록 **알람 기능을 추가했습니다.** 만성질환이 있는 분에게 특히 도움이 될 것 같습니다.

25.	⊙에서 남자는 건강 검진 이력을 한 번에 볼 수 없어 불편하고, 앱을 통해 볼 수 있다면 건강 관리에 도움이 될 것이라고 했습니다. 따라서 정답은 ④번입니다.

26.	들은 내용과 같은 것을 고르십시오. ① 이 앱으로 약을 처방할 수 있다. → 약의 성분과 효과를 알 수 있다. **② 이 앱은 약 먹는 시간을 알려 준다.** ③ 이 앱을 사용하면 병원에 가지 않아도 된다. → 해당 내용 없음 ④ 이 앱은 만성질환이 있는 사람들이 사용해야 한다. → 사람들도 사용할 수 있다. 📖 이 앱은 알람 기능을 추가해서 약 먹는 시간을 알 수 있게 했습니다. 따라서 정답은 ②번입니다.

대본 및 정답

유형 9   화자의 의도로 알맞은 것 고르기 + 들은 내용과 같은 것 고르기

연습문제 1   P.65

27. ①   28. ①

🎧 Track 10C-1	남: 수미야, 공지 사항 봤지? 이번 주 토요일에 우리 팀이랑 영업팀이 다 같이 등산하기로 했잖아.
🎧 Track 10C-2	여: 응. 봤어. 난 토요일은 쉬고 싶은데 왜 토요일까지 나가서 등산해야 하는지 모르겠어. 그래서 안 가려고 해.
🎧 Track 10C-3	남: **그동안 단합 대회를 못 했잖아.** ㉠몇 년 만에 단합 대회를 하는데 같이 가자. 그리고 분위기를 잘 띄우는 네가 가야 우리 팀 분위기가 살지.
🎧 Track 10C-4	여: 하긴 그렇긴 하지. 다른 팀원들도 다 간대?
🎧 Track 10C-5	남: 응! 그러니까 <u>너만 안 가면 우리 팀원들이 섭섭해할 거야.</u> 같이 갈 거지?

27.	㉠에서 남자는 오랜만에 하는 단합 대회에 여자가 분위기를 잘 띄우며, 안 가면 팀원들이 섭섭해할 거라고 했습니다. 그래서 정답은 ①번입니다.

28.	들은 내용과 같은 것을 고르십시오. ① **이번 단합 대회는 오랜만에 한다.** ② 남자는 분위기를 잘 띄우는 사람이다. → 여자 ③ 이번 주 일요일에 등산하러 갈 것이다. → 토요일 ④ 단합 대회가 취소돼서 영업팀이 섭섭해한다. → 여자가 안 가면 우리 팀원들이 📖 그동안 단합 대회를 못 했으며 몇 년 만에 하는 단합 대회라고 했습니다. 따라서 정답은 ①번입니다.

연습문제 2   P.65

27. ③   28. ①

🎧 Track 10D-1	남: 아르바이트할 곳을 찾는다더니 찾았어?
🎧 Track 10D-2	여: 아니, 아직 못 구했어. 수업 끝나는 시간이 매일 다르니까 내가 가능한 시간에 할 수 있는 아르바이트를 구하는 게 쉽지 않은 것 같아.
🎧 Track 10D-3	남: 그럼, **영어학원** 아르바이트는 어때? 집에서 온라인으로 학생들의 말하기 연습을 도와주는 거야. 시간은 학생들하고 상의해서 결정하면 되고. 너는 **원어민이니까** 할 수 있을 것 같은데.
🎧 Track 10D-4	여: 그래? 정말 잘됐다. 어디에 있는 학원인데? 어떻게 신청해?
🎧 Track 10D-5	남: ㉠학교 홈페이지 게시판에 올라와 있어. 확인해 봐.

27.	㉠에서 남자는 여자에게 학교 홈페이지 게시판에 영어학원 아르바이트에 대한 정보가 있다고 알려 주고 있습니다. 그래서 정답은 ③번입니다.

28.	들은 내용과 같은 것을 고르십시오. ① **여자는 영어를 사용하는 나라에서 왔다.** ② 여자는 게시판에서 아르바이트를 찾았다. → 찾을 것이다. ③ 여자는 날마다 같은 시간에 수업이 끝난다. → 다른 시간에 ④ 여자는 영어 말하기 연습을 도와주고 있다. → 도와주는 일을 게시판에서 찾아볼 것이다. 📖 영어 원어민은 영어를 자기 나라의 말로 사용하는 사람입니다. 그러므로 여자는 영어를 사용하는 나라에서 왔습니다. 정답은 ①번입니다.

유형 10   누구인지 고르기 + 들은 내용과 같은 것 고르기

연습문제 1 P.69

29. ②   30. ①

🎧 Track **11C-1**	여: 여기가 선생님이 작업하시는 곳이군요. 정말 다양한 물건들이 많네요.
🎧 Track **11C-2**	남: **네. 마치 고물 창고 같지요? 여기에서 작업한 영화가 200편이 넘어요.**
🎧 Track **11C-3**	여: ㉠선생님이 참여한 작품을 보면 그 소리가 만들어 낸 소리라는 것이 믿기지 않는데요. 그 비결이 무엇인가요?
🎧 Track **11C-4**	남: **소리에 대한 관찰과 아이디어인 것 같아요.** 우리 주위에서 들리는 **다양한 소리를 잘 기억하고 있어야 해**요. 그리고 다양한 물건을 이리저리 만져 보고 흔들어 보고 쓸어 보는 등 **여러 동작을 시도하면서 비슷하거나 같은 소리를 찾아내는** 거지요.
🎧 Track **11C-5**	완벽한 소리를 만들기 위해서 제 몸을 이용할 때도 많아요. 손으로 몸을 치거나 입으로 바람을 불기도 하고요.

29.	여자는 ㉠에서 남자가 참여한 작품의 소리가 만들어 낸 소리라고 말했습니다. 따라서 정답은 ②번입니다.

30.	들은 내용과 같은 것을 고르십시오. ① **남자는 다양한 소리에 관심이 많다.** ② 남자는 200편이 넘는 영화를 만들었다. → 영화의 소리를 만들었다. ③ 남자는 고물 창고에서 일을 하고 있다. → 고물 창고 같은 곳에서 ④ 남자는 완벽한 소리를 위해 운동을 한다. → 몸을 이용할 때도 있다. 📖 남자는 소리에 대한 관찰로 다양한 소리를 기억하고 소리에 대한 아이디어로 비슷하거나 같은 소리를 찾아냅니다. 그러므로 정답은 ①번입니다.

연습문제 2

29. ① 30. ④

🎧 Track **11D-1**	여: 이번에 한국관광공사에 입사하셨는데요. 무슨 일을 담당하시나요?
🎧 Track **11D-2**	남: 저는 이곳에서 ㉠한국 관광을 효과적으로 알릴 수 있는 방법을 연구하고 있습니다.
🎧 Track **11D-3**	요즘 K-POP과 드라마, 영화가 계속해서 인기를 끌고 있는데, 이러한 분위기 속에서 K-스타일을 지속해 나가는 것이 중요하다고 생각합니다. 관광이야말로 외국인이 K-스타일을 가장 가까이에서 만날 수 있는 방법이라고 할 수 있지요.
🎧 Track **11D-4**	여: 구체적으로 한국 관광이 무엇에 중점을 두어야 한다고 생각하세요?
🎧 Track **11D-5**	남: **관광을 통해 한국 문화를 알릴 수 있기 때문에** 지방 도시들이 가지고 있는 한류의 매력을 강화하고, 이미 많이 알려진 대도시의 문화를 특색 있게 표현하는 방식을 찾아야 할 것 같습니다.

29.	남자는 ㉠에서 한국 관광을 효과적으로 알릴 수 있는 방법을 연구한다고 말했습니다. 그래서 정답은 ①번입니다.

30.	들은 내용과 같은 것을 고르십시오. ① 대도시 문화의 특색이 부족하다. → 문화를 특색 있게 표현하는 방식을 찾아야 한다. ② 이제 새로운 K-스타일이 필요하다. → K-스타일을 지속해 나가는 것이 중요하다. ③ 지방 도시의 한국적인 매력이 감소했다. → 한류의 매력을 강화해야 한다. **④ 관광은 문화를 알릴 수 있는 좋은 수단이다.** 📖 남자는 관광을 통해 한국 문화를 알릴 수 있다고 했습니다. 따라서 정답은 ④번입니다.

Part 2 기출문제 분석 및 연습문제(고급)

유형 11   중심 생각으로 알맞은 것 고르기 + 태도로 알맞은 것 고르기

연습문제 1 P.75

31. ①   32. ④

🎧 Track **12C-1**	남: 현재 시민을 대상으로 하는 ㉠외국어 교육 사업은 유료 교육으로 전환해야 한다고 생각합니다.
🎧 Track **12C-2**	여: 갑자기 수강료를 받으면 신청자 모집이 어렵지 않을까요?
🎧 Track **12C-3**	남: 유료 전환 초기에는 신청자가 적겠지만 ㉡적정 수준의 수강료를 책정한다면 무료 수업 때처럼 수강 신청만 하고 결석하는 수강생이 줄어들 겁니다.
🎧 Track **12C-4**	수강생들이 꾸준히 출석을 해야 이 사업도 지속적으로 운영할 수 있을 거고요.
🎧 Track **12C-5**	여: 네. 그럼 저도 좀 더 생각해 보고, 다른 분들의 의견도 들어보도록 하죠.

31.	㉠에서 남자는 외국어 교육 사업은 유료 교육으로 전환해야 한다고 말했습니다. 그래서 정답은 ①번입니다.

32.	㉡에서 적당한 수준의 수강료를 받는다면 무료 수업으로 인한 낮은 출석률 문제를 해결할 수 있을 거라고 말하고 있습니다. 그래서 정답은 ④번입니다.

연습문제 2 P.75

31. ③   32. ③

🎧 Track **12D-1**	여: 우리 시에서도 승용차 요일제를 시행해야 한다고 생각합니다. 승용차 요일제를 시행하면 일주일에 하루는 대중교통을 이용해야 하니까 대기 오염도 감소하고 에너지도 절약할 수 있을 겁니다.
🎧 Track **12D-2**	남: ㉠승용차 요일제는 좋은 제도이지만 이 제도를 우리 시에서 바로 시행하기에는 무리가 있습니다. 현재 우리 시의 외곽 쪽은 대중교통이 발달되어 있지 않아서 시민들이 대중교통을 이용하기가 불편하거든요.
🎧 Track **12D-3**	여: 아, 그렇군요.
🎧 Track **12D-4**	남: 만약 승용차 요일제를 시행한다면 ㉡시 외곽 쪽에 거주하는 사람들이 대중교통을 이용하는 데 불편하지 않은 환경을 만든 후에 실시해야 한다고 생각합니다.

31.	㉠에서 남자는 승용차 요일제가 좋은 제도이지만 우리 시에서 바로 따라 하기에 무리가 있다고 말했습니다. 그래서 정답은 ③번입니다.

32.	㉡에서 남자는 이 제도가 시행되면 시 외곽 쪽에 거주하는 사람들이 불편해지는 문제가 발생한다고 말하며 이 문제에 대한 해결책의 필요성을 제시하고 있습니다. 그래서 정답은 ③번입니다.

유형 12 무엇에 대한 내용인지 고르기 + 들은 내용과 같은 것 고르기

연습문제 1   P.79

33. ② 34. ③

🎧 Track 13C-1	여: 이 사람은 미국의 가난한 화가 지망생 하이만인데요. **하이만은 지우개를 자주 잃어버려서** 그때마다 지우개를 다시 사야 했습니다. 그래서 지우개를 잃어버리지 않을 방법을 고민했습니다.
🎧 Track 13C-2	그러던 어느 날, 모자를 쓴 거울 속의 자신을 보다가 문득 기발한 아이디어가 떠올랐습니다.
🎧 Track 13C-3	바로 연필에도 모자를 씌우는 것이었습니다. 여러분도 알고 있는 바로 그 연필입니다. 이후 하이만은 1867년에 '지우개 달린 연필'로 특허를 냈습니다.
🎧 Track 13C-4	㉠이처럼 발명은 거창한 것이 아니라 우리 생활 속의 불편함을 해소하기 위한 것에서 시작합니다.

| **33.** | ㉠에서 여자는 생활 속의 불편함을 해소하기 위한 것에서 발명이 시작된다고 하면서 '지우개 달린 연필'을 예로 들었습니다. 그래서 정답은 ②번입니다. |

| **34.** | 들은 내용과 같은 것을 고르십시오.
① 하이만은 부유한 화가이다 → 가난한
② 하이만은 모자를 만들었다. → 지우개 달린 연필을
③ **하이만은 지우개를 자주 잃어버렸다.**
④ 하이만은 거울을 보고 지우개를 발명했다. → 지우개 달린 연필을

📖 하이만은 지우개를 자주 잃어버려서 지우개를 잃어버리지 않기 위해 '지우개 달린 연필'을 발명했습니다. 따라서 정답은 ③번입니다. |

연습문제 2   P.79

33. ② 34. ②

🎧 Track 13D-1	여: 여러분도 아시다시피 플라스틱으로 인한 환경문제가 심각합니다. 그럼, 플라스틱으로 인한 환경문제를 어떻게 해결할 수 있을까요?
🎧 Track 13D-2	제가 들고 있는 이것은 플라스틱 생수병입니다. 그리고 제가 지금 입고 있는 ㉠**이 옷과 이 신발은 이 플라스틱 생수병으로 만들었습니다.**
🎧 Track 13D-3	폐플라스틱 생수병을 작게 자르고 그 조각을 녹이면 옷을 만들 수 있는 실을 뽑아낼 수 있습니다.
🎧 Track 13D-4	**이렇게 만든 재활용 섬유로 다양한 물건을 만들 수 있습니다.** 한 번 사용하고 버리는 것이 아니라 자원이 순환되기 때문에 아주 바람직하다고 볼 수 있겠지요.

| **33.** | ㉠에서 여자는 플라스틱 생수병으로 옷과 신발을 만들 수 있다고 말하고 있습니다. 그래서 정답은 ②번입니다. |

34.	들은 내용과 같은 것을 고르십시오. ① 재활용 섬유는 다시 사용하기가 힘들다. → 로 다양한 물건을 만들 수 있다. **② 재활용 섬유로 옷과 신발을 만들 수 있다.** ③ 플라스틱 생수병은 작게 잘라서 버려야 한다. → 녹이면 실을 뽑아낼 수 있다. ④ 플라스틱으로 인한 환경문제는 해결할 수 없다. → 심각하다. 📖 플라스틱 생수병으로 실을 뽑아낼 수 있고 이렇게 만든 재활용 섬유로 옷이나 신발을 만들 수 있습니다. 따라서 정답은 ②번입니다.

유형 13　무엇을 하고 있는지 고르기 + 들은 내용과 같은 것 고르기

연습문제 1　　　　　　　　　　　　　　　　　　　　　　　　　　　　　　P.83

35. ② 36. ③

🎧 Track **14C-1**	남: 오늘은 우리 **인주 시민의 숙원 사업이 시작되는 기쁜 날**입니다.
🎧 Track **14C-2**	물 맑고 공기 좋은 인주산은 인주 시민들의 휴식 공간이자 인주시의 자랑입니다.
🎧 Track **14C-3**	그러나 인주산은 인주시 남부 지역과 북부 지역을 가로막고 있어서 **남부와 북부 지역으로 출퇴근하는 시**민들에게 불편을 주기도 했습니다.
🎧 Track **14C-4**	오는 2030년이 되면 4km의 인주 터널이 완공됩니다. 승용차 기준 35분 걸리던 거리를 15분이면 도착할 수 있게 됩니다.
🎧 Track **14C-5**	ⓐ인주 터널이 개통되면 교통 체증 해소는 물론이고 북부와 남부의 균형 있는 발전에도 도움이 되리라고 봅니다.

35.	남자는 ⓐ에서 교통 체증 해소와 인주시 북부와 남부의 균형 발전에 도움이 된다고 말했습니다. 그래서 정답은 ②번입니다.

36.	들은 내용과 같은 것을 고르십시오. ① 인주 터널은 개통된 지 얼마 안 되었다. → 2030년에 개통된다. ② 인주 터널이 개통되면 인주산은 없어진다. → 해당 내용 없음 **③ 인주 터널 개통은 인주 시민이 바라던 일이다.** ④ 인주 터널을 이용하면 인주시까지 15분 걸린다. → 인주 터널은 인주시 안에 있다. 📖 남자는 터널 개통이 인주 시민의 숙원 사업이라고 했습니다. 따라서 정답은 ③번입니다.

대본 및 정답

연습문제 2

35. ④ 36. ③

🎧 Track **14D-1**	남: 이 회사에 입사한 지 오랜 시간이 흘렀습니다. 그동안 저는 여러분과 함께 끊임없는 노력과 열정을 바탕으로 다양한 프로젝트를 성공적으로 완수해왔습니다.
🎧 Track **14D-2**	이러한 업적은 그저 저 한 사람의 것이 아니라, 함께 노력하고 협력한 팀의 결과물입니다.
🎧 Track **14D-3**	우리가 이뤄낸 프로젝트들은 제가 자랑스럽게 여기는 것이며, 더 나아가 이 회사의 성장과 발전에 기여한 것으로 자부심을 느낍니다.
🎧 Track **14D-4**	하지만 이제는 새로운 장을 열기 위한 시간입니다. 이제 ㉠회사라는 울타리를 벗어나 새로운 도전을 하려고 합니다.
🎧 Track **14D-5**	회사 밖에서 제가 몸담았던 회사와 저 개인이 함께 성장할 수 있도록 노력하고자 합니다.

35.	남자는 ㉠에서 회사라는 울타리를 벗어나 새로운 도전을 하겠다고 말했습니다. 그래서 정답은 ④번입니다.

36.	들은 내용과 같은 것을 고르십시오. ① 이 회사는 사업을 확장할 예정이다. → 해당 내용 없음 ② 이 회사는 설립된 지 얼마 안 되었다. → 오래 **③ 이 남자는 이 회사의 성장에 기여했다.** ④ 이 남자는 이 회사에서 계속 일할 것이다. → 퇴직할 것이다. 📖 남자는 이 회사의 성장과 발전에 기여한 것으로 자부심을 느낀다고 했습니다. 따라서 정답은 ③번입니다.

유형 14 중심 생각으로 알맞은 것 고르기 + 들은 내용과 같은 것 고르기

연습문제 1 P.87

37. ② 38. ④

🎧 Track **15C-1**	남: 요즘 불면증에 시달리는 분들이 많은데요. 어떻게 해소할 수 있을까요?
🎧 Track **15C-2**	여: 불면증은 노인부터 어린이까지 모든 연령대에서 발생할 수 있는데요. 일시적으로 나타날 수도 있지만 만성적으로 계속되기도 합니다.
🎧 Track **15C-3**	불면증을 관리하고 개선하려면 ㉠규칙적인 생활 패턴을 유지하는 것이 중요합니다. 일정한 시간에 잠자리에 들고 일어나야 하고요.
🎧 Track **15C-4**	잠자리에 누워 눈을 감으면 잠이 드는 경우가 많습니다.
🎧 Track **15C-5**	취침 전 TV나 핸드폰을 보는 것은 수면에 방해가 될 수 있으니까 잠자리에 누워서 눈을 감는 습관을 가지는 것이 좋습니다.

37.	㉠에서 여자는 규칙적인 생활 패턴을 유지하는 것이 중요하다고 말했습니다. 그래서 정답은 ②번입니다.

38.	① 불면증은 노인들에게 많이 나타난다. → 노인부터 어린이까지 모든 연령대에서 ② 불면증이 시작되면 만성적으로 계속된다. → 일시적으로, 만성적으로 나타날 수 있다. ③ 잠이 오지 않으면 가볍게 TV를 시청한다. → TV 시청이 수면을 방해한다. **④ 누워서 잠이 들게 하는 습관을 가지면 좋다.** 📖 여자는 누워서 눈을 감는 습관을 가지는 것이 좋다고 했습니다. 그래서 정답은 ④번입니다.

P.87

연습문제 2

37. ③ 38. ③

🎧 Track **15D-1**	남: 캔으로 된 생맥주라니 정말 신기한데요. 진짜로 생맥주 맛이 나는지 궁금합니다.
🎧 Track **15D-2**	여: 네. 생맥주와 캔맥주가 맛이 조금 다른데요. 그 이유는 바로 맥주의 효모 때문입니다.
🎧 Track **15D-3**	생맥주는 효모가 살아있어서 특유의 향과 풍미가 느껴지지만 캔맥주나 병맥주는 효모가 살아있지 않기 때문에 맛이 다르게 느껴집니다.
🎧 Track **15D-4**	**저희가 개발한 캔맥주는 살아있는 효모 때문에 생맥주의 맛이 납니다.** 하지만 유통기한이 짧고 유통 과정에서 비용이 더 들어서 가격이 조금 비싼데요.
🎧 Track **15D-5**	그럼에도 불구하고 판매량이 꾸준히 증가하고 있습니다. 그 이유는 ⊙가격보다 품질을 중요시하는 최근 소비자의 트렌드에 맞게 상품을 개발했기 때문입니다.

37.	⊙에서 여자는 최근 소비자의 트렌드에 맞게 제품을 개발하여서 인기가 있다고 이야기하고 있습니다. 따라서 정답은 ③번입니다.

38.	들은 내용과 같은 것을 고르십시오. ① 생맥주와 캔맥주는 맛이 같다. → 조금 다르다. ② 캔으로 된 생맥주는 유통기한이 길다. → 짧다. **③ 새로 개발한 캔맥주에는 효모가 살아있다.** ④ 생맥주는 가격이 비싸서 판매량이 줄고 있다. → 판매량이 꾸준히 증가하고 있다. 📖 여자가 개발한 캔맥주는 살아있는 효모 때문에 생맥주의 맛이 난다고 했습니다. 그래서 정답은 ③번입니다.

유형 15 담화 앞의 내용으로 알맞은 것 고르기 + 들은 내용과 같은 것 고르기

연습문제 1   P.91

39. ④ 40. ②

🎧 Track **16C-1**	여: ㉠이런 제도가 있었어도 그동안 잘 몰랐던 것 같습니다. <u>구체적으로 어떤 부분이 개선되었나요?</u>
🎧 Track **16C-2**	남: 네. 그동안의 간호 간병 통합서비스는 대형 병원의 참여가 제한적이라 환자와 가족들이 실질적인 혜택을 받기가 매우 어려웠습니다. 그래서 대형 병원 및 상급 종합 병원의 참여를 늘렸습니다.
🎧 Track **16C-3**	그리고 **각 의료 기관에 간호조무사 배치를 3배로 확대하기로 했습니다.** 간호조무사 1명이 담당하던 환자가 40명에서 12명으로 변경되면서 간호 간병 서비스가 더욱 원활하게 제공될 것입니다.
🎧 Track **16C-4**	또한 건강 보험이 적용되므로 환자와 보호자의 경제적 부담을 크게 덜어줄 것으로 보입니다. <u>이번 정부의 발표</u>를 통해 많은 국민들이 이 제도의 혜택을 받을 것으로 예상됩니다.

39.	㉠에서 여자는 간호 간병 서비스가 구체적으로 어떤 부분이 개선되었는지 물어보고 있습니다. 그래서 정답은 ④번입니다.

40.	들은 내용과 같은 것을 고르십시오. ① 간호 간병 통합서비스는 대형 병원이 참여하기가 쉽다. → 대형 병원의 참여가 제한적이다. **② 각 의료 기관에 간호조무사의 배치가 3배로 늘 것이다.** ③ 국민들은 이 서비스를 통해 제도의 혜택을 받기가 어려워졌다. → 받을 것으로 예상된다. ④ 이 서비스는 건강 보험이 적용되지 않아 보호자의 경제적 부담이 크다. → 적용이 되어 경제적 부담을 크게 덜어 준다. 📖 각 의료 기관에 간호조무사 배치를 3배로 확대하기로 했다고 했습니다. 그래서 정답은 ②번입니다.

연습문제 2   P.91

39. ② 40. ①

🎧 Track **16D-1**	여: ㉠보이스 피싱 범죄가 그렇게 늘어나고 있는데 구체적인 피해 사례에는 어떤 것이 있나요?
🎧 Track **16D-2**	남: 택배 주소가 잘못되었으니 주소를 정정해달라는 문자가 있습니다. 문자에 있는 인터넷 주소를 누르면 휴대 전화에 있는 모든 정보가 유출되는 것이지요.
🎧 Track **16D-3**	보이스 피싱범은 그 정보로 은행 계좌에 있는 돈을 모두 인출하고 인터넷 사이트에서 고가의 물건을 구매하기도 합니다.
🎧 Track **16D-4**	그런데 휴대 전화가 먹통이 되어서 돈이 인출되거나 물건을 구매했다는 알람 문자가 오지 않기 때문에 휴대 전화 주인은 이 사실을 모릅니다. 그래서 피해가 크지요.
🎧 Track **16D-5**	최근에는 결혼식 초대 문자나 부고 알림 문자로 오는 경우도 있으니 주의가 필요합니다.

39.	㉠에서 여자는 보이스 피싱 범죄가 증가했다고 말했습니다. 그래서 정답은 ②번입니다.

196

<table>
<tr>
<td rowspan="1">40.</td>
<td>
들은 내용과 같은 것을 고르십시오.
① 문자 메시지로 보이스 피싱 범죄가 이루어진다.
② 보이스 피싱 메시지를 받으면 바로 삭제해야 한다. → 해당 내용 없음
③ 알람 문자 때문에 보이스 피싱 피해를 막을 수 있다. → 알람 문자가 오지 않아서 피해가 크다.
④ 인터넷 사이트에서 고가의 물건을 살 때 주의해야 한다. → 최근에는 결혼식 초대나 부고 알림 문자로 오
니까

🖥️ 문자에 있는 인터넷 주소를 누르면 모든 정보가 유출된다고 했습니다. 그래서 정답은 ①번입니다.
</td>
</tr>
</table>

유형 16   강연의 중심 내용 고르기 + 들은 내용과 같은 것 고르기

연습문제 1   P.95

41. ④   42. ③

<table>
<tr>
<td>🎧 Track **17C-1**</td>
<td>여: 여기에 하인리히의 법칙을 보여 주는 피라미드가 있습니다. 이 피라미드에 있는 숫자들은 사고 발생 건수
를 의미합니다.</td>
</tr>
<tr>
<td>🎧 Track **17C-2**</td>
<td>맨 위에 있는 1은 1건의 중대한 상해 사고, 그 아래에 있는 29는 29건의 경미한 상해 사고, 맨 밑에 있는
300은 300건의 무상해 사고를 의미합니다.</td>
</tr>
<tr>
<td>🎧 Track **17C-3**</td>
<td>즉 중대한 재해 사고는 경미한 사고가 반복되고, 누적되어 발생한 거라는 겁니다.</td>
</tr>
<tr>
<td>🎧 Track **17C-4**</td>
<td>그러므로 ㉠작고 사소한 사고가 발생하더라도 그것을 무시할 것이 아니라 원인을 파악하고 잘못을 바로
잡아야 합니다.</td>
</tr>
<tr>
<td>🎧 Track **17C-5**</td>
<td>1920년대에 하인리히가 발견한 사고 건수는 오늘날과 완벽히 일치하지 않겠지만 피라미드의 모양과 숫자
가 보여 주는 의미를 잊지 말아야겠습니다.</td>
</tr>
</table>

<table>
<tr>
<td>41.</td>
<td>여자는 ㉠에서 중대한 사고를 막으려면 사소한 문제라도 무시하지 않아야 한다고 했습니다. 그래서 정답은
④번입니다.</td>
</tr>
</table>

<table>
<tr>
<td>42.</td>
<td>
들은 내용과 같은 것을 고르십시오.
① 하인리히는 피라미드에 숫자를 새겼다. → 해당 내용 없음
② 이 법칙은 1920년에 하인리히가 발견했다. → 1920년대에
③ 중대 사고 발생 전에는 경미한 사고가 난다.
④ 하인리히의 법칙은 현대에 적용되지 않는다. → 완벽히 적용할 수는 없다.

🖥️ 중대한 재해 사고는 경미한 사고가 누적되고 반복되어 발생합니다. 그래서 정답은 ③번입니다.
</td>
</tr>
</table>

대본 및 정답

41. ④   42. ③

🎧 Track **17D-1**	여: 수천 톤의 대형 선박들이 물 위에서 중심을 잃지 않고 안전하게 떠다닐 수 있는 이유는 무엇일까요? 바로 평형수 때문입니다.
🎧 Track **17D-2**	선박 평형수는 화물 적재량에 따라 선박의 균형을 잡기 위해 **평형수 탱크에 주입하거나 배출하는 바닷물**이지요. 이렇게 선박 평형수는 선박의 안전에 중요한 역할을 합니다.
🎧 Track **17D-3**	하지만 출항하는 항구에서 선박에 바닷물을 넣고 목적지에서 평형수를 버리는 과정에서 조류나 패류 등이 함께 이동해 새로운 환경에 놓이게 되는데요. 이렇게 **이동한 해양 생물 중 일부는 해양 생태계를 교란하여 문제를 일으키게 됩니다.**
🎧 Track **17D-4**	평형수는 선박 운항에 꼭 필요하지만 생태계에 나쁜 영향을 끼칠 수 있으므로 ㉠<u>해양 생태계가 안정적으로 유지될 수 있도록 선박 평형수 처리 장치 및 방법에 대해 연구해야 합니다.</u>

41.	여자는 ㉠에서 안정적인 해양 생태계를 위해서 평형수를 처리하는 장치와 처리 방법에 대한 연구가 필요하다고 말하고 있습니다. 따라서 정답은 ④번입니다.

42.	들은 내용과 같은 것을 고르십시오. ① 조류나 패류를 운반할 때 선박 평형수를 이용한다. → 해당 내용 없음 ② 화물 적재 상태는 선박의 안전에 영향을 미치지 않는다. → 미친다. **③ 해양 생물들이 이동하면서 해양 생태계를 교란시키기도 한다.** ④ 대형 선박들이 물 위에서도 중심을 잃지 않는 방법을 찾고 있다. → 방법을 알고 있다. 📖 이동한 해양 생물 중 일부가 해양 생태계를 교란하여 문제를 일으킨다고 했습니다. 따라서 정답은 ③번입니다.

유형 17   무엇에 대한 내용인지 고르기 + 세부 내용으로 알맞은 것 고르기

43. ①   44. ④

🎧 Track **18C-1**	남: 조선 시대에는 국왕의 혼례나 장례, 주요한 궁궐 밖 행차 등 국가적으로 큰 행사가 많았다.
🎧 Track **18C-2**	이러한 행사가 있을 때마다 절차, 비용, 동원 인력 등을 세세히 기록해 놓았다. 또한 궁궐이나 성곽을 짓고 보수할 때에도 기록을 남겼다.
🎧 Track **18C-3**	여기 보이는 ㉠<u>이 책은 조선 시대에 나라와 왕실의 중요한 행사를 기록한 의궤라고 한다.</u>
🎧 Track **18C-4**	의궤에는 글뿐만 아니라 행사에 사용된 물품이나 공사에 활용된 기계를 그린 그림도 많이 수록되어 있다. 그래서 당시에 진행된 큰 행사를 그대로 재현할 수 있고 파괴된 건물도 복원할 수 있다.
🎧 Track **18C-5**	의궤에는 ㉡<u>후손들이 조선 시대와 같은 행사를 치를 때 이를 참고하여 실수 없이 행사를 치르라는</u> 의미가 담겨있다.

43.	㉠에서 의궤가 무엇인지 의미를 소개하고 의궤를 통해 무엇을 할 수 있는지 역할을 말하고 있습니다. 따라서 정답은 ①번입니다.

44.	ⓒ에서 후손들이 조선 시대와 같은 행사를 치를 때 의궤를 참고하여 실수 없이 행사를 치를 수 있도록 의궤를 만들었다고 말했습니다. 따라서 정답은 ④번입니다.

연습문제 1

P.99

43. ④　44. ③

🎧 Track 18D-1	남: 식물들은 보통 살아가는 데 필요한 양분을 스스로 만들어 낸다. 벌레 잡는 식물 역시 광합성을 해서 스스로 양분을 만들 수 있다.
🎧 Track 18D-2	그런데 벌레잡이 식물들은 왜 벌레를 잡아먹는 것일까? 벌레잡이 식물들이 사는 곳은 대부분 질소나 인 등 식물에게 필요한 양분이 부족한 곳이다.
🎧 Track 18D-3	그래서 ⓒ부족한 양분을 얻기 위해 벌레를 잡아먹어서 보충한다.
🎧 Track 18D-4	벌레잡이 식물이 벌레를 잡는 방법으로는 덫을 이용하거나 끈끈한 액을 이용하는 방법, 혹은 함정을 이용하는 방법, 압력 차를 이용하는 방법 등이 있다.
🎧 Track 18D-5	ㄱ이처럼 벌레잡이 식물들은 자신이 살아가는 환경에 맞는 독특한 기관을 이용하는 방법을 가지고 **벌레를 잡아먹는다.** 벌레잡이 식물을 통해 생물이 환경에 적응해 가는 모습을 볼 수 있다.

43.	ㄱ에서 벌레잡이 식물들은 자신이 살아가는 환경에 맞는 독특한 기관을 이용하는 방법으로 환경에 적응해 가는 모습을 볼 수 있다고 했습니다. 따라서 정답은 ④번입니다.

44.	ⓒ에서 부족한 양분을 얻기 위해 벌레를 잡아먹는다고 했습니다. 따라서 정답은 ③번입니다.

유형 18　들은 내용과 같은 것 고르기 + 말하는 방식 고르기

연습문제 1

P.103

45. ②　46. ④

🎧 Track 19C-1	여: 국립중앙박물관에 가면 고대 그리스 청동 투구를 볼 수 있습니다.
🎧 Track 19C-2	1875년 올림피아에서 발견된 이 투구는 고대 그리스 올림피아 제전의 승리를 기원하기 위해 만들어진 것입니다.
🎧 Track 19C-3	이후 1936년 베를린 올림픽에서는 마라톤 우승자에게 투구를 부상으로 주기로 예정되어 있었으나, 올림픽에서는 메달 외에 부상을 줄 수 없다는 규정 때문에 당시 우승자였던 손기정 선수는 투구를 받지 못했습니다.
🎧 Track 19C-4	하지만 1986년, 베를린 올림픽 50주년을 맞아 **손기정 선수는** 투구를 받았고 **이 투구를 우리 민족의 것이라며 박물관에 기증했다고 합니다.**

45.	들은 내용과 같은 것을 고르십시오. ① 이 투구는 마라톤 우승자에게 주기 위해 만들었다.→ 올림피아 제전의 승리를 기원하기 위해 ② **국립중앙박물관에 있는 투구는 손기정의 기증품이다.** ③ 1936년 베를린 올림픽에서는 메달 대신에 투구를 주었다. → 규정상 부상으로 투구를 줄 수 없었다. ④ 손기정은 1986년 베를린 올림픽 부상으로 **투구를** 받았다. → 50주년을 맞아 📖 손기정 선수는 이 투구를 우리 민족의 것이라며 국립중앙박물관에 기증하였습니다. 그래서 정답은 ②번입니다.
46.	여자는 고대 그리스 청동 투구의 박물관 기증 과정을 설명하는 방식으로 말하고 있습니다. 그래서 정답은 ④번입니다.

연습문제 2   P.103

45. ① 46. ④

🎧 Track **19D-1**	여: 자, 여기에 한국의 전통 그릇 옹기가 있습니다. 여러분은 옹기가 숨을 쉰다는 말을 들어보셨을 겁니다.
🎧 Track **19D-2**	그릇이 왜 숨을 쉬어야 할까요? 그것은 음식과 밀접한 관계가 있습니다. 한국 사람들은 예전부터 발효 식품을 많이 먹었는데 음식을 **발효시키기 위해서는 그릇이 숨을 쉬어야** 하기 때문이죠.
🎧 Track **19D-3**	옹기를 만들 때는 흙을 빚어서 그릇의 모양을 만들고 800도 이상의 온도에서 구워야 합니다.
🎧 Track **19D-4**	그러면 옹기 벽에 미세한 구멍이 생기는데 이 구멍은 너무 작아서 공기는 통과하지만 물은 통과하지 못합니다.
🎧 Track **19D-5**	그래서 이렇게 옹기가 실외에 있어도 옹기 안에 있는 음식은 부패하지 않고 **잘 발효됩니다.**

45.	들은 내용과 같은 것을 고르십시오. ① **옹기에서 발효시키면 발효가 잘 된다.** ② 옹기를 굽는 온도가 낮으면 구멍이 커진다. → 해당 내용 없음 ③ 옹기를 실외에 두면 음식이 부패할 수 있다. → 두어도 부패하지 않는다. ④ 옹기 벽에 구멍을 뚫어서 숨을 쉬게 해야 한다. → 800도 이상의 온도에서 구우면 미세한 구멍이 생긴다. 📖 음식을 발효시키려면 그릇이 숨을 쉬어야 하는데 옹기는 숨을 쉬어서 발효가 잘 됩니다. 그래서 정답은 ①번입니다.
46.	여자는 옹기가 숨을 쉬는 원리를 설명하는 방식으로 말하고 있습니다. 그래서 정답은 ④번입니다.

연습문제 1

P.107

47. ① 48. ①

🎧 Track 20C-1	여: 의료 사고로 인한 의료 분쟁이 잦아지면서 수술실 CCTV 설치가 의무화되었습니다. 앞으로 수술실에서 일어나는 의료 사고를 예방하고 의료 사고의 발생 원인을 규명하는 데 도움이 될 것 같습니다.
🎧 Track 20C-2	남: 수술실 CCTV는 전신 마취와 같이 환자의 의식이 없는 상태에서 의사가 수술을 하는 의료 기관에 설치합니다.
🎧 Track 20C-3	그리고 환자나 환자의 보호자가 요청하면 수술 장면을 촬영하고 영상은 최소 30일간 보관해야 하지요.
🎧 Track 20C-4	그런데 CCTV로 수술 장면을 촬영하면 의사의 긴장도가 높아지고 의사가 사생활을 보호받지 못하게 되기 때문에 의사 협회의 반대가 컸던 것도 사실입니다.
🎧 Track 20C-5	하지만 ㉠환자의 알 권리를 위해 CCTV 설치는 당연하다고 생각합니다.

47.	들은 내용과 같은 것을 고르십시오. **① 환자의 요청이 없으면 수술 장면을 촬영하지 않는다.** ② CCTV를 설치하면 환자가 사생활을 보호받지 못한다. → 의사가 ③ 수술을 하는 모든 의료 기관에 CCTV를 설치해야 한다. → 전신 마취와 같이 환자의 의식이 없는 상태에서 의사가 수술을 하는 의료 기관에 ④ 의료 사고로 인한 의료 분쟁이 CCTV 설치 후 감소했다. → 잦아지면서 수술실 CCTV 설치가 의무화되었다. 📖 환자나 환자의 보호자가 요청하면 수술 장면을 촬영합니다. 따라서 정답은 ① 번입니다.
48.	㉠에서 남자는 환자의 알 권리를 위해 CCTV 설치가 당연하다고 말했습니다. 그래서 정답은 ①번입니다.

연습문제 2

P.107

47. ③ 48. ④

🎧 Track 20D-1	여: 인주시에서 대중교통 무제한 정기 이용권이 나온다고 하는데요.
🎧 Track 20D-2	남: 네, 인주시는 월정액으로 지하철, 버스, 공공 자전거까지 대중교통 무제한 이용이 가능한 교통카드를 출시한다고 밝혔습니다. 월정액 무제한 이용권은 기후 위기에 대응하고 고물가 시대에 가계 부담을 덜어주기 위해 도입하기로 했습니다.
🎧 Track 20D-3	이 카드가 도입되면 승용차 이용이 감소하여 온실가스 감축 효과가 있을 것으로 기대됩니다.
🎧 Track 20D-4	다만 인주시와 타 지역의 버스 기본요금이 상이하여 인주시로 출퇴근하는 인근 도시 시민들의 카드 이용이 불가합니다.
🎧 Track 20D-5	㉠시민들의 가계 부담을 덜기 위한 정책인 만큼 서로 협의하여 인주시 인근 도시 지역으로 사용을 확장해야 할 것으로 보입니다.

47.

들은 내용과 같은 것을 고르십시오.
① 이 교통카드는 전국적으로 시행될 예정이다. → 인주시에서
② 가정 경제 위기에 처한 시민들을 지원하려는 정책이다. → 시민들의 가계 부담을 덜기 위한
③ 이 교통카드의 도입으로 온실가스 배출량이 감소할 것이다.
④ 대중교통을 제한 없이 이용할 수 있는 무료 교통카드가 출시된다. → 월정액

📖 이 카드가 도입되면 승용차 이용이 감소하여 온실가스 감축 효과가 있을 것이라고 했습니다. 그래서 정답은 ③번입니다.

48.

㉠에서 국민들의 가계 부담을 덜기 위한 정책인 만큼 서로 협의하여 수도권 전역으로 사용을 확장해야 할 것이라고 말했습니다. 따라서 정답은 ④번입니다.

유형 20 들은 내용과 같은 것 고르기 + 태도로 알맞은 것 고르기

🎵 **연습문제 1**   P.111
49. ④ 50. ③

🎧 Track **21C-1** 남: 겨울철 빨간 자선냄비는 기부의 상징이지요? 부자들은 기부를 통해 자신이 번 돈을 사회에 환원하여 존경을 받기도 합니다.

🎧 Track **21C-2** 자본주의 국가의 자본가들 중에는 사회 환원이 생활화된 경우도 많습니다.

🎧 Track **21C-3** 어느 나라에서는 기부를 한 만큼 세금을 덜 내기 때문에 세금을 낼 만큼 매년 기부를 하는 경우가 있습니다.

🎧 Track **21C-4** 그런데 불우 이웃을 돕겠다는 좋은 의도로 기부를 해도 그 기부금은 불우 이웃을 돕는 데 쓰이지 않기도 합니다. 그래서 국제적이고 특정 종교에 치우치지 않는 단체를 이용하거나 직접 기부하는 방식을 선택하는 것이 좋은 방법이라고 할 수 있습니다.

🎧 Track **21C-5** 당연한 이야기이지만 ㉠기부금은 공정한 방법으로 적합한 곳에 사용되어야 마땅할 것입니다.

49.

들은 내용과 같은 것을 고르십시오.
① 자본가들은 사회 환원이 일상화되어 있다. → 자본가들 중에는 …… 일상화된 경우도 많다.
② 부자들은 자선냄비를 통해 존경을 받는다. → 자신이 번 돈을 사회에 환원하여
③ 기부를 한 만큼 세금을 더 내는 나라가 있다. → 덜
④ 기부금은 가난한 사람들에게 쓰이지 않을 수 있다.

📖 기부는 좋은 의도이긴 하지만 불우 이웃을 돕는 데 쓰이지 않기도 합니다. 그래서 정답은 ④번입니다.

50.

㉠에서 기부금은 공정한 방법으로 적합한 곳에 사용되어야 한다고 했습니다. 따라서 정답은 ③번입니다.

P.111

49. ④ 50. ①

🎧 Track **21D-1**	남: 여러분, 갈릴레오 갈릴레이는 근대 이탈리아의 과학자입니다. 당시 유럽 사람들은 태양이 지구를 돈다고 생각했습니다.
🎧 Track **21D-2**	하지만 갈릴레이는 지구가 움직인다고 주장한 폴란드의 과학자 코페르니쿠스의 주장이 맞다고 생각했습니다.
🎧 Track **21D-3**	그래서 그는 직접 만든 망원경으로 **금성이 달처럼 차고 기우는 것을 발견했고** 이를 통해 지구가 움직인다는 것을 과학적으로 증명했지요.
🎧 Track **21D-4**	당시 교황청에서는 갈릴레이에게 코페르니쿠스를 옹호하지 말라고 했습니다. 그러나 그는 그 유명한 종교 재판에 소환되기 전까지 자신의 주장을 굽히지 않았습니다.
🎧 Track **21D-5**	종교 재판이 끝나고 '그래도 지구는 돈다'라는 말을 했다는 일화가 있는데요, 이 일화는 진실 여부를 떠나서 ㉠그의 과학적 진리 탐구에 대한 열정을 나타냈다고 할 수 있습니다.

49.	들은 내용과 같은 것을 고르십시오. ① 갈릴레이는 근대 폴란드의 과학자이다. → 이탈리아 ② 코페르니쿠스 때문에 갈릴레이는 재판을 받았다. → 그의 주장 때문에 ③ 지구가 움직인다고 처음 주장한 사람은 갈릴레이이다. → 코페르니쿠스이다. **④ 갈릴레이는 금성이 달처럼 차고 기우는 것을 발견했다.** 📖 갈릴레이는 직접 만든 망원경으로 금성이 달처럼 차고 기우는 것을 발견했습니다. 그래서 정답은 ④번입니다.

50.	㉠에서 갈릴레이의 일화는 그의 과학적 진리 탐구에 대한 열정을 나타낸다고 했습니다. 따라서 정답은 ①번입니다.

복습하기 1

P.112

1. ③	2. ①	3. ②	4. ④	5. ④	6. ①	7. ①	8. ③	9. ①	10. ②
11. ④	12. ④	13. ④	14. ③	15. ①	16. ①	17. ①	18. ②	19. ②	20. ①
21. ②	22. ③	23. ④	24. ④	25. ④	26. ③	27. ①	28. ①	29. ②	30. ①
31. ①	32. ④	33. ②	34. ③	35. ②	36. ③	37. ②	38. ④	39. ④	40. ②
41. ④	42. ③	43. ①	44. ④	45. ②	46. ④	47. ①	48. ①	49. ④	50. ③

복습하기 2

P.125

1. ③	2. ④	3. ④	4. ③	5. ③	6. ④	7. ①	8. ④	9. ④	10. ③
11. ②	12. ①	13. ④	14. ②	15. ②	16. ③	17. ④	18. ③	19. ④	20. ④
21. ④	22. ①	23. ④	24. ②	25. ④	26. ②	27. ③	28. ①	29. ①	30. ④
31. ③	32. ③	33. ②	34. ②	35. ④	36. ③	37. ③	38. ③	39. ②	40. ①
41. ④	42. ③	43. ④	44. ③	45. ①	46. ④	47. ③	48. ④	49. ④	50. ①

Part 3 실전 모의고사

1회 실전 모의고사   P.143

1. ①	2. ③	3. ②	4. ③	5. ③	6. ②	7. ②	8. ②	9. ③	10. ①
11. ②	12. ④	13. ③	14. ②	15. ④	16. ②	17. ④	18. ③	19. ④	20. ③
21. ④	22. ③	23. ①	24. ①	25. ④	26. ③	27. ③	28. ④	29. ①	30. ③
31. ③	32. ①	33. ④	34. ③	35. ④	36. ③	37. ②	38. ③	39. ②	40. ④
41. ③	42. ③	43. ①	44. ②	45. ③	46. ①	47. ④	48. ④	49. ③	50. ④

1. ① 2. ③ 3. ②   Track E1

1.

🎧 Track E1-1 남: ㉠어서오세요. 어떻게 해 드릴까요?

🎧 Track E1-2 여: 날이 더워져서요. ㉡단발로 잘라 주세요.

　　　　　　　　남: 네. 알겠습니다.

📖 ㉠에서 남자는 여자에게 '어서오세요'라고 인사했습니다. 그래서 여기는 가게입니다. ㉡에서 여자는 단발로 잘라 달라고 말했기 때문에 여기는 미용실입니다. 그래서 정답은 ①번입니다.

Track E2

2.

🎧 Track E2-1 여: ㉠커피도 맛있고 날씨도 너무 좋으니까 ㉡회사에 다시 들어가기 싫다.

🎧 Track E2-2 남: 벌써 시간이 이렇게 됐네. 식당에서 기다리는 데 점심시간 다 보낸 거 같아.

🎧 Track E2-3 여: 그러니까! 앞으로 예약하고 와야겠어.

📖 ㉠에서 여자는 커피도 맛있고 날씨가 좋다고 했습니다. 그리고 ㉡에서 회사에 다시 들어가기 싫다고 했습니다. 그래서 여자와 남자는 커피를 마시면서 밖에 있어야 합니다. 정답은 ③번입니다.

Track E3

3.

🎧 Track E3-1 남: ㉠한국인의 하루 수분 섭취량을 조사한 결과 200ml 기준으로 하루에 '5-6잔'을 마시는 사람이 가장 많은 것으로 나타났습니다.

🎧 Track E3-2 다음으로 '3-4잔'이 많았고, '7-8잔'과 '9잔 이상'이 그 뒤를 이었습니다.

🎧 Track E3-3 ㉡섭취하는 수분의 종류로 '생수'를 마시는 사람이 50%로 가장 많았고, 그 외 끓인 물이 25%, 차가 15%, 스포츠 음료가 10%였습니다.

📖 ㉠에서는 한국인의 하루 수분 섭취량을 말하고 있는데 '5-6잔'이 가장 많고 다음이 '3-4잔'이라고 했습니다. ㉡에서 섭취하는 수분의 종류는 생수, 끓인 물, 차, 스포츠 음료의 순서이므로 ②번이 정답입니다.

4. ③ 5. ③ 6. ② 7. ② 8. ②

4.

🎧 Track E4-1 여 : ㉠모임에 잘 다녀왔어?

🎧 Track E4-2 남 : 응, 그런데 ㉡무슨 일 있었어? 난 네가 올 줄 알았어.

여 : _____

📖 ㉠에서 여자는 남자에게 모임에 잘 다녀왔냐고 물었고 ㉡에서 남자는 여자에게 무슨 일이 있었냐고 물었습니다. 여자는 모임에 가지 않은 이유를 말해야 하므로 정답은 ③번입니다.

5.

🎧 Track E5-1 남: ㉠냉장고에 먹을 게 하나도 없어요.

🎧 Track E5-2 여: 네, 안 그래도 ㉡마트에 가서 먹을 것 좀 사려고 했어요.

남: _____

📖 ㉠에서 남자는 여자에게 냉장고에 먹을 것이 하나도 없다고 했습니다. ㉡에서 여자는 안 그래도 마트에 가서 먹을 것을 살 것이라고 대답했습니다. 남자는 마트에 같이 가자고 하는 것이 가장 자연스럽습니다. 그러므로 정답은 ③번입니다.

6.

🎧 Track E6-1 여: ㉠옆집 개 때문에 아무것도 못하겠어.

🎧 Track E6-2 남: 맞아. ㉡어제는 밤에도 시끄럽게 계속 짖더라고.

여: _____

📖 ㉠에서 여자는 남자에게 옆집 개 때문에 힘들다고 말했습니다. ㉡에서 남자는 어젯밤에도 계속 시끄럽게 짖었다고 말했습니다. 여자는 남자의 말에 동의하는 말이나 이 문제를 해결하는 말을 해야 합니다. 그러므로 정답은 ②번입니다.

7.

🎧 Track E7-1 남: ㉠왜 전화를 안 받아? 내가 몇 번이나 전화했는데.

🎧 Track E7-2 여: 그래? ㉡전화 안 왔는데. 이거 봐. 안 왔잖아.

남: _____

📖 ㉠에서 남자는 여자에게 여러 번 전화를 했습니다. ㉡에서 여자는 전화가 안 왔다고 말했습니다. 그러므로 이상하다고 말한 ②번이 정답입니다.

8.

🎧 Track E8-1 여: 거기 인주동 주민센터죠? ㉠벽에 그림을 걸려고 하는데요. 필요한 도구를 빌릴 수 있다고 들었습니다.

🎧 Track E8-2 남: 네. 인주동 주민 맞으시죠? ㉡인주동에 사는 주민만 대여가 가능합니다.

여: _____

📖 ㉠에서 여자는 벽에 그림을 걸 때 필요한 도구를 빌릴 수 있는지에 대해 말하고 있습니다. ㉡에서 남자는 인주동에 사는 주민만 대여가 가능하다고 했습니다. 여자는 인주동에 사는 주민인지 아닌지를 대답해야 합니다. 그래서 정답은 ②번입니다.

9. ③ 10. ① 11. ② 12. ④   Track E9

9.
🎧 Track E9-1 여: 여기가 공항철도 타는 곳이네. 그런데 지하철하고 무료 환승이 되는 거야?

🎧 Track E9-2 남: 아니, 환승할 때 공항철도 요금을 따로 내야 한대.

🎧 Track E9-3 여: 그래? 그럼 ㉠어떻게 내야 하지?

🎧 Track E9-4 남: 내가 가방을 들고 있을 테니까 네가 좀 ㉡알아봐 줘.

📖 ㉠에서 여자는 공항철도 요금을 어떻게 내야 하느냐고 물었습니다. ㉡에서 남자는 알아봐 달라고 했으므로 여자는 매표소에 가서 공항철도 요금을 어떻게 내야 하는지 물어봐야 합니다. 그래서 ③번이 정답입니다.

Track E10

10.
🎧 Track E10-1 남: 날씨 좋은데 대청소할까?

🎧 Track E10-2 여: 빨래부터 하자. 요즘 날씨가 계속 안 좋아서 이불 빨래를 못 했어.

🎧 Track E10-3 남: 이불은 손빨래하기 힘들어. ㉠이불 줘. 내가 빨래방 갔다 올게.

🎧 Track E10-4 여: ㉡그래? 고마워. 그럼 난 청소하고 있을게.

📖 ㉠에서 남자는 여자에게 이불을 달라고 했고 ㉡에서 여자는 고맙다고 했으므로 여자는 남자에게 이불을 주어야 합니다. 그래서 ①번이 정답입니다.

Track E11

11.
🎧 Track E11-1 여: 오늘 엄마 생일이니까 미역국 끓여 드리려고.

🎧 Track E11-2 남: 그래? 나도 같이 할래. ㉠내가 끓이는 방법 검색해 볼까?

🎧 Track E11-3 여: 아니, ㉡내가 다 알아보고 미역을 볶아 놓았어. 이제 끓이기만 하면 돼.

🎧 Track E11-4 남: 벌써? 그럼 나는 반찬을 준비할게.

📖 ㉠에서 남자는 여자에게 미역국 끓이는 방법 검색해 보겠다고 했고 ㉡에서 여자는 자기가 다 알아보았으니 끓이기만 하면 된다고 했습니다. 그래서 ②번이 정답입니다.

Track E12

12.
🎧 Track E12-1 남: 수미 씨, 사무실에 문구류들이 많이 부족한데 총무과에 요청했나요?

🎧 Track E12-2 여: 네. 그런데 총무과에도 없는 게 있다고 하는데 어떻게 할까요?

🎧 Track E12-3 남: ㉠당장 필요한 사무용품 목록을 적어서 구매 요청하도록 하세요.
　　　　　　여: ㉡네, 알겠습니다.

📖 ㉠에서 남자는 당장 필요한 사무용품 목록을 적어서 구매 요청하라고 여자에게 말했습니다. ㉡에서 여자는 알겠다고 했으므로 여자가 이어서 할 행동으로 ④번이 정답입니다.

13. ③ 14. ② 15. ④ 16. ②

13.

🎧 Track E13-1 여: 이 식당은 예전에 줄 서서 먹었었는데 이제 사람이 별로 없네.

🎧 Track E13-2 남: 몰랐어? 주인 바뀌었잖아.

🎧 Track E13-3 여: 인테리어도 그대로인 것 같은데.

🎧 Track E13-4 남: 아냐, 네가 오랜만에 와서 그래. 그때 여기 음식이 정말 맛있었는데. 아쉽다.

---

① 여자는 이 식당에 처음 왔다. → 오랜만에 왔다.

② 남자는 이 식당의 음식을 좋아한다. → 좋아했었다.

③ 이 식당은 예전에 손님이 많았었다.

④ 이 식당의 인테리어는 예전과 똑같다. → 똑같지 않다.

📖 이 식당은 예전에 줄을 서서 먹을 정도로 손님이 많았습니다. 그래서 정답은 ③번입니다.

14.

🎧 Track E14-1 남: (딩동댕) 박물관을 찾아 주신 고객님들께 안내 말씀드립니다.

🎧 Track E14-2 저희 박물관에서는 잠시 후 오후 7시부터 30분간 야외무대에서 우주 매직쇼가 시작될 예정입니다.

🎧 Track E14-3 무료로 관람이 가능하오니 여러분들의 많은 관심 부탁드리겠습니다. 감사합니다. (댕동딩)

---

① 요금을 내면 관람이 가능하다. → 무료로

② 박물관에서 우주 매직쇼가 열린다.

③ 이 쇼는 박물관 내부에서 볼 수 있다. → 야외무대에서

④ 우주 매직쇼는 오후 7시 30분에 한다. → 7시부터 30분간

📖 박물관에서 우주 매직쇼가 시작됩니다. 그래서 정답은 ②번입니다.

15.

🎧 Track E15-1 여: 오늘 오후 3시경 인주역에서 에스컬레이터가 역주행하는 사고가 발생했습니다.

🎧 Track E15-2 이 사고로 에스컬레이터에 서 있던 십여 명이 넘어졌고, 그중 5명은 허리와 다리를 심하게 다쳐 병원으로 옮겼습니다.

🎧 Track E15-3 이 에스컬레이터는 최근에 안전 검사를 통과한 것으로 밝혀져 시민들은 안전 점검의 문제점을 지적하고 있습니다.

---

① 다친 사람들은 입원 치료를 받고 있다. → 병원으로 옮겨졌다.

② 이 사고는 아침 출근 시간대에 일어났다. → 오늘 오후 3시경

③ 이 에스컬레이터는 안전 검사를 받지 않았다. → 통과했다.

④ 에스컬레이터가 반대 방향으로 움직이는 사고가 났다.

📖 에스컬레이터가 역주행하는 사고가 발생했다고 말했습니다. 그래서 정답은 ④번입니다.

Track E16

16.

🎧 Track E16-1　남: 감독님의 이번 **영화**가 **청년층**에서 많은 **인기**를 얻고 있는데요. 감독님은 이 영화를 통해 청년들에게 무슨 말을 하고 싶으셨나요?

🎧 Track E16-2　여: 많은 시골 출신 청년들이 꿈을 향해 대도시로 오지만 꿈을 이루는 과정은 쉽지 않지요.

🎧 Track E16-3　영화 속 주인공도 그렇게 살다가 시골로 돌아와서 먹고 쉬고 즐거워합니다.

🎧 Track E16-4　저는 청년들에게 좀 쉬어도 괜찮다고 말하고 싶었습니다.

---

① 여자는 꿈을 이루기 쉽지 않다. → 시골 출신 청년들은
② 여자의 영화는 청년들이 좋아한다.
③ 시골에 이사 와서 사는 청년들이 많다. → 해당 내용 없음
④ 영화 속 주인공은 꿈을 위해 도시에서 산다. → 살다가 시골로 돌아왔다.

📖 남자는 이번 영화가 젊은 층에서 많은 인기를 얻고 있다고 했습니다. 그래서 정답은 ②번입니다.

---

17. ④　18. ③　19. ④　20. ③　　　　　　　　　　　Track E17

17.

🎧 Track E17-1　남: 와, 진짜 크다! 대형견은 산책시키기도 힘들겠어요.

🎧 Track E17-2　여: 네, 하루에 한 번은 꼭 산책시켜야 하는데 산책할 때마다 말도 잘 안 듣고 힘도 세서 너무 힘들어요.

🎧 Track E17-3　남: 요즘은 애견훈련사가 가정에 방문해서 산책하고 훈련 시키는 방법을 가르쳐 준다고 하더라고요. ㉠훈련 방법을 한번 배워 두면 좋을 것 같아요.

📖 남자는 ㉠에서 훈련 방법을 한번 배워 두면 좋을 것 같다고 말했습니다. 그래서 정답은 ④번입니다.

Track E18

18.

🎧 Track E18-1　남: ㉠양말을 뒤집어서 벗어 놓으니까 빨래한 다음에 힘들더라.

🎧 Track E18-2　여: 맞아. 양말 갤 때 귀찮지. 그런데 세탁하면서 가끔 뒤집어지기도 하던데.

🎧 Track E18-3　남: 그래? 그건 어쩔 수 없지만 그래도 ㉡양말을 똑바로 벗어야겠어.

📖 남자는 ㉠에서 양말을 뒤집어서 벗어 놓으면 빨래한 다음에 힘들다고 했고 ㉡에서 양말을 똑바로 벗어야겠다고 말했습니다. 그래서 ③번이 정답입니다.

Track E19

19.

🎧 Track E19-1　여: 어제 우리 집에서 나는 물소리 때문에 아래층 할아버지가 왔다 가셨어.

🎧 Track E19-2　남: 물소리? 세탁기 돌리는 소리가 아니고?

🎧 Track E19-3　여: 응, 어제 9시에 퇴근하고 와서 밥 먹고 설거지했거든.

🎧 Track E19-4　남: ㉠그분 너무 예민하신 거 같은데. ㉡공동주택에 살면서 그 정도 소리는 이해할 수 있는 거 아냐?

📖 남자는 ㉠에서 할아버지가 물소리에 너무 예민하고 ㉡에서 공동주택에 살면 이해해야 한다고 말했습니다. 그래서 정답은 ④번입니다.

20.
🎧 Track E20-1   여: 아이들이 선생님을 빨간불 할아버지라고 부르던데요. 빨간 옷을 입고 교통 봉사를 하시는 이유가 궁금합니다.

🎧 Track E20-2   남: ㉠학교 앞에서 천천히 다녀야 한다는 건 모르는 사람이 없지요. 하지만 운전을 하다 보면 그걸 잊어버리는 사람들이 있습니다.

🎧 Track E20-3   빨간불을 보면 멈춰야 하는 것처럼 ㉡여기는 초등학교 앞이니까 조심하라는 뜻에서 빨간 옷을 입었습니다.

📖 남자는 ㉠에서 학교 앞에서 천천히 다녀야 한다고 말했고 ㉡에서 여기는 초등학교 앞이라고 했습니다. 그래서 ③번이 정답입니다.

21. ④   22. ③

🎧 Track E21-1   여: 부장님, 이번 창립 기념식 후 행사는 작년처럼 업체에 맡길까요? 제 생각에는 구내식당에서 바비큐 파티를 해도 좋을 것 같은데요.

🎧 Track E21-2   남: 글쎄요. 다 같이 식사하는 것은 회식 때도 하는 거라 특별하지는 않은 것 같아요. 이번에는 직원들에게 감동을 줄 수 있는 상이나 상금을 지급하는 것이 어떨까요? ㉠상이나 상금은 직원들의 업무 동기를 높여주는 좋은 방법이 될 거예요.

🎧 Track E21-3   여: 네. 알겠습니다. 그런데 상의 종류나 상금은 어느 정도로 하면 좋을까요?

🎧 Track E21-4   남: 그건 다른 직원들과 의논을 하도록 하죠.

21.

㉠에서 남자는 상이나 상금은 직원들의 업무 동기를 높여주는 좋은 방법이 될 거라고 생각합니다. 따라서 정답은 ④번입니다.

22.

들은 내용과 같은 것을 고르십시오.
① 특별한 창립 기념품을 준비할 예정이다. → 상이나 상금을
② 직원들은 상이나 상금 지급을 제안했다. → 남자는
③ 상의 종류와 상금은 직원들과 결정하기로 했다.
④ 창립 기념식 후에 구내식당에서 식사를 할 것이다. → 상이나 상금을 줄 것이다.

📖 남자는 상의 종류나 상금은 다른 직원들과 의논을 하자고 말했습니다. 그래서 정답은 ③번입니다.

23. ① 24. ① Track E23

🎧 Track E23-1	남: 여보세요. 퇴근하고 오니까 문 앞에 메모가 있어서 전화드렸어요. 저는 김동현이라고 하는데요. 혹시 저한테 온 우편물이 있나요?
🎧 Track E23-2	여: 네, 김동현 씨 앞으로 우편물이 하나 와 있는데요. 등기라서 김동현 씨가 직접 받고 사인을 해야 해요.
🎧 Track E23-3	남: 제가 평일 낮에는 출근을 해서 집에 없는데요. 혹시 저녁에 받을 수 있을까요?
🎧 Track E23-4	여: 저녁 시간은 안 됩니다. 그러시면 ⑦토요일에 우편 집중국으로 신분증 가지고 찾으러 오셔야 합니다.

23.	여자는 남자에게 ⑦에서 우편물을 받으려면 우편 집중국으로 신분증을 가지고 찾으러 오라고 했습니다. 따라서 정답은 ①번입니다.

24.	들은 내용과 같은 것을 고르십시오. **① 여자는 남자에게 메모를 남겼다.** ② 남자는 신분증을 찾으러 갈 것이다. → 가지고 우편 집중국에 가야 한다. ③ 여자는 등기 우편물의 사인을 받았다. → 사인을 받아야 한다. ④ 남자는 저녁에 우편물을 받기로 했다. → 저녁 시간에 우편물을 받을 수 없다. 📖 남자가 집에 없어서 여자는 남자에게 메모를 남겼습니다. 그리고 남자는 그 메모를 보고 여자에게 전화를 했습니다. 그래서 정답은 ①번입니다.

25. ④ 26. ③ Track E25

🎧 Track E25-1	여: 대학생 해외 봉사단에 지원했다고 들었는데요. 해외로 나가면 많이 불편할 텐데 신청하게 된 이유가 무엇인가요?
🎧 Track E25-2	남: 우연히 학교 게시판에서 해외 봉사단을 모집한다는 공지를 봤는데요.
🎧 Track E25-3	학교를 졸업하고 직장을 다니면 도전할 기회가 없을 것 같았습니다.
🎧 Track E25-4	⑦학생이니까 이런 도전을 할 수 있다고 생각했거든요. 기회가 있다면 도전은 꼭 해야 된다고 생각합니다.
🎧 Track E25-5	사실 국내에서도 봉사 활동을 가끔 했었는데요. 봉사 활동을 하고 난 후 느끼는 보람을 잊을 수가 없어서 신청했습니다.

25.	남자는 ⑦에서 학생일 때 도전할 수 있으며, 기회가 있다면 도전은 꼭 해야 된다고 말했습니다. 그래서 정답은 ④번입니다.

26.	들은 내용과 같은 것을 고르십시오. ① 남자는 대학생 국내 봉사단에 지원하였다. → 대학생 해외 봉사단에 ② 남자는 봉사 활동할 사람을 모집하고 있다. → 활동을 신청했다. **③ 남자는 예전에 봉사 활동을 해 본 적이 있다.** ④ 남자는 학교를 휴학하고 봉사 활동을 신청했다. → 해당 사항 없음 📖 남자는 대학생 해외 봉사단에 지원하기 전에 **국내에서 봉사 활동을 가끔 했었습니다.** 따라서 정답은 ③번입니다.

27. ③ **28.** ④

🎧 Track E27-1 남: 요즘 신입 지원자들의 자기소개서를 보면 맞춤법 실수가 많더라. 그래서 대충 쓴 것 같기도 하고 기본 상식이 부족하다는 생각도 들어.

🎧 Track E27-2 여: 어, 그러네. 나도 내용에 신경 쓰다 보면 맞춤법은 확인을 잘 안 하게 되더라고.

🎧 Track E27-3 남: 그래서 하는 말이야. ㉠자기소개서는 지원자의 얼굴이니까 제출하기 전에 반드시 맞춤법을 확인해야 해.

🎧 Track E27-4 여: 내가 생각해도 실수가 많은 자기소개서는 믿음이 안 생길 것 같아.

🎧 Track E27-5 남: 그리고 맞춤법을 많이 틀리면 일할 때 실수도 많이 할 것 같아서 **채용에 영향을 미칠 수밖에 없어.**

27.	㉠에서 남자는 자기소개서는 지원의 얼굴이므로 제출하기 전에 반드시 맞춤법을 확인해야 한다고 말했습니다. 그래서 정답은 ③번입니다.

28.	들은 내용과 같은 것을 고르십시오. ① 요즘 신입 지원자들은 상식이 부족하다. → 상식이 부족하다는 생각이 든다. ② 여자는 자기소개서를 쓸 때 맞춤법을 틀렸다. → 신입 지원자들은 ③ 맞춤법을 많이 틀리는 사람들은 업무 실수가 많다. → 많을 것 같다. **④ 자기소개서를 작성한 후에는 맞춤법을 검토해야 한다.** 📖 남자는 자기소개서를 제출하기 전에 맞춤법을 확인해야 한다고 말했습니다. 따라서 정답은 ④번입니다.

29. ① **30.** ③

🎧 Track E29-1 여: 저는 강아지를 정말 좋아하는데요. 선생님은 이렇게 예쁜 강아지들하고 함께 하시니 정말 좋으시겠어요.

🎧 Track E29-2 남: 네. 보통 동물을 좋아하시는 분들이 이 일을 많이들 하십니다. ㉠자기가 좋아하는 동물을 더 예쁘게 만들어 주면서 보람을 느끼거든요. 하지만 동물이 좋아서 시작했다가 이 일이 힘들어서 포기하는 분들도 많습니다.

🎧 Track E29-3 여: 어떤 점에서 힘든 건가요?

🎧 Track E29-4 남: 우선 몸이 큰 개들은 체력적으로 다루기 힘듭니다. 개나 고양이한테 물려서 상처를 입을 때도 많고요. **전염병에 걸린 동물에게 감염되는 경우도 있습니다.**

29.	남자는 ㉠에서 동물을 예쁘게 만들어 주면서 보람을 느낀다고 했습니다. 따라서 정답은 ①번입니다.

30.	들은 내용과 같은 것을 고르십시오. ① 체력이 좋은 사람이 이 일을 해야 한다. → 해당 내용 없음 ② 여자는 예쁜 강아지들과 함께 하고 있다. → 남자는 **③ 이 일을 하면서 전염병에 걸릴 수도 있다.** ④ 남자는 강아지를 좋아해서 이 일을 시작했다. → 보통 동물을 좋아하는 사람들이 📖 남자는 **전염병에 걸린 동물에게 감염되는 경우**가 있다고 했습니다. 그러므로 정답은 ③번입니다.

대본 및 정답

31. ③   32. ①   Track E31

🎧 Track E31-1	여: 현재 중고등학교 공교육에서 예술 과목이 사라지고 있습니다. 이것은 매우 심각한 문제라고 생각합니다.
🎧 Track E31-2	남: 그렇지만 ㉠학생들은 예술 과목보다 대학 입시에 필요한 과목이 더 중요하다고 생각하지 않을까요?
🎧 Track E31-3	여: 물론 대학 입시도 중요합니다. 하지만 예술 학습은 학생들의 상상력을 풍부하게 하여 사고를 확장해 주기 때문에 교육 과정 전반에 도움을 줍니다.
🎧 Track E31-4	남: ㉡보통 예술 과목은 예술 대학에 입학하고 싶어 하는 학생과 관련이 있지 일반적인 대학 입시와는 거리가 먼 것 같은데요.

31.	㉠에서 남자는 학생들에게는 대학 입시에 필요한 과목이 더 중요하고, 예술 과목은 일반적인 대학 입시와는 거리가 멀다고 말했습니다. 그래서 정답은 ③번입니다.

32.	㉡에서 남자는 예술 과목은 예술 대학 입시에만 관련이 있다고 반박하고 있습니다. 그래서 정답은 ①번입니다.

33. ④   34. ③   Track E33

🎧 Track E33-1	여: 자, 여기 보이는 사진은 육교가 철거되고 있는 모습입니다. 육교는 횡단보도가 없는 도로를 건너기 위해 설치한 시설물이지요.
🎧 Track E33-2	그러나 2000년대 이후로는 육교 대신에 횡단보도를 설치하려는 경향이 나타났습니다.
🎧 Track E33-3	**육교는 차량이 주행할 때 보행자나 신호에 방해를 받지 않게 하기 위해 만들어졌습니다.** 이런 자동차 중심의 교통 정책은 ㉠점차 보행자 중심으로 바뀌는 인식의 변화를 겪었습니다. 그래서 육교는 철거의 대상이 되었지요.
🎧 Track E33-4	육교는 몸이 불편한 노인이나 장애인이 계단을 오르내리기가 불편했고 눈과 비가 내리면 미끄러져서 통행하기에 위험했기 때문입니다.

33.	㉠에서 여자는 보행자 중심으로 바뀌는 인식의 변화를 겪었다고 말했습니다. 그래서 정답은 ④번입니다.

34.	들은 내용과 같은 것을 고르십시오. ① 2000년대 이후로 육교는 도시에서 사라졌다. → 육교 대신 횡단보도를 설치하는 경향이 나타났다. ② 육교는 자동차와 보행자의 편의를 위해 만들어졌다. → 자동차의 **③ 육교를 설치한 후 자동차는 빠르게 주행할 수 있었다.** ④ 교통 정책은 보행자 중심에서 차량 중심으로 바뀌었다. → 차량 중심에서 보행자 중심으로 📖 육교는 차량이 보행자나 신호에 방해를 받지 않고 주행할 수 있도록 하기 위해 만들었다고 말했습니다. 따라서 정답은 ③번입니다.

35. ④ **36.** ③

Track E35

🎧 Track E35-1	남: 오늘은 한국형 발사체 누리호가 성공적으로 발사된 날입니다. 이제 우리는 세계 7번째로 자체 개발 우주 발사체를 가진 국가가 되었습니다.
🎧 Track E35-2	**그간 수많은 어려움과 실패가 있었지만 우리 연구원들은 끊임없이 도전했습니다.** 그 결과 세계 우주 강국들과 어깨를 나란히 할 기술력을 확보했습니다.
🎧 Track E35-3	그러나 이것은 우주개발의 새로운 시작입니다. 우리는 더 나은 인공위성과 우주선을 개발해야 하고 우주를 탐사해야 합니다. 우주 산업은 우리의 미래입니다.
🎧 Track E35-4	그래서 ㉠우리 정부는 우주 산업을 활성화하기 위해 지원을 아끼지 않으려고 합니다. 누리호의 성공을 다시 한번 축하드리며 모든 연구원들께 감사의 말씀을 드립니다.

35.	남자는 정부 관계자로 ㉠에서 우주 산업을 위해 지원을 아끼지 않겠다고 말했습니다. 그래서 정답은 ④번입니다.

36.	들은 내용과 같은 것을 고르십시오. ① 누리호는 세계 7번째 우주 발사체이다.→ 한국은 …… 우주 발사체 보유 국가이다. ② 남자는 누리호 개발에 참여한 연구원이다.→ 정부 관계자이다. ③ **누리호를 개발하기까지 여러 번 실패했다.** ④ 한국은 세계 최고의 우주 기술을 확보했다. → 세계 우주 강국들과 어깨를 나란히 할 기술을 📖 남자는 그간 수많은 어려움과 실패가 있었다고 했습니다. 그래서 정답은 ③번입니다.

37. ② **38.** ③

Track E37

🎧 Track E37-1	남: 여러분은 한 달에 보험료를 얼마씩 내고 있나요? 오늘은 보험 점검에 대해 알아보겠습니다.
🎧 Track E37-2	여: 네. 보험이 필요하다는 것은 누구나 다 알고 있습니다. 왜냐하면 우리가 살면서 생길 수 있는 상해나 질병 같은 각종 위험에 대비할 수 있기 때문이죠.
🎧 Track E37-3	그래서 **보험에 가입하지만 가입한 후에** 내가 가입한 보험이 정말 필요한 것인지 혹시 불필요하게 중복으로 가입한 것들은 없는지는 잘 생각하지 않는 것 같습니다.
🎧 Track E37-4	보험 점검을 하면 중복된 보험을 없애서 보험료를 아낄 수 있을 뿐만 아니라 부족한 보험 내용도 준비할 수 있습니다. 그래서 ㉠보험은 전문가에게 맡겨서 반드시 점검해야 합니다.

37.	㉠에서 여자는 보험은 전문가에게 맡겨서 반드시 점검해야 한다고 말했습니다. 그래서 정답은 ②번입니다.

38.	들은 내용과 같은 것을 고르십시오. ① 보험이 누구에게나 다 필요한 것은 아니다. → 필요하다는 것을 누구나 다 알고 있다. ② 상해나 질병 같은 각종 위험은 대비할 수 없다. → 보험으로 대비할 수 있다. ③ **사람들은 가입한 보험에 대해 잘 점검하지 않는다.** ④ 보험 전문가에게 가입을 해야 보험료를 아낄 수 있다. → 중복 보험을 없애야 📖 여자는 사람들은 보험을 가입한 후에 가입한 보험에 대해서 잘 생각하진 않는다고 했습니다. 그래서 정답은 ③번입니다.

39. ② **40.** ④   Track E39

🎧 Track **E39-1**	여: 이 일로 건물주가 인근 거주자들을 만나고 있다는데 **어떤 상황인가요?**
🎧 Track **E39-2**	남: 요즘 유리창으로 외벽을 마감하는 건물이 늘어나고 있는데요. 건물 유리에 반사된 빛 때문에 ⊙이웃 주민들이 지속적으로 불편을 겪다가 손해 배상까지 요구하게 되었습니다.
🎧 Track **E39-3**	반사되는 강한 빛 때문에 눈을 뜰 수 없고 통증과 함께 순간 눈앞이 깜깜해지는 현상까지 생깁니다.
🎧 Track **E39-4**	특히 여름철이 되면 햇빛이 더 강해지면서 빛 반사도 심각해집니다.
🎧 Track **E39-5**	그래서 건물주는 유리에 빛 반사 방지 필름을 붙이는 방법으로 이 문제를 해결하기 위해 인근 주민들과 협의하고 있습니다.

39.	⊙에서 남자는 이웃 주민들이 건물주를 상대로 손해 배상을 청구했다고 말했습니다. 그래서 정답은 ②번입니다.

40.	들은 내용과 같은 것을 고르십시오. ① 반사되는 빛을 보면 시력을 잃게 된다. → 눈의 통증과 함께 순간 눈앞이 깜깜해진다. ② 인근 주민들은 건설사에 피해 보상을 호소했다. → 건물주에게 ③ 유리로 된 건물 입주민들의 빛 반사 문제가 심각하다. → 이웃 주민들의 ④ 빛 반사 방지 필름은 빛이 반사되는 양을 감소시킬 수 있다. 📖 건물 유리에 빛 반사 방지 필름을 붙여서 빛 반사 문제를 해결하겠다고 말했습니다. 그래서 정답은 ④번입니다.

41. ③ **42.** ③   Track E41

🎧 Track **E41-1**	여: 이 사진 속 동물들의 공통점이 뭘까요? 여기에 황소개구리, 뉴트리아, 큰입배스, 붉은귀거북이 있습니다. 모두 외국에서 들어온 침입 외래종이지요.
🎧 Track **E41-2**	뱀은 개구리의 천적인데 이 황소개구리는 천적을 잡아먹고 있습니다. 자기와 같은 종인 황소개구리를 잡아먹기도 합니다.
🎧 Track **E41-3**	그럼 이 황소개구리는 어떤 동물이 잡아먹을까요? **침입 외래종은** 어느 날 갑자기 국내에 들어왔기 때문에 토종 생태계에는 **한동안 천적이 없습니다.**
🎧 Track **E41-4**	**그래서 기하급수적으로 증가하면서 토종 생태계를 교란시키고 생물 다양성을 파괴합니다.** 그런데 ⊙중요한 것은 여기에 있는 생태계 교란 생물들이 모두 인간이 들여온 것이라는 겁니다.
🎧 Track **E41-5**	⊙생태계에 미치는 영향에 대한 고려 없이 식용이나 관상용 등으로 말입니다.

41.	⊙에서 여자는 인간이 침입 외래종을 들여왔다고 말했습니다. 그래서 정답은 ③번입니다.

42.	들은 내용과 같은 것을 고르십시오. ① 황소개구리는 뱀의 천적이다. → 뱀은 개구리의 천적이다. ② 황소개구리는 주로 침입 외래종을 잡아먹는다. → 해당 내용 없음 ③ 천적이 없으면 침입 외래종의 수적 증가가 빠르다. ④ 생태계 교란 생물을 식용이나 관상용으로 사용해야 한다. → 식용이나 관상용으로 들여왔다. 📖 침입 외래종은 천적이 없어서 한동안 기하급수적으로 증가합니다. 그래서 정답은 ③번입니다.

214

43. ① **44.** ② Track E43

🎧 Track E43-1	남: 모든 ⓐ생물들은 저마다 다른 방법으로 생존하고 있다.
🎧 Track E43-2	가장 흔하게 나타나는 방법은 몸의 색을 바꾸는 것이다. 보호색은 몸의 색깔을 주위 환경과 비슷하게 해서 몸을 숨기는 방법이고, 경계색은 이와 반대로 튀는 색과 패턴으로 독이 있다는 것을 적에게 경고하는 방법이다.
🎧 Track E43-3	하지만 여기 이 특이한 물고기는 몸에 아무런 색이 없다. 심지어 몸속의 뼈와 내장이 다 보인다. 그렇다면 이 물고기는 어떻게 자신을 보호할까?
🎧 Track E43-4	투명한 물고기는 죽어서 뼈만 남은 물고기처럼 보이기 때문에 포식자들에겐 먹을만한 가치가 없는 대상이 된다. 이렇게 이 물고기는 포식자들로부터 살아남았다.
🎧 Track E43-5	그리고 몸이 투명하면 ⓑ주변 색을 투영해 주위 환경과 동일해지기 때문에 색을 바꾸는 데에 에너지를 쓸 필요가 없다.

43.	ⓐ에서 몸에 색이 없고 투명한 물고기가 생존하는 특이한 방식에 대해 설명하고 있습니다. 따라서 정답은 ① 번입니다.

44.	ⓑ에서 이 물고기는 몸이 투명해서 주변 색을 투영하기 때문에 색을 바꾸는 데에 에너지를 쓸 필요가 없다고 했습니다. 따라서 정답은 ②번입니다.

45. ③ **46.** ① Track E45

🎧 Track E45-1	여: 여러분은 비행기 탑승 후 전자기기를 비행기 모드로 전환해 달라는 안내 방송을 들은 적이 있을 겁니다.
🎧 Track E45-2	하지만 왜 전환해야 하는지 모른 채 안내를 따르는 경우가 많은데요.
🎧 Track E45-3	**항공안전법에는** 비행기의 문이 닫힌 후부터 착륙할 때까지 **전자기기 사용을 제한할 수 있다고 되어 있습니다.** 그리고 이를 위반했을 때는 벌금이 부과될 수 있다고 하는데요.
🎧 Track E45-4	인터넷을 사용하면 전자기기에서 나오는 전파가 비행기의 통신장비에 간섭을 일으킬 수 있기 때문입니다. 그래서 비행기 모드로 전환할 것을 권장하는 것입니다.
🎧 Track E45-5	비행기 모드 상태에서도 전자기기를 사용할 수 있으니까 모든 탑승객의 안전을 위해서 항공사의 지침을 따라야 합니다.

45.	들은 내용과 같은 것을 고르십시오. ① 비행기 운항 내내 전자기기를 사용할 수 없다. → 비행기 모드 상태에서 사용할 수 있다. ② 이륙할 때부터 착륙할 때까지 비행기 모드 상태여야 한다. → 비행기의 문이 닫힌 후부터 ③ **항공안전법에는 전자기기의 사용 제한에 대해 명시되어 있다.** ④ 승무원은 전자기기를 비행기 모드로 변경했는지 확인해야 한다. → 변경해 달라고 요청한다. 📖 여자는 항공안전법에 따르면 전자기기의 사용을 제한할 수 있다고 말했습니다. 그래서 정답은 ③번입니다.

46.	여자는 항공안전법을 설명하는 방식으로 말하고 있습니다. 그래서 정답은 ①번입니다.

47. ④ 48. ④　　　　　　　　　　　　　　　　　　　　　　　　　　　　　　　Track E47

🎧 Track E47-1　여: 인수공통 바이러스가 지난 60년간 꾸준히 증가했습니다.

🎧 Track E47-2　남: 네, 인구의 증가로 인간이 야생 동물의 서식지를 침범하면서 야생 동물과 접촉하는 일이 증가했기 때문입니다.

🎧 Track E47-3　이때 인간이 동물로부터 바이러스를 얻게 되는데 우리는 도시를 이루고 밀집해서 살면서 여기저기 이동하기 때문에 바이러스가 빨리 확산되고 감염자의 증가도 빨라지게 되지요.

🎧 Track E47-4　인수공통 바이러스가 무서운 것은 인간이 경험하지 않은 새로운 바이러스이기 때문에 이에 대항할 수 있는 방어력이 없다는 것입니다. 치료제나 예방 백신을 만들기 전까지는 무방비 상태로 당할 수밖에 없습니다.

🎧 Track E47-5　**인수공통 바이러스를 퇴치하려면 전 세계가 한마음으로 함께 움직여야 하는데** ㉠국가 간 이해관계가 다르기 때문에 쉽지 않을 것 같습니다.

47.
들은 내용과 같은 것을 고르십시오.
① 인수공통 바이러스에 걸리면 죽을 수밖에 없다. → 치료제를 만들기 전까지 치료할 수 없다.
② 인수공통 바이러스는 예방 백신을 만들 수 없다. → 해당 내용 없음
③ 인수공통 바이러스에 걸린 야생 동물이 증가했다. → 야생 동물과의 접촉이
④ 인수공통 바이러스 퇴치는 세계가 함께 해야 한다.

📖 인수공통 바이러스를 퇴치하려면 전 세계가 한마음으로 함께 움직여야 합니다. 그래서 정답은 ④ 번입니다.

48.
㉠에서 남자는 국가 간 이해관계가 다르기 때문에 쉽지 않다고 비관하며 말하고 있습니다. 그래서 정답은 ④ 번입니다.

49. ③ 50. ④　　　　　　　　　　　　　　　　　　　　　　　　　　　　　　　Track E49

🎧 Track E49-1　남: 신문고는 1401년 태종이 억울한 일을 당한 백성들의 사정을 직접 듣고, 그 문제를 해결해 주기 위해 대궐 밖에 설치한 북입니다.

🎧 Track E49-2　하지만 신문고를 두드리려면 그 절차가 아주 복잡해서 실제로 신문고를 치는 백성은 거의 없었다고 하는데요. 그래서 인종은 신문고 제도 대신 격쟁이라는 제도를 만들었습니다.

🎧 Track E49-3　격쟁은 임금이 다니는 길에서 꽹과리를 쳐서 임금에게 알리도록 하는 것인데요. 하지만 임금이 궁궐 밖으로 나올 때까지 무작정 기다려야 하고, 백성들이 지나치게 사소한 문제로도 꽹과리를 쳤기 때문에 곧 격쟁 금지법이 만들어졌습니다.

🎧 Track E49-4　비록 ㉠신문고와 격쟁은 성공적인 제도는 아니었지만 봉건 사회였던 조선 시대에도 백성들의 말을 듣기 위해서 노력했다는 것에 의미가 있다고 할 수 있습니다.

49.
들은 내용과 같은 것을 고르십시오.
① 신문고를 치는 백성들은 실제로 많았다. → 거의 없었다.
② 신문고를 치기 위해서는 왕을 기다려야 했다. → 격쟁을 하기 위해서는
③ 격쟁은 꽹과리를 쳐서 왕의 시선을 끄는 것이다.
④ 격쟁은 백성의 소리를 듣기 위해 태종이 만들었다. → 인종

📖 격쟁은 꽹과리를 쳐서 큰 소리가 나게 하여 임금에게 알리는 것입니다. 그래서 정답은 ③번입니다.

50.
㉠에서 신문고나 격쟁은 성공적인 제도는 아니었지만 봉건 사회였던 당시에도 백성들의 말을 듣기 위해 노력했다는 점에서 의미가 있다고 했습니다. 그래서 정답은 ④번입니다.

Part 3 실전 모의고사

 P.159

1. ③	2. ②	3. ③	4. ②	5. ②	6. ④	7. ②	8. ②	9. ④	10. ②
11. ①	12. ②	13. ④	14. ②	15. ③	16. ④	17. ④	18. ③	19. ④	20. ③
21. ③	22. ②	23. ④	24. ③	25. ④	26. ④	27. ③	28. ③	29. ①	30. ①
31. ④	32. ②	33. ④	34. ③	35. ②	36. ①	37. ④	38. ④	39. ③	40. ④
41. ③	42. ①	43. ①	44. ③	45. ④	46. ③	47. ①	48. ④	49. ④	50. ①

1. ③ 2. ② 3. ③   Track F1

1.

🎧 Track F1-1   여: ㉠자동판매기가 고장인가 봐요. 커피가 안 나와요.

🎧 Track F1-2   남: ㉡옆에 전화번호가 있네요. 전화해 보세요.
                     여: 네, 그래야겠어요.

📖 ㉠에서 여자는 커피 자동판매기가 고장인 것 같다고 했고 ㉡에서 남자는 여자에게 자동판매기 옆에 있는 전화번호로 전화하라고 했기 때문에 여자와 남자는 자동판매기 앞에 있어야 합니다. 정답은 ③번입니다.

                                                                 Track F2

2.

🎧 Track F2-1   남: 어! ㉠다음 주에 이사하는구나. 내가 도와줄까?

🎧 Track F2-2   여: 괜찮아. ㉡이삿짐센터에 맡길 거야.

🎧 Track F2-3   남: 그렇구나. 필요하면 불러. 도와줄게.

📖 ㉠에서 남자는 '여자가 다음 주에 이사한다'는 것을 알았습니다. ㉡에서 여자는 이삿짐센터에 맡길 거라고 했기 때문에 여자는 아직 이사를 하지 않았습니다. 그래서 정답은 ②번입니다.

                                                                  Track F3

3.

🎧 Track F3-1   남 :20대 젊은 청년들이 ㉠직장을 고르는 조건으로 '높은 급여'가 가장 많았고, '좋은 회사'와 '직장 동료'가 뒤를 이었는데요.

🎧 Track F3-2   그렇다면 청년들이 ㉡직장을 바꾸고 싶을 때는 언제일까요?

🎧 Track F3-3   '동료와 사이가 안 좋을 때'가 45%로 가장 많았으며 '월급이 적다고 느낄 때'가 29%, '일이 힘들 때'가 16%, '일이 재미없을 때'가 10%로 나타났습니다.

📖 ㉠에서는 직장을 고르는 조건을 말하고 있으므로 ①번과 ②번을 보면서 들어야 합니다.으로 '높은 급여'가 가장 많고 그 다음이 '좋은 회사'이므로 ①번과 ②번은 답이 아닙니다. ㉡에서 직장을 바꾸고 싶을 때는 '동료와 사이가 안 좋을 때'가 45% 로 가장 많고 '월급이 적다고 느낄 때'가 29%이기 때문에 ③번이 정답입니다.

4. ② 5. ② 6. ④ 7. ② 8. ②   Track F4

4.

> 🎧 Track **F4-1**   여: 아, 눈부셔. ㉠햇빛이 너무 강한 것 같지 않아?
>
> 🎧 Track **F4-2**   남: 그러네, ㉡선글라스나 모자 가져왔어?
>
> 여 : _____

> 📖 ㉠에서 여자는 남자에게 햇빛이 강하지 않으냐고 물었습니다. ㉡에서 남자는 선글라스나 모자를 가져왔는지 물었습니다. 여자는 남자에게 선글라스나 모자를 가져왔는지 아닌지를 말해야 합니다. 그러므로 정답은 ②번입니다.

Track F5

5.

> 🎧 Track **F5-1**   남: ㉠벌써 점심시간이네. 어디 가서 뭐 먹을까?
>
> 🎧 Track **F5-2**   여: 저기 사람들이 줄 서 있네. ㉡저기 가서 먹을까?
>
> 남: _____

> 📖 ㉠에서 남자는 여자에게 점심을 먹자고 했고 ㉡에서 여자는 사람들이 줄 서 있는 식당에서 점심을 먹자고 했습니다. 남자는 그 식당에서 점심을 먹을지 안 먹을지 대답해야 합니다. 그러므로 정답은 ②번입니다.

Track F6

6.

> 🎧 Track **F6-1**   여: 이번에 역사 ㉠시험 본 거 어떻게 됐어요?
>
> 🎧 Track **F6-2**   남: 아직 몰라요. ㉡다음 달에 시험 결과가 나온다고 했어요.
>
> 여: _____

> 📖 ㉠에서 여자는 시험 본 거 어떻게 됐느냐고 했고 ㉡에서 남자는 다음 달에 시험 결과가 나온다고 했습니다. 시험 결과를 아직 모르므로 여자는 합격했을 것이라고 말할 수 있습니다. 그러므로 정답은 ④번입니다.

Track F7

7.

> 🎧 Track **F7-1**   여: ㉠새로 맡은 업무는 어때요?
>
> 🎧 Track **F7-2**   남: 전에 했던 업무와 너무 달라서 ㉡스트레스를 받고 있어요.
>
> 여: _____

> 📖 ㉠에서 여자는 남자에게 새로 맡은 업무는 어떤지 물었습니다. ㉡에서 남자는 스트레스를 받는다고 말했습니다. 여자는 남자에게 격려의 말을 해야 합니다. 그러므로 정답은 ②번입니다.

Track F8

8.

> 🎧 Track **F8-1**   여: 여보세요? ㉠어제 이메일로 대회 참가 신청서를 보냈는데요. 확인 부탁합니다.
>
> 🎧 Track **F8-2**   남: 잠시만요. ㉡이메일이 안 왔는데요.
>
> 여: _____

> 📖 ㉠에서 여자는 이메일로 대회 참가 신청서를 보냈다고 했고 ㉡에서 남자는 이메일이 오지 않았다고 했습니다. 여자는 남자에게 이메일을 다시 보내야 합니다. 그래서 정답은 ②번입니다.

9. ④ 10. ② 11. ① 12. ②

9.

🎧 Track **F9-1**	여: 이 벚꽃 모양 열쇠고리 너무 귀엽다.
🎧 Track **F9-2**	남: 응. 지금 축제 중이라서 기념품도 많이 파는 것 같아.
🎧 Track **F9-3**	여: ㉠엄마 거랑 아빠 거 하나씩 사야겠다! 두 개 얼마지?
🎧 Track **F9-4**	남: ㉡물어봐. 계산은 오빠가 할게.

📖 ㉠에서 여자는 엄마 거랑 아빠 거 하나씩 사야겠다고 말했습니다. ㉡에서 남자는 물어보라고 했으므로 여자가 이어서 할 행동으로 ④번이 정답입니다.

10.

🎧 Track **F10-1**	여: 아빠, 집에 라면 있어요?
🎧 Track **F10-2**	남: 있지. 라면 먹으려고? 끓여줄까?
🎧 Track **F10-3**	여: 아니에요. ㉠제가 끓일게요. 아빠도 같이 드실래요? 배고프지 않아요?
🎧 Track **F10-4**	남: 그래. 같이 먹자. 그럼 ㉡계란하고 파도 넣어줘.

📖 ㉠에서 여자는 라면을 끓이겠다고 말했습니다. ㉡에서 남자는 계란하고 파도 넣어달라고 했으므로 여자가 이어서 할 행동으로 ②번이 정답입니다.

11.

🎧 Track **F11-1**	여: ㉠차 열쇠가 안 보이네요?
🎧 Track **F11-2**	남: 아, 오늘 아침에 마트에 다녀오느라고 제가 썼어요. 그런데 어디 가려고요?
🎧 Track **F11-3**	여: 차에서 책을 가져오려고요. 차는 주차장에 있지요?
🎧 Track **F11-4**	남: 네, ㉡여기 열쇠 가지고 가세요.

📖 ㉠에서 여자는 차 열쇠를 찾고 있습니다. ㉡에서 남자는 열쇠를 가지고 가라고 했습니다. 그러므로 여자가 이어서 할 행동으로 ①번이 정답입니다.

12.

🎧 Track **F12-1**	여: 사장님. 여기 말씀하신 회의 자료 출력했습니다.
🎧 Track **F12-2**	남: 고마워요. 내일 오시기로 했던 김 사장님은 못 오신다고 연락이 왔어요. 대신 박 부장이 오기로 했으니까 ㉠박 부장한테 회의 자료를 다시 보내주세요.
🎧 Track **F12-3**	여: ㉡네. 알겠습니다.
🎧 Track **F12-4**	남: 박 부장이 이메일을 못 볼 수도 있으니까 메일을 보낸 후에 문자도 보내주세요.

📖 ㉠에서 남자는 박 부장한테 회의 자료를 메일로 보내고 문자도 보내라고 했습니다. ㉡에서 여자는 알겠다고 대답을 했습니다. 그러므로 여자가 이어서 할 행동으로 ②번이 정답입니다.

13. ④ 14. ② 15. ③ 16. ④   Track F13

13.
🎧 Track F13-1 여: 민수야, 나 도장이 필요한데 근처에 도장 만들 수 있는 곳이 있을까?

🎧 Track F13-2 남: 요즘은 도장 대신 서명으로 많이 하던데. 온라인에서도 쉽게 서명할 수 있어.

🎧 Track F13-3 여: 온라인 서명? 난 해 본 적이 없는데 어떻게 하는 거야?

🎧 Track F13-4 남: 먼저 너만의 서명을 하나 만들어. 그걸 파일로 저장해 두었다가 서명할 위치에 붙이기만 하면 돼.

───
① 여자는 도장을 가지고 있다. → 도장이 필요하다.
② 온라인에서 서명하는 것은 불편하다. → 쉽다.
③ 남자는 여자에게 서명을 만들어 줬다. → 서명 만드는 방법을 알려줬다.
④ 서명을 파일로 만들어서 사용할 수 있다.

📖 서명을 만들어서 파일로 저장했다가 서명할 위치에 붙이면 된다고 말했습니다. 그래서 정답은 ④번입니다.

Track F14

14.
🎧 Track F14-1 남: (딩동댕) 아파트 관리 사무소에서 안내 말씀드리겠습니다.

🎧 Track F14-2 우리 아파트는 3·1절을 맞이하여 나라를 사랑하는 마음으로 태극기 달기 운동을 하려고 합니다.

🎧 Track F14-3 각 가정으로 미리 배부해 드린 태극기를 2월 25일부터 3월 9일까지 2주일 동안 달아주시면 됩니다. 주민 여러분의 많은 참여 바랍니다. (댕동딩)

───
① 1주일 동안 태극기 달기를 한다. → 2주일 동안
② 태극기는 각 가정에 나눠 주었다.
③ 3월 1일은 태극기를 달지 않는다. → 달아야 한다.
④ 이 아파트는 매년 태극기를 단다. → 해당 내용 없음

📖 아파트 관리 사무소에서 미리 각 가정으로 태극기를 배부했습니다. 그래서 정답은 ②번입니다.

Track F15

15.
🎧 Track F15-1 남: 어제 저녁, 인주 시내의 한 마을에 멧돼지가 갑자기 나타나 60대 여성이 다쳤습니다.

🎧 Track F15-2 멧돼지는 겨울이 되자 먹을 것을 찾아 인근 산에서 마을로 내려온 것으로 밝혀졌습니다. 멧돼지는 주민들의 신고로 잡을 수 있었는데요.

🎧 Track F15-3 전문가들은 멧돼지를 만났을 때 절대 큰소리를 내지 말고, 조용히 몸을 피하는 것이 최선의 방법이라고 전했습니다.

───
① 근처 산에서 멧돼지를 잡았다. → 멧돼지가 마을로 내려와서
② 60대 여성은 몸을 피할 수 있었다. → 60대 여성이 다쳤다.
③ 주민들이 멧돼지를 보고 신고하였다.
④ 멧돼지를 만나면 움직이지 않아야 한다.→ 조용히 몸을 피하는 것이 최선의 방법이다.

📖 주민들의 신고로 멧돼지를 잡을 수 있었습니다. 그래서 정답은 ③번입니다.

16.

🎧 Track **F16-1**   여: 100년 동안 장사를 하는 비결은 무엇이라고 생각하십니까?

🎧 Track **F16-2**   남: 할아버지, 아버지에 이어 저까지 가족이 가게를 운영하기 때문이 아닐까 합니다.

🎧 Track **F16-3**   가족 간에 서로를 존중하며 함께 일하는 데 만족하고 있습니다.

🎧 Track **F16-4**   물론 손님들이 저희 음식을 사랑해 주시고 많이 찾아주시는 덕분이 크지요.

① 남자는 혼자 장사를 해 왔다. → 가족과 함께
② 이 가게는 시작한 지 얼마 되지 않았다. → 100년이 되었다.
③ 남자는 장사를 하면서 가족과 갈등이 있었다. → 가족 간에 서로 존중했다.
④ 이 가게는 손님 덕분에 꾸준히 장사가 되었다.

📖 손님들이 음식을 사랑해 주고 많이 찾는다고 말했습니다. 그래서 정답은 ④번입니다.

17. ④ 18. ③ 19. ④ 20. ③

17.

🎧 Track **F17-1**   남: 1박 2일 여행인데 무슨 옷을 그렇게 많이 챙겨요?

🎧 Track **F17-2**   여: 여행하고 나서 남는 것은 사진밖에 없어요. 사진을 예쁘게 찍으려면 이 옷들이 다 필요하다고요.

🎧 Track **F17-3**   남: ㉠그거 들고 다니려면 힘들 텐데……

📖 남자는 ㉠에서 여자에게 옷을 많이 챙기면 들고 다니기 힘들 것이라고 말했습니다. 그래서 정답은 ④번입니다.

18.

🎧 Track **F18-1**   남: 내가 요새 퇴근 후에 피곤해도 헬스장에 가서 운동했거든? 확실히 체력이 좀 좋아진 거 같아.

🎧 Track **F18-2**   여: 그래? 난 ㉠퇴근하고 운동하면 다음 날 더 피곤하고 졸리던데.

🎧 Track **F18-3**   남: ㉡매일 운동하면 그럴 수 있어. 그래서 주 3회 정도 하니까 딱 좋더라.

📖 여자는 ㉠에서 퇴근하고 운동하면 더 피곤하고 졸리다고 했고 남자는 ㉡에서 매일 운동하면 피곤하고 졸리지만 주 3회 정도는 딱 좋다고 말했습니다. 그래서 ③번이 정답입니다.

19.

🎧 Track **F19-1**   남: 요즘 ㉠휴대폰으로 책을 읽고 있는데 생각보다 좋더라.

🎧 Track **F19-2**   여: 그래? 나는 종이를 한 장씩 넘기는 게 좋던데……

🎧 Track **F19-3**   남: 나도 그랬는데 휴대폰은 항상 들고 다니잖아. 그러니까 ㉡매일 틈틈이 책을 많이 읽게 되더라고.

🎧 Track **F19-4**   여: 그렇구나. 나도 한번 봐야겠네.

📖 남자는 ㉠에서 휴대폰으로 책을 읽고 있는데 좋다고 했고 ㉡에서 매일 틈틈이 책을 많이 읽게 된다고 말했습니다. 그래서 ④번이 정답입니다.

Track F20

20. 🎧 Track F20-1 여: 우리나라 최초로 우주에 다녀오셨는데요. 우리나라 과학도나 청소년들에게 해주고 싶은 말이 있으신가요?

🎧 Track F20-2 남: 네. 흔들리지 말고 ㉠해 보고 싶거나 하고 싶은 일은 꼭 해 봤으면 좋겠습니다. 안 해보면 알 수가 없거든요.

🎧 Track F20-3 혹시 너무 늦은 게 아닌가 생각할 수도 있지만 실제로 쉰 살에도, 일흔 살에도 우주에 가기도 합니다. 그러니까 ㉡너무 걱정하지 말고 도전해 봤으면 좋겠습니다.

📖 남자는 ㉠에서 해보고 싶거나 하고 싶은 일은 일단 해봐야 하며, ㉡에서 걱정하지 말고 도전해 봤으면 좋겠다고 말했습니다. 그래서 ③번이 정답입니다.

21. ③ 22. ②   Track F21

🎧 Track F21-1 남: 이번 야유회는 예년과 달리 1박 2일로 하면 어떨까요? ㉠직원들의 가족들과 함께하면 더 좋고요.

🎧 Track F21-2 여: 1박 2일이면 아이가 있는 직원들은 참여하기 힘들지 않을까요?

🎧 Track F21-3 남: 아이들도 함께하면 되지요. **어린이 수영장이 있는 펜션을 예약하고** 아이들을 위한 프로그램과 선물을 준비하면 아이들에게 좋은 추억을 만들어 줄 수 있을 겁니다. 그러면 아이가 있는 <u>직원들의 만족도도 올라가 겠지요.</u> 다음 주 월요일까지 야유회 기획안을 올려주세요.

🎧 Track F21-4 여: 음, 그럼 아이들 연령에 맞는 프로그램을 구성해서 기획안을 올리겠습니다.

21.	남자는 ㉠에서 직원들의 가족과 함께 야유회를 하면 직원들의 만족도도 올라갈 거라고 생각합니다. 그래서 정답은 ③번입니다.

22.	들은 내용과 같은 것을 고르십시오. ① 이 야유회는 올해 처음으로 하는 것이다. → 처음이 아니다. **② 아이들은 야유회에서 수영하고 놀 수 있다.** ③ 다음 주 월요일은 야유회를 떠나는 날이다. → 월요일까지 야유회 기획안을 올려야 한다. ④ 여자는 아이를 데리고 야유회에 참여할 것이다. → 해당 내용 없음 📖 남자는 아이들을 위해 어린이 수영장이 있는 펜션을 예약하자고 했습니다. 그래서 정답은 ②번입니다.

23. ④ 24. ③   Track F23

🎧 Track F23-1 남: 거기 수선 가게죠? ㉠단체 모자에 이름을 새기려고 하는데 해 주시나요?

🎧 Track F23-2 여: 네. 이름을 새겨 드리고 있습니다. 저희는 두 가지 방법이 있는데요. 실로 이름을 새기거나 모자 표면에 잉크를 직접 인쇄해서 이름을 새겨 드립니다. 한번 오셔서 글자 디자인과 새기는 방법을 선택하시면 됩니다.

🎧 Track F23-3 남: 네, 알겠습니다. 혹시 모자가 많은데 배달로 받을 수 있을까요?

🎧 Track F23-4 여: 네. 가까운 거리는 직접 배달해 드리고 있습니다.

23.	남자는 ㉠에서 단체 모자에 이름을 새기려고 하는데 가능한지 문의하고 있습니다. 그래서 답은 ④번입니다.

24.	들은 내용과 같은 것을 고르십시오. ① 이 가게는 모자 세탁도 맡길 수 있다. → 수선도 ② 이 가게는 모자를 직접 찾으러 가야 한다. → 배달로 받을 수 있다. ③ **이 가게는 방문해야 이름을 새길 수 있다.** ④ 이 가게는 손님이 이름을 직접 새겨야 한다. → 이름을 새겨 준다. 📖 남자는 한번 와서 글자 디자인과 새기는 방법을 선택하라고 말했습니다. 그래서 정답은 ③번입니다.

25. ④ 26. ④   Track F25

🎧 Track F25-1	여: 박사님의 책 『건강 상식 바로 알기』가 화제인데요. 이 책을 쓰게 되신 계기가 궁금합니다.
🎧 Track F25-2	남: 병원을 찾는 환자들 중에는 건강 상식이 풍부한 분들이 많습니다. 하지만 ③잘못된 건강 상식은 오히려 독 이 될 수 있습니다.
🎧 Track F25-3	우유는 대표적인 건강식품이지만 우유를 소화할 수 있는 소화 효소가 없는 사람이 우유를 마시면 배가 아 프고 설사를 하게 됩니다.
🎧 Track F25-4	또 비타민이 몸에 좋다고 해서 무조건 많이 먹으면 안 됩니다. 특히 **지용성 비타민의 경우는 몸에 쌓여서** 오히려 건강을 해칠 수도 있습니다.
🎧 Track F25-5	그러니까 남들이 좋다고 해서 무조건 따라 하면 안 됩니다.

25.	남자는 ③에서 잘못된 건강 상식이 독이 될 수 있다고 말했습니다. 그래서 정답은 ④번입니다.

26.	들은 내용과 같은 것을 고르십시오. ① 사람들은 남자의 책에 관심이 없다. → 관심이 많다. ② 여자는 책을 읽고 깊은 감동을 받았다. → 해당 내용 없음 ③ 우유를 많이 마시면 건강을 해칠 수 있다. → 지용성 비타민을 많이 먹으면 ④ **지용성 비타민을 많이 먹으면 몸에 쌓인다.** 📖 **지용성 비타민의 경우는 몸에 쌓입니다.** 따라서 정답은 ④번입니다.

27. ③ 28. ③   Track F27

🎧 Track F27-1	남: 제 친구네 아파트 주차장은 바닥에 몇 호 주차 자리인지 쓰여 있더라고요. 한솔 씨 집도 지정 주차예요?
🎧 Track F27-2	여: 네. 그런데 우리 집 주차 자리는 지하 3층까지 내려가야 해서 조금 불편해요.
🎧 Track F27-3	남: 그래요? 친구네 아파트는 지정 주차 위치를 번갈아서 지정하더라고요. ③주차할 곳을 찾을 필요도 없고, 이웃들과 싸울 일도 없으니까 지정 주차가 좋은 거 같아요.
🎧 Track F27-4	여: 그렇겠네요. 우리 집도 주차 위치를 번갈아서 할 수 있는지 알아봐야겠어요.

27.	③에서 남자는 지정 주차는 주차할 곳을 찾을 필요 없고, 이웃과 싸울 일도 없어서 좋다고 말했습니다. 그래 서 정답은 ③번입니다.

28.	들은 내용과 같은 것을 고르십시오. ① 지정 주차를 하면 이웃과 싸우게 된다. → 싸울 일이 없다. ② 주차장 벽에 몇 호 주차 자리인지 쓰여 있다. → 바닥에 **③ 주차 위치를 바꿔가며 지정하는 아파트가 있다.** ④ 여자는 주차할 때 지하 4층까지 내려가야 한다. → 3층까지 📖 남자는 친구네 아파트는 지정 주차 위치를 번갈아서 지정한다고 말했습니다. 따라서 정답은 ③번입니다.

29. ① 30. ①   Track F29

🎧 Track F29-1	여: 동물들을 구하는 일이 쉽지 않을 텐데요.
🎧 Track F29-2	남: 네. 저는 주민들이 신고를 하면 현장에 나가 ㉠길을 잃은 동물이나 괴롭힘을 당한 동물을 보호소로 데려오는데요.
🎧 Track F29-3	동물이 낯선 사람을 보거나 낯선 상황에 처해서 두려움을 갖고 공격성을 보이면 인명 피해를 일으킬 수도 있습니다. 그래서 긴장을 늦출 수 없지요.
🎧 Track F29-4	여: 그럼 동물을 구할 때 동물의 상태를 먼저 살펴봐야겠네요.
🎧 Track F29-5	남: 네. 위험 가능성이 있으니까 주민들은 동물을 직접 도와주려고 하기보다 저희와 같은 동물 보호소에 도움을 요청하는 것이 좋습니다.

29.	남자는 ㉠에서 길을 잃은 동물이나 괴롭힘을 당한 동물을 보호소로 데려온다고 말했습니다. 따라서 답은 ①번입니다.

30.	들은 내용과 같은 것을 고르십시오. **① 남자는 동물이 공격할 수 있어서 긴장한다.** ② 주민들은 동물들에게 괴롭힘을 당하고 있다. → 해당 내용 없음 ③ 주민들은 동물을 잡아서 보호소로 데려온다. → 남자는 ④ 남자는 동물 보호소에 도움을 요청해야 한다. → 주민들은 📖 남자는 동물이 낯선 상황에서 두려움을 갖고 공격성을 보이면 인명 피해를 일으킬 수 있어서 긴장을 늦출 수 없다고 말했습니다. 따라서 정답은 ①번입니다.

31. ④ 32. ②   Track F31

🎧 Track F31-1	남: 원장님. ㉡이번에 쓰기 첨삭반을 새로 만들어 볼까 합니다. ㉠학생 수준에 맞는 개별 지도를 해야 쓰기 능력을 향상시킬 수 있을 것 같아요.
🎧 Track F31-2	여: 수강하는 학생들이 많다면, 그 학생들 한 명 한 명을 지도하기가 쉽지는 않을 겁니다. 또 시간도 너무 오래 걸리고요.
🎧 Track F31-3	남: 네, 그래서 5명씩 나눠서 진행하면 어떨까 합니다. 그리고 쓰기는 수업 시간에 하면 시간이 너무 오래 걸리니까 쓰기 숙제를 미리 주고 수업하는 날 숙제를 풀이해 주는 방식으로 한다면 분명 학생들의 쓰기 능력에 도움이 될 겁니다.
🎧 Track F31-4	여: 네, 알겠습니다. 선생님께서 구상하신 대로 쓰기 첨삭반을 만들어서 진행해 보세요.

31.	㉠에서 남자는 학생 수준에 맞는 개별 지도를 해야 하고, 5명씩 나눠서 개별 지도를 하면 쓰기 능력에 도움이 될 거라고 했습니다. 그래서 ④번이 정답입니다.

| 32. | ⓒ에서 남자는 쓰기 첨삭반을 만들기 위해 원장님에게 쓰기 첨삭반에 대해 구상한 것을 설명하고 있습니다. 따라서 정답은 ②번입니다. |

33. ④ 34. ③

Track F33

🎧 Track **F33-1**	여: 이 사진은 아파트 복도나 터널에서 볼 수 있는 소화전입니다. 대부분의 사람들은 소화기 사용법은 알고 있지만 소화전의 사용법을 잘 모릅니다.
🎧 Track **F33-2**	**소화기는 화재 발생 초기에만 효과적으로 사용할 수 있는데요.** 만약 초기에 불을 끄지 못했다면 119에 바로 신고해야 합니다.
🎧 Track **F33-3**	그리고 근처에 소화전이 있다면 소화전에 있는 화재 버튼을 눌러 화재 사실을 알려야 합니다. 그런 다음에 밸브를 열어 물을 틀고 화재가 난 곳을 향해 쏘면 됩니다.
🎧 Track **F33-4**	㉠이렇게 사용법을 알면 소방관이 오기 전까지 피해를 최대한 막을 수 있습니다.

| 33. | ㉠에서 여자는 소화전 사용법을 알면 소방관이 오기 전까지 피해를 최대한 막을 수 있다고 말했습니다. 그래서 정답은 ④번입니다. |

| 34. | 들은 내용과 같은 것을 고르십시오.
 ① 많은 사람들은 소화전의 사용법을 알고 있다. → 잘 모른다.
 ② 소화전이 있다면 119에 신고하지 않아도 된다. → 초기에 불을 끄지 못했다면 신고해야 한다.
 ③ 소화기는 화재 발생 초기에만 불을 끌 수 있다.
 ④ 화재가 나면 아파트 복도나 터널로 피해야 한다. → 해당 내용 없음

 📖 여자는 소화기는 화재 발생 초기에만 효과적으로 사용할 수 있다고 했습니다. 따라서 정답은 ③번입니다. |

35. ② 36. ①

Track F35

🎧 Track **F35-1**	남: 긴 방학을 마치고 건강한 모습으로 다시 만나게 되어 반갑습니다.
🎧 Track **F35-2**	방학하기 전에 세웠던 계획대로 꿈에 가까이 다가가는 방학을 보냈나요? 그렇다면 앞으로 그 꿈과 더 가까워지도록 노력하기를 바랍니다.
🎧 Track **F35-3**	도전하지 않으면 꿈을 이룰 수 없습니다. 처음 도전하는 일에는 걱정과 두려움이 동반됩니다.
🎧 Track **F35-4**	그러나 **도전하는 것만으로도 용기와 자신감을 얻을 수 있습니다.** 여러분은 발전한 자신을 발견하고 자랑스러워하게 될 것입니다.
🎧 Track **F35-5**	여러분, 도전하십시오. 도전은 여러분을 성장하게 합니다. ㉠여러분 모두가 꿈을 향해 당당하게 도전하고 꿈을 이루기를 진심으로 응원합니다.

| 35. | ㉠에서 남자는 꿈을 향해 도전하고 꿈을 이루기를 응원한다고 말했습니다. 그래서 정답은 ②번입니다. |

대본 및 정답

36.	들은 내용과 같은 것을 고르십시오. ① **도전만으로도 얻을 수 있는 것이 많다.** ② 사람들은 도전하는 사람을 자랑스러워한다. → 도전하는 자기 자신이 자랑스럽다. ③ 자신감 없이 꿈을 이루는 것은 불가능하다. → 도전하지 않고 ④ 방학 계획을 세우면 꿈에 가까이 다가가게 된다. → 세우고 꿈과 가까워지도록 노력해야 한다. 📖 남자는 도전을 하면 용기와 자신감을 얻을 수 있고 발전한 자신을 발견할 수 있다고 했습니다. 따라서 정답은 ①번입니다.

37. ④ 38. ④   Track F37

🎧 Track F37-1	남: 감독님의 이번 영화는 다양한 종교인이 등장하면서도 종교적 갈등은 보이지 않는데요. 혹시 여러 종교가 원만하게 공존해야 한다는 종교다원주의를 보여 주려는 의도가 있으셨나요?
🎧 Track F37-2	여: 꼭 그런 것은 아닙니다. 다만, ⊙저는 어떤 사람이 무슨 종교를 가지고 있는지가 중요한 게 아니라 그 사람 자체가 중요하다고 생각하거든요.
🎧 Track F37-3	저는 종교가 없지만 **저희 가족은 모두 다른 종교인입니다.** 가족 전체가 모이면 목사도 있고 신부도 있고 무속인도 있습니다.
🎧 Track F37-4	**그래도 가족 구성원으로서 서로 존중하고 잘 지내고 있지요.** 다른 사람들이 봤을 때는 낯선 모습일 수도 있겠지만 저한테는 전혀 그런 모습이 아니거든요.

37.	⊙에서 여자는 어떤 사람을 볼 때 종교는 중요하지 않다고 말했습니다. 그래서 정답은 ④번입니다.

38.	들은 내용과 같은 것을 고르십시오. ① 이 영화의 주인공은 종교다원주의자이다. → 해당 내용 없음 ② 이 감독은 종교를 여러 번 바꾼 적이 있다. → 종교가 없다. ③ 이 영화는 종교가 다른 가족들이 등장한다. → 다양한 종교인이 등장한다. ④ **이 감독의 가족은 종교가 달라도 잘 지낸다.** 📖 여자는 가족이 모두 다른 종교인이지만 서로 존중하고 잘 지내고 있다고 했습니다. 그래서 정답은 ④번입니다.

39. ③ 40. ④   Track F39

🎧 Track F39-1	여: ⊙시각 장애인의 일자리 창출 사업이라니 생각지도 못했는데요. 사회적 가치도 실현하고 동시에 수익을 창출하는 사업이라는 생각이 드네요. 대표님, 어떻게 이런 생각을 하시게 되었나요?
🎧 Track F39-2	남: 현재 시각 장애인은 25만 명이지만 그중에 취업을 하는 경우는 아주 적습니다.
🎧 Track F39-3	**대부분의 시각 장애인들은 사회생활을 잘 하다가** 나중에 장애 진단을 받는 경우가 90% 이상이라고 합니다.
🎧 Track F39-4	**저는 이 분들의 지적 능력이나 사회적 경험이 너무 아깝다고 생각했습니다.**
🎧 Track F39-5	**그래서 저희 회사는 체계적인 교육을 통하여 시각 장애인들이 상담사로서 능력을 발휘할 수 있도록 돕고 있습니다.**

39.	⊙에서 시각 장애인의 일자리 창출 사업을 생각지도 못했다고 했습니다. 그래서 정답은 ③번입니다.

40.	들은 내용과 같은 것을 고르십시오. ① 올해 시각 장애인들 25만 명이 취업을 했다. → 취업을 하는 경우가 아주 적다. ② 90% 이상의 시각 장애인들은 선천적인 장애다. → 나중에 장애 진단을 받는다. ③ 정부에서는 시각 장애인의 경제 활동을 돕고 있다. → 이 회사에서는 ④ 시각 장애인들 대부분은 사회적 경험을 가지고 있다. 📖 시각 장애인들은 사회생활을 하다가 진단을 받는 경우가 90%여서 지적 능력을 갖추거나 사회적 경험이 있는 분들이라고 했습니다. 따라서 정답은 ④번입니다.

41. ③ 42. ①　　　　　　　　　　　　　　　　　　　　　　　　　　　　　　　　　　　　　Track F41

🎧 Track F41-1	여: 보통 추위를 느끼면 옷을 더 껴입는다고 생각하는 게 일반적인데요.
🎧 Track F41-2	한겨울에 산행을 갔다가 쓰러진 사람들 중에는 옷을 입지 않은 상태로 발견되는 경우도 있습니다.
🎧 Track F41-3	이것은 추위에 장시간 노출되면서 저체온 상태가 지속되어 뇌의 체온 조절 중추에 이상이 생겼기 때문입니다.
🎧 Track F41-4	이들은 극한 추위를 추위로 느끼지 않고 더위로 느껴 추위에도 옷을 벗거나 걷어 올립니다.
🎧 Track F41-5	이렇게 알고 있는 상식으로는 이해가 되지 않지만 자신이 알고 있는 사실과 다른 진실이 존재하기 마련입니다. ㉠상식에 위배되는 것이 실제로는 옳은 것일 수도 있습니다.

41.	여자는 ㉠에서 상식에 위배되는 것이 실제로 옳은 것일 수 있다고 말했습니다. 그래서 정답은 ③번입니다.

42.	들은 내용과 같은 것을 고르십시오. ① 추운 곳에 오래 있으면 뇌에 이상이 생길 수 있다. ② 뇌 기능 이상으로 인해 더위를 추위로 느끼기도 한다. → 추위를 더위로 ③ 저체온증에 걸리면 옷을 걷어 올리는 현상이 나타난다. → 뇌의 기능에 이상이 생기면 ④ 겨울 산행에서 옷을 껴입은 상태로 쓰러진 사람들이 있다. → 안 입은 📖 여자는 추위에 장시간 노출되면 저체온 상태가 지속되어 뇌 이상이 생길 수 있다고 말했습니다. 그래서 정답은 ①번입니다.

43. ① 44. ③　　Track F43

🎧 Track F43-1	남: ㉠지구에 생명체가 살 수 있는 것은 지구 형성에 많은 행운이 있었기 때문이다. 45억 년 전 지구는 태양과 적당한 거리에 떨어져 생성되었다. 이 거리는 액체 상태의 물이 존재할 수 있는 거리이다.
🎧 Track F43-2	이보다 더 가까우면 바다는 끓어오르게 되고 더 멀어지면 지구의 물은 얼어붙게 된다.
🎧 Track F43-3	그리고 화성 크기의 거대한 물체가 초기 지구와 충돌했지만 운 좋게도 정면충돌하지 않았다. 그래서 지구는 산산조각이 나지 않았다.
🎧 Track F43-4	㉡충돌로 인한 많은 파편들은 모여서 달이 되어 지구의 자전을 안정시키는 역할을 한다.
🎧 Track F43-5	지구의 핵은 지구 주위에 우리 눈에 보이지 않는 자기장을 형성하여 우리를 방사능으로부터 보호한다.

43.	㉠에서 지구의 형성에 많은 행운이 있었다고 하였고 그 이후로 지구의 형성 과정 중 어떤 행운이 있었는지 설명하고 있습니다. 따라서 정답은 ①번입니다.

44.	지구에 생명체가 살 수 있게 된 이유는 물이 존재하는 것, 거대한 물체와 정면충돌을 피한 것, 달이 지구의 자전을 안정시키는 것, 자기장이 방사능으로부터 보호하는 것입니다. ⓒ에서 달이 지구의 자전을 안정시켜 주었다고 말했습니다. 따라서 정답은 ③번입니다.

45. ④ 46. ③   Track F45

🎧 Track **F45-1**	여: 많은 사람들은 세상을 변화시킨 위대한 발명이 과학자가 수많은 시행 착오를 겪은 후에 이뤄낸 것일 거라고 생각합니다.
🎧 Track **F45-2**	하지만 우연한 실수에서 시작된 **세기의 발명이 있는데요**. 바로 인류 최초의 항생제 페니실린입니다.
🎧 Track **F45-3**	영국의 세균학자인 알렉산더 플레밍은 유리 용기에 식중독을 일으키는 포도상 구균을 키우고 있었습니다. 그러던 중 휴가를 가게 되었는데요.
🎧 Track **F45-4**	연구실에 돌아와 보니 **유리 뚜껑을 닫지 않아서** 키우던 포도상 구균에 푸른곰팡이가 생겨 버렸습니다. 그런데 흥미로운 점은 그 푸른곰팡이 주위로 포도상 구균이 사라진 상태였다는 것이었습니다.
🎧 Track **F45-5**	이러한 실수로 푸른곰팡이를 이용해 최초의 항생제 페니실린을 만들게 되었습니다.

45.	들은 내용과 같은 것을 고르십시오. ① 식중독을 치료하는 포도상 구균이 발명되었다. → 페니실린이 ② 휴가 중에 유리 용기의 페니실린이 사라져 버렸다. → 포도상 구균이 ③ 수많은 시행착오를 거쳐서 페니실린이 만들어졌다. → 우연한 실수에서 **④ 유리 뚜껑을 닫지 않아 세기의 발명을 할 수 있었다.** 📖 여자는 유리 뚜껑을 닫지 않아 푸른곰팡이가 생기는 실수를 했고 이런 실수가 페니실린같은 세기의 발명을 할 수 있었다고 했습니다. 그래서 정답은 ④번입니다.

46.	여자는 영국의 알렌산더 플레밍이 페니실린을 발명하는 과정을 설명하고 있습니다. 그래서 정답은 ③번입니다.

47. ① 48. ④   Track F47

🎧 Track **F47-1**	여: 낮의 길이가 길어지면서 **일광 절약 시간제를 실시하는 나라들이 있군요.**
🎧 Track **F47-2**	남: 네. 하절기에 낮의 길이가 15시간이나 되는 나라가 있습니다. 그러면 사람들이 기상하기도 전에 해가 이미 떠 있으니 일광이 낭비되는 것이지요.
🎧 Track **F47-3**	그래서 ㉠하절기에 표준시를 원래 시간보다 1시간 앞당겨 오전의 일광을 오후에 활용할 수 있는 일광 절약 시간제를 시행하게 된 것입니다.
🎧 Track **F47-4**	해가 길어지면 시곗바늘을 한 시간 앞당겼다가 해가 짧아지기 시작하면 원래대로 돌려놓는 제도입니다.
🎧 Track **F47-5**	이 제도를 시행하면 밝은 상태에서 오후에 활동할 수 있고 회사나 학교에서는 조명이나 연료를 절감하는 효과를 기대할 수 있습니다. 그래서 여러 나라에서 일광 절약 시간제를 실시하고 있습니다.

47.	들은 내용과 같은 것을 고르십시오. **① 일광 절약 시간제를 시행하지 않는 나라도 있다.** ② 밤의 길이가 길어지면 일광 절약 시간제를 실시한다. → 낮의 ③ 이 제도를 시행하면 학교나 회사의 연료비가 증가될 수 있다. → 절감될 수 있다 ④ 하절기가 되면 1시간 앞당겼던 시곗바늘을 원래대로 돌려놓는다. → 해가 짧아지면 📖 일광 절약 시간제를 실시하는 나라들이 있다고 말했습니다. 그래서 정답은 ①번입니다.

| **48.** | ⑤에서 남자는 하절기에 표준시를 원래 시간보다 1시간 앞당겨 오전의 일광을 오후에 활용할 수 있다고 말했습니다. 그래서 정답은 ④번입니다. |

49. ④ **50.** ①   Track F49

🎧 Track **F49-1**	남: 지난해에 4분기 합계 출산율이 0.65명까지 떨어지는 일이 발생했습니다. 정부의 출산 장려 정책에도 불구하고 ⑤출산율이 계속 떨어지는 것은 무슨 이유일까요?
🎧 Track **F49-2**	과거에 **출산은 미래에 대한 불확실성의 감소를** 의미했습니다. 그래서 저소득층이 불안한 미래를 대비하기 위해 자녀를 많이 낳았습니다.
🎧 Track **F49-3**	그러나 현대의 출산은 미래에 대한 불확실성의 감소를 의미하지 않습니다. 오히려 자녀를 낳는다는 것은 자신을 희생하는 것을 의미하게 되었습니다. 그래서 아이를 낳고 키울 여유가 있는 고소득층에서 상대적으로 아이를 많이 낳는다고 합니다.
🎧 Track **F49-4**	여유가 없는 현대의 청년은 아이를 낳고 싶어도 낳을 수 없습니다. 아이를 낳고 키울 정도로 여유가 있으려면 45세 정도는 되어야 한다고 합니다.
🎧 Track **F49-5**	청년 출산율을 높이기 위해서는 이 점을 유의해야 할 것입니다.

| **49.** | 들은 내용과 같은 것을 고르십시오.
① 여유가 있는 45세에 아이를 낳는 것이 좋다. → 45세에 아이를 키울 수 있는 여유가 생긴다.
② 고소득층에서 출산율이 꾸준히 하락하고 있다. → 상대적으로 아이를 많이 낳는다.
③ 현대 사회에서는 **저소득층이 아이를 많이** 낳는다. → 과거에는……낳았다.
④ **과거의 출산율은 미래의 불확실성과 관계가 있다.**

📖 과거에는 출산이 미래에 대한 대비 수단이었기 때문에 자녀를 많이 낳았지만 현재는 그렇지 않습니다. 그래서 정답은 ④번입니다. |

| **50.** | ⑤에서 출산율이 계속 떨어지는 이유를 묻는 방법으로 발문한 후 출산율 하락의 원인을 진단하고 있습니다. 그래서 정답은 ①번입니다. |

기출 문제 유형별 어휘 및 표현

의도, 태도, 말하는 방식 등을 나타내는 문제의 유형은 해당 유형의 선택지에 사용된 어휘와 표현을 알아두면 문제를 푸는 데에 도움이 됩니다. 이에 35회부터 91회까지 10회분의 기출문제에서 무엇을 하고 있는지 묻는 23번, 35번 문항, 의도를 묻는 27번 문항, 태도나 말하는 방식을 묻는 32번, 46번, 48번, 50번 문항의 주제와 선택지를 표로 정리했습니다.

담화 상황 고르기
23. 남자가 무엇을 하고 있는지 고르십시오.

회차	주제	번호	선택지 내용
35회	매장에서 '이름 부르기' 서비스	①	'이름 부르기' 서비스를 제안하고 있다.
		②	'이름 부르기' 서비스의 개선을 요구하고 있다.
		③	'이름 부르기' 서비스의 필요성을 강조하고 있다.
		④	'이름 부르기' 서비스에 대한 반응을 보고하고 있다.
36회	'잡 마켓' 이용하기	①	잡 마켓 이용을 제안하고 있다.
		②	직장 내의 각 부서를 설명하고 있다.
		③	잡 마켓 이용 경험을 소개하고 있다.
		④	상사의 문제점에 대해 이야기하고 있다.
37회	야외무대 사용 신청 방법	①	야외무대 위치에 대해 알아보고 있다.
		②	야외무대 사용에 대해 문의하고 있다.
		③	야외무대에서 행사 진행을 도와주고 있다.
		④	야외무대에서 상품 홍보를 준비하고 있다.
41회	회의장 예약	①	회의 장소를 추천하고 있다.
		②	회의장 시설을 점검하고 있다.
		③	호텔 위치에 대해 알아보고 있다.
		④	회의장을 빌리려고 문의하고 있다.
47회	호텔에서 진행하는 프로그램 문의	①	등산로의 위치를 확인하고 있다.
		②	호텔까지 가는 길에 대해 묻고 있다.
		③	여행하려는 곳에 숙박 예약을 하고 있다.
		④	호텔에서 진행하는 프로그램에 대해 문의하고 있다.

회차	주제	번호	선택지 내용
52회	어린이박물관 이용 문의	①	박물관 관람 예약을 하고 있다.
		②	박물관의 위치를 안내하고 있다.
		③	박물관 이용에 대해 문의하고 있다.
		④	박물관에 사전 예약을 확인하고 있다.
60회	면접 정장 대여 방법 문의	①	정장 대여 방법을 알아보고 있다.
		②	정장 대여 날짜를 문의하고 있다.
		③	정장 대여 가격을 확인하고 있다.
		④	정장 대여 예약을 변경하고 있다.
64회	운전면허증 재발급 방법 문의	①	면허증 재발급 방법을 문의하고 있다.
		②	면허증 재발급 기간을 확인하고 있다.
		③	면허 시험장의 위치를 알아보고 있다.
		④	면허증 발급을 위한 서류를 요청하고 있다.
83회	건강 검진과 신입 사원 연수 일정 안내 문자 확인	①	취업에 성공한 방법을 소개하고 있다.
		②	신입 사원 연수 일정을 변경하고 있다.
		③	신입 사원 채용 절차를 설명하고 있다.
		④	입사 전에 해야 할 일을 안내하고 있다.
91회	케이크 보관용 냉장고 구입	①	가게의 위치를 확인하고 있다.
		②	가게 운영에 대해 조언을 구하고 있다.
		③	구매할 물건의 사용 방법을 물어보고 있다.
		④	원하는 조건의 물건이 있는지 알아보고 있다.

기출 문제 유형별 어휘 및 표현

대화에서 화자의 의도 고르기
27. 남자가 말하는 의도로 알맞은 것을 고르십시오.

회차	주제	번호	선택지 내용
35회	운동 경기에서 심판의 잘못된 판정	①	경기 결과를 전달하기 위해
		②	재심에 대한 동조를 얻기 위해
		③	판정에 대한 책임을 묻기 위해
		④	억울한 마음을 위로 받기 위해
36회	대안 학교	①	대안 학교의 필요성을 강조하기 위해
		②	대안 학교에 입학하도록 권유하기 위해
		③	아이 교육 문제에 대해 책임을 묻기 위해
		④	아이 학습 태도에 대한 조언을 주기 위해
37회	선거 유세	①	후보자 지지를 부탁하기 위해
		②	선거 유세 방법을 비판하기 위해
		③	선거 유세 효과를 강조하기 위해
		④	다양한 홍보 방법을 확인하기 위해
41회	정장 기증	①	정장 기증의 중요성을 알리기 위해
		②	정장 기증 단체의 활동을 홍보하기 위해
		③	정장 기증에 참여할 것을 권유하기 위해
		④	정장 기증이 필요한 이유를 설명하기 위해
47회	신발 구매의 의미	①	기부에 동참한 것에 감사하려고
		②	가족의 소중함을 일깨워 주려고
		③	신발 구매의 의미를 알려주려고
		④	자부심을 높이는 방법에 대해 조언하려고

회차	주제	번호	선택지 내용
52회	임시 공휴일 지정	①	임시 공휴일을 지정하게 된 이유를 알려 주기 위해
		②	임시 공휴일에 못 쉬는 것에 대한 불만을 제기하기 위해
		③	임시 공휴일이 회사 운영에 미치는 영향을 파악하기 위해
		④	임시 공휴일 지정으로 얻을 수 있는 효과를 강조하기 위해
60회	단합 대회의 의의	①	단합 대회의 의의를 말하려고
		②	단합 대회 참여를 부탁하려고
		③	단합 대회의 방식을 바꾸려고
		④	단합 대회의 문제를 지적하려고
64회	남성 육아 휴직	①	남성 육아의 필요성을 일깨우기 위해
		②	남성 육아를 위한 제도를 설명하기 위해
		③	남성 육아의 문제점에 대해 지적하기 위해
		④	남성 육아에 대한 인식 변화를 말하기 위해
83회	학교의 남는 공간 무료 대여	①	공간 대여 사업의 결과를 알려 주려고
		②	공간 대여에 필요한 서류를 문의하려고
		③	공간 대여를 위한 신청서의 작성을 부탁하려고
		④	공간 대여 사업에 함께 신청할 것을 제안하려고
91회	과자 품절 사태	①	이 과자의 맛이 달라진 것을 지적하려고
		②	이 과자를 생산하게 된 이유를 알려 주려고
		③	이 과자의 생산이 중단될 것이라는 소식을 전하려고
		④	이 과자를 구하기 어려운 것에 대한 불만을 말하려고

기출 문제 유형별 어휘 및 표현

32. 남자의 태도로 맞는 것을 고르십시오.

회차	주제	번호	선택지 내용
35회	아파트 주차장 부족 문제	①	비교를 통해 차이점을 분명하게 드러내고 있다.
		②	상대방의 의견을 존중하면서 타협점을 찾고 있다.
		③	객관적 자료에 근거하여 해결책을 제시하고 있다.
		④	다른 사람이 제기한 의견에 지지를 보내고 있다.
36회	비만세 도입	①	상대방의 말을 하나하나 반박하고 있다.
		②	앞으로 일어날 일에 대해 전망하고 있다.
		③	현재의 문제에 대해 판매자의 책임을 묻고 있다.
		④	내용을 파악하지 못해 상대방에게 질문하고 있다.
37회	시간제 일자리	①	구체적인 사례를 들어 주제를 설명하고 있다.
		②	객관적인 자료를 통해 자신의 의견을 주장하고 있다.
		③	근거를 들어 상대방의 주장을 부드럽게 반박하고 있다.
		④	상황을 객관적으로 분석하여 상대방 의견을 지지하고 있다.
41회	금연 정책	①	연구 결과를 비판하고 있다.
		②	금연 정책을 지지하고 있다.
		③	흡연자들의 입장을 대변하고 있다.
		④	상대방의 의견에 일부 동의하고 있다.
47회	좌석별 가격 차등제	①	새로운 제도의 확대를 염려하고 있다.
		②	새로운 제도의 시행을 촉구하고 있다.
		③	새로운 제도의 문제점을 비판하고 있다.
		④	새로운 제도의 필요성에 공감하고 있다.

회차	주제	번호	선택지 내용
52회	같은 커피 전문점의 지역별 가격 차이	①	현재의 상황을 비판하고 있다.
		②	자신의 주장을 합리화하고 있다.
		③	문제에 대한 해결책을 제시하고 있다.
		④	상대방의 의견을 긍정적으로 평가하고 있다.
60회	생계형 범죄의 처벌	①	상대방 의견에 반대하고 있다.
		②	제도의 문제점을 지적하고 있다.
		③	문제 해결 방안에 공감하고 있다.
		④	상대가 제시한 근거를 의심하고 있다.
64회	대학생 창업 지원 사업	①	사업의 효과를 회의적으로 바라보고 있다.
		②	사례를 들어 상대방의 주장을 반박하고 있다.
		③	상황을 분석하면서 발생할 문제를 염려하고 있다.
		④	상대방의 의견을 일부 인정하며 다른 주장을 하고 있다.
83회	업무 관리 프로그램	①	예상되는 문제점을 우려하고 있다.
		②	문제의 해결 방안을 요구하고 있다.
		③	자신의 의견을 일관되게 주장하고 있다.
		④	상대방의 의견에 적극적으로 동의하고 있다.
91회	생활 폐기물 처리 시설	①	앞으로 일어날 문제에 대해 걱정하고 있다.
		②	자신의 의견대로 될 것임을 확신하고 있다.
		③	상대방에게 객관적인 근거를 요구하고 있다.
		④	상황이 심각해진 것에 대한 책임을 묻고 있다.

기출 문제 유형별 어휘 및 표현

35. 남자가 무엇을 하고 있는지 고르십시오.

회차	주제	번호	선택지 내용
35회	도서관 내 역사 전시실 개관	①	조선 시대 역사서에 대해 설명하고 있다.
		②	더 많은 역사 자료 전시를 요청하고 있다.
		③	역사 교육 프로그램의 필요성을 강조하고 있다.
		④	조선 시대 기록 문화 전시의 의의를 밝히고 있다.
36회	글로벌화 사업 간담회	①	글로벌화 사업 내용을 분석하고 있다.
		②	중소기업의 성장 과정을 보고하고 있다.
		③	중소기업의 성과에 대해 평가하고 있다.
		④	글로벌화 사업에 참여할 것을 요청하고 있다.
37회	방송 프로그램 후원	①	방송 후원에 담긴 신념을 설명하고 있다.
		②	방송 후원에 대한 의견을 조사하고 있다.
		③	방송 후원에 관련된 자료를 분석하고 있다.
		④	방송 후원에 필요한 비용을 파악하고 있다.
41회	연기학과 졸업 축사	①	연기의 가치를 평가하고 있다.
		②	능력의 필요성을 역설하고 있다.
		③	끊임없는 도전을 강조하고 있다.
		④	기회의 중요성을 주장하고 있다.
47회	시장 당선 인사	①	시에서 만든 편의 시설을 소개하고 있다.
		②	시민이 원하는 것이 무엇인지 조사하고 있다.
		③	시민을 위한 정책을 펼칠 것을 다짐하고 있다.
		④	시의 발전을 위해 자신을 지지해 달라고 부탁하고 있다.

회차	주제	번호	선택지 내용
52회	대학 입학 축사	①	졸업생들의 업적을 소개하고 있다.
		②	전문 지식의 습득을 강조하고 있다.
		③	인격 함양의 중요성을 당부하고 있다.
		④	생명 과학의 발전 가능성을 진단하고 있다.
60회	카메라 회사의 제품 결함 안내	①	제품의 완성 시기를 발표하고 있다.
		②	최근에 출시된 제품을 홍보하고 있다.
		③	제품 결함에 대해 사과의 말을 전하고 있다.
		④	신제품 출시 지연에 대해 양해를 구하고 있다.
64회	서거하신 선배 배우의 업적 소개	①	선배의 업적을 소개하고 있다.
		②	선배의 영화를 홍보하고 있다.
		③	선배가 만든 작품을 설명하고 있다.
		④	선배의 대한 지지를 부탁하고 있다.
83회	폐관되었던 극장의 재개관 소감	①	연극인들을 위한 극장 건축을 다짐하고 있다.
		②	재개관한 극장의 모습과 시설을 소개하고 있다.
		③	연극인들에 대한 관심과 지원을 부탁하고 있다.
		④	극장 재개관에 따른 소감과 기대를 밝히고 있다.
91회	조선 초기 군인의 편지	①	이 편지가 가지는 가치와 의의를 알리고 있다.
		②	이 편지의 보존 상태에 대해 아쉬움을 표하고 있다.
		③	이 편지가 발견된 장소와 발굴 과정을 보고하고 있다.
		④	이 편지를 연구하는 데 도움을 준 사람들에게 감사하고 있다.

기출 문제 유형별 어휘 및 표현

46. 여자의 태도로 가장 알맞은 것을 고르십시오.

회차	주제	번호	선택지 내용
35회	음악에서의 콜라보레이션	①	구체적인 사례에서 결론을 유도하고 있다.
		②	기준을 제시하면서 내용을 분류하고 있다.
		③	예리한 관찰을 통해 현상을 분석하고 있다.
		④	안정된 논리로 자신의 청중을 설득하고 있다.
36회	유대관계가 약한 사람들	①	구체적인 자료를 통해 해결책을 제시하고 있다.
		②	각각의 견해에 대해 논리적으로 분석하고 있다.
		③	조사 결과를 근거로 자신의 의견을 제기하고 있다.
		④	상대방의 동의를 구하며 자신의 주장을 펼치고 있다.
37회	복지 제도 운영을 위한 재원	①	복지 정책의 변화가 필요함을 주장하고 있다.
		②	정책 시행을 위한 국민의 협조를 요청하고 있다.
		③	경제 성장과 복지의 상관관계를 설명하고 있다.
		④	복지가 정책에서 우선되어야 함을 주장하고 있다.
41회	지진학	①	지진 발생의 원인을 규명하고 있다.
		②	지진학의 연구 성과를 분석하고 있다.
		③	지진학의 유래에 대해 소개하고 있다.
		④	지진 발생 과정을 단계별로 설명하고 있다.
47회	4차 산업혁명의 시대	①	미래 세대의 활약에 기대를 걸고 있다.
		②	산업혁명의 부작용에 대해 반성하고 있다.
		③	전문가들의 상황 인식에 우려를 표하고 있다.
		④	산업의 미래에 대해 긍정적으로 전망하고 있다.

회차	주제	번호	선택지 내용
52회	친환경적인 소재 개발	①	친환경 제품의 문제점을 비판하고 있다.
		②	과학 기술이 지닌 한계점을 지적하고 있다.
		③	환경 오염 실태를 자료를 바탕으로 분석하고 있다.
		④	과학 기술 분야의 노력을 예를 들어 설명하고 있다.
60회	보석 '호박'	①	호박의 가공 과정을 살피고 있다.
		②	호박의 개념을 다시 정의하고 있다.
		③	호박의 유형을 파악해 비교하고 있다.
		④	호박의 특징과 가치를 설명하고 있다.
64회	색소폰	①	색소폰의 위상 변화를 설명하고 있다.
		②	색소폰의 연주 방법을 비교하고 있다.
		③	색소폰의 발명 과정을 요약하고 있다.
		④	색소폰의 세부 형태를 묘사하고 있다.
83회	조선 왕실의 장악원	①	장악원의 연주 장면을 묘사하고 있다.
		②	장악원을 다른 기관과 비교하고 있다.
		③	장악원의 변천 과정을 요약하고 있다.
		④	장악원이 담당한 역할을 설명하고 있다.
91회	충수(내장 기관)	①	유사한 사례들을 묶어 비교 분석하고 있다.
		②	대상이 가진 문제의 주요 원인을 유추하고 있다.
		③	대상의 역할에 대해 밝혀진 사실을 설명하고 있다.
		④	다양한 연구를 바탕으로 자신만의 기준을 제시하고 있다.

기출 문제 유형별 어휘 및 표현

대담을 듣고 화자의 태도/말하는 방식 추론하기

48. 남자의 태도로 가장 알맞은 것을 고르십시오.

회차	주제	번호	선택지 내용
35회	한국의 의료 산업 경쟁력 향상을 위한 투자	①	국내 병원의 해외 진출 부작용을 설명하고 있다.
		②	의료 산업의 현 위치와 문제점을 진단하고 있다.
		③	현재 선진국 의료 산업 현황에 우려를 나타내고 있다.
		④	의사의 국제 경쟁력을 높이기 위한 법 제정을 촉구하고 있다.
36회	고서적 연구의 의미	①	대중들이 즐겨보던 고서적 발굴을 촉구하고 있다.
		②	고서적 연구가 나아갈 새로운 방향을 제시하고 있다.
		③	고서적의 가치를 설명하며 연구의 의의를 강조하고 있다.
		④	고서적의 자료를 근거로 연구의 신뢰성을 증명하고 있다.
37회	장애인 올림픽 '황연대 상'	①	장애를 극복한 선수들과의 관계를 중요시한다.
		②	장애인을 위해 자신이 한 일을 자랑스러워하고 있다.
		③	올림픽을 통해 장애인의 권익이 보호되기를 기대하고 있다.
		④	장애인들이 사회인으로 자신 있게 자리 잡기를 염원하고 있다.
41회	박람회 개최 도시 선정 방법	①	사업의 추진 방향을 제시하고 있다.
		②	사업 내용의 검토를 요구하고 있다.
		③	사업 추진 방식에 반론을 제기하고 있다.
		④	사업 실행 방법의 타당성을 증명하고 있다.
47회	전통 공예 전승자를 위한 정책	①	새로운 정책의 문제점을 예측하고 있다.
		②	기존 정책의 개선 방향을 제시하고 있다.
		③	새로운 정책의 시행 결과를 분석하고 있다.
		④	기존 정책의 내용을 기준별로 분류하고 있다.

회차	주제	번호	선택지 내용
52회	기본 소득	①	기본 소득의 효과에 대한 결론을 유보하고 있다.
		②	기본 소득이 노동에 미칠 영향을 우려하고 있다.
		③	기본 소득이 인간의 본성에 어긋남을 지적하고 있다.
		④	기본 소득의 필요성에 대해 적극적으로 동의하고 있다.
60회	적정 인구	①	적정 인구의 계산 방식을 비판하고 있다.
		②	적정 인구 판정의 어려움을 토로하고 있다.
		③	적정 인구 논의의 영향에 대해 우려하고 있다.
		④	적정 인구 논의의 적절한 방향을 제시하고 있다.
64회	국가지점번호	①	제도에 대한 평가를 유보하고 있다.
		②	제도의 긍정적인 효과를 기대하고 있다.
		③	제도 시행을 위한 국민의 협조를 당부하고 있다.
		④	제도 시행의 문제를 지적하며 시정을 촉구하고 있다.
83회	사회적 자본	①	사회적 자본의 가치를 높이 평가하고 있다.
		②	사회적 자본의 활용 방안을 검토하고 있다.
		③	사회적 자본에 대한 맹신을 경계하고 있다.
		④	사회적 자본이 미칠 영향을 우려하고 있다.
91회	소상공인 지원책	①	소상공업계의 태도 변화를 기대하고 있다.
		②	경제 위기 극복을 위한 소상공인의 노력에 감탄하고 있다.
		③	소상공인에 대한 실효성 있는 지원 방안을 제안하고 있다.
		④	소상공업의 활성화가 가져올 경제적 효과를 낙관하고 있다.

기출 문제 유형별 어휘 및 표현

50. 남자의 태도로 가장 알맞은 것을 고르십시오.

회차	주제	번호	선택지 내용
35회	물 산업 육성을 위한 노력	①	물 산업 정책의 사례를 설명하며 비판하고 있다.
		②	물 산업 정책의 결과를 분석하며 반성하고 있다.
		③	물 부족 현상을 지적하며 그 대비책을 제안하고 있다.
		④	물 부족 현상의 원인 규명을 강력하게 촉구하고 있다.
36회	마키아벨리 정치 사상 해석의 두 관점	①	각각의 견해를 비판하며 우려를 나타내고 있다.
		②	다양한 사례를 분석하여 결론을 끌어내고 있다.
		③	새로운 평가를 반박하며 청중의 동의를 구하고 있다.
		④	새로운 해석을 소개하며 청중의 판단을 요구하고 있다.
37회	한국 건축의 아름다움	①	전통 건축물 보존이 중요성을 강조하고 있다.
		②	자연친화적인 건축미를 예를 통해 설명하고 있다.
		③	불국사의 건축 공법을 재현을 통해 분석하고 있다.
		④	전통 건축 방식이 현대에 계승되기를 희망하고 있다.
41회	정치적 성향	①	이번 선거 운동의 결과를 낙관하고 있다.
		②	선거 운동의 긍정적 변화를 기대하고 있다.
		③	선거를 대하는 유권자의 태도에 실망하고 있다.
		④	새로운 선거 전략의 부작용에 대해 우려하고 있다.
47회	집단 간의 관계	①	발생 가능한 문제를 제기하고 있다.
		②	사회 현상을 논리적으로 분석하고 있다.
		③	예를 들어 자신의 주장을 증명하고 있다.
		④	구체적인 사례에서 결론을 유도하고 있다.

회차	주제	번호	선택지 내용
52회	탕평책	①	조선 시대 정치 형태의 문제점을 분석하고 있다.
		②	정치 이념의 부재로 인한 혼란을 경계하고 있다.
		③	정치적 균형을 위한 제도의 필요성을 제기하고 있다.
		④	여론을 바탕으로 한 정치의 효율성을 역설하고 있다.
60회	장기 이식	①	장기 기증에 동참하기를 촉구하고 있다.
		②	장기 이식 기술의 미래를 낙관하고 있다.
		③	장기 기증으로 생길 문제를 예측하고 있다.
		④	장기 이식 기술의 실패 원인을 진단하고 있다.
64회	일성록	①	기록물의 가치를 높이 평가하고 있다.
		②	기록물의 활용 방안을 강구하고 있다.
		③	기록물에 대한 맹신을 경계하고 있다.
		④	기록물의 훼손 가능성을 우려하고 있다.
83회	심급 제도	①	제도의 새로운 변화를 기대하고 있다.
		②	제도의 필요성과 의의를 강조하고 있다.
		③	제도의 개선 방향에 적극 동의하고 있다.
		④	제도의 확대 적용을 강력하게 주장하고 있다.
91회	도덕성 판단	①	도덕적 행위의 당위성을 강조하고 있다.
		②	도덕적 행위의 가치를 과대평가하고 있다.
		③	도덕성에 대한 섣부른 판단을 경계하고 있다.
		④	도덕성에 대한 연구의 필요성을 제기하고 있다.

한국어능력시험

HOT TOPIK II 듣기

초판 인쇄	2024년 11월 14일
초판 발행	2024년 11월 21일

저자	보리 한국어 문화 연구소
편집	김아영, 권이준
펴낸이	엄태상
디자인	김지연
조판	정다운(더블디앤스튜디오)
콘텐츠 제작	김선웅, 장형진
마케팅본부	이승욱, 왕성석, 노원준, 조성민, 이선민
경영기획	조성근, 최성훈, 김다미, 최수진, 오희연
물류	정종진, 윤덕현, 신승진, 구윤주

펴낸곳	한글파크
주소	서울시 종로구 자하문로 300 시사빌딩
주문 및 교재 문의	1588-1582
팩스	0502-989-9592
홈페이지	http://www.sisabooks.com
이메일	book_korean@sisadream.com
등록일자	2000년 8월 17일
등록번호	제300-2014-90호

ISBN 979-11-6734-075-7 (13710)